本书为国家社会科学基金项目"科学发展观与当代中国文化发展方略问题研究"
（项目批准编号：08BKS053）的后期成果
和辽宁省乡村振兴战略研究基地项目"乡村振兴战略实践路径研究"
（项目批准编号：lnxc2018-1）的结项成果。

# 乡村振兴战略
## 实践路径

PRACTICE PATH OF
RURAL REVITALIZATION STRATEGY

孙 鹤 著

社会科学文献出版社
SOCIAL SCIENCES ACADEMIC PRESS (CHINA)

# 序

作者是我的老朋友，多年来一直致力于人文社科方面的学术研究，精耕细作，硕果累累。我敬佩他与时俱进、锐意迎新的治学精神和求真务实的研究态度。现在他又将新的研究成果嘱我作序，令我既有惶恐之感又生欣慰之情。

2019年底，在与作者交流中得知，他的新作《乡村振兴战略实践路径》即将问世。近10年来，作者先后进行了千村千户的调研工作，陆续主持完成了国家文化发展方略方面的课题、地方政府乡村发展规划项目。本书围绕实施乡村振兴战略这一主题，从历史语境到现实关怀，从宏观认知到微观实践，进行了全面而系统的探讨。依据乡村振兴战略，就具体实施提出了许多具有可行性和可操作性的关于实践的思维与技术的路径。彰显了作者以信仰为依托、以使命为情怀、以担当为己任、以践行为取向的新时代的学者风范。

我认为本书的学术贡献和社会价值至少有以下诸项。

一是将"时政"研究纳入"显学"范畴。所谓"显学"即公开之学、公共之学和公益之学，具有跨国性、跨民族性和跨文化性，一直受到普遍关注。现实语境中，我国新时代的"乡村振兴战略"属于时事政策的范畴，可是，"乡村振兴"一直是显学中与"城市学"对应的"乡村学"研究的重中之重。这是由于"乡村衰落"是人类历史的陈痛，是社会工业化进程和后工业文明时代必然经历的发展阶段和历史节点。因此，"三农"问题不是"中国特色"，更不是哪一个阶级或政治集团造成的。从人类学角度，它是一个必须跨过也必然跨过的历史门槛。只不过在不同社会制度下，有不同的解决方式。中国共产党人"不忘初心，牢记使命"，迎难而上，主动出击，举全党全民之力，以"中国精神"、用"中国智慧"加以解决，这是中华民族伟大复兴的盛世伟业和实现中国梦的历史壮举。作者的研究就是在这样的历史背景和社会前提之下，在全球化语境中，徐徐展开、步步深入。

作者将"乡村振兴"研究的精神走向,定位于人类命运共同体构建的范式,在显学的范畴中,追求中国"乡村振兴战略"研究的普适性,从而为除发达国家之外全球性的"乡村衰落"问题,提供了一个可资借鉴的样板和"各美其美,美美与共"的模范。

二是本书对"乡村振兴战略"的研究,有思想、有事实、有叙述、有论证、有观点、有方法、有方向、有路径,因此,必将激发斗志,凝聚人心,把"乡村振兴战略"的美好蓝图谱写成响遏行云的黄钟大吕。

三是本书坚持从实际出发,实事求是,立足于历史遗留问题和普遍的现实关怀,直面农业、农村、农民问题,把文件的原则精神贯彻到运作实践之中,把战略目标的阐发落实到实施路径上来。

四是"乡村振兴"情况复杂,任务艰巨,关键在哪里,核心是什么?习近平同志指出"小康不小康,关键看老乡"[①]。推动农业全面升级、农村全面进步、农民全面发展,动力之源是农民,是农民的主体地位、主体精神和主体作用。本书突出强调"乡村振兴战略"不仅是自上而下的宏观决策,更是自下而上的实施方案。只有坚持农民主体地位,充分尊重农民意愿,调动农民的积极性、主动性、创造性,"乡村振兴战略"才可以顺利实施。是为序。

包泉万

2020 年 1 月 10 日于长沙

---

① 《习近平关于全面建成小康社会论述摘编》,中央文献出版社,2016,第 21 页。

# 自 序

乡村，一个被人类学描述为聚落，被社会学描述为农业生产者居住地，被经济学描述为农业生产地，被政治学描述为人地关系的传统载体，被地理学描述为以地缘为纽带的熟人聚落……一个关乎人类生存的粮食生产地，一个人类史上朝代更迭从未缺席的社会单元，一个人类社会走向现代的贡献者和奋斗者，一个在人类社会原始资本积累进程中日渐衰弱且在现代化中不能缺位的文化体，如何发展是一个世界性话题。在中国几千年的农业文明历程中，乡村养活了一代又一代人，成就了屹立世界的农耕文明，但人地关系问题始终存在。

如何认识乡村问题？这个问题始终被聚焦于人地关系，站在怎样的高度和以什么视角，其结论具有质的差异。就高度而言，在社会基本矛盾结构中，乡村人地关系问题不只是乡村自己的问题，更是社会整体问题的乡村表现形式；就角度而言，人地矛盾是在乡村与社会互动过程中形成和深化的，与时间对应的目的是焦点，也是我们正确理解人地矛盾状态的背景。在当代，工业化、城镇化对乡村资源的虹吸，经济全球化对乡村与市场经济关系的深化，人与自然和谐共存的生态红线的形成，多元文化相互激荡对乡村传统文化的冲击和颠覆，使乡村面临资源（包括人力资源）、市场（农产品转化为农商品）、生态（绿色环境和食品）、文化（乡魂）四大瓶颈，这也是新时代国家现代化的瓶颈。

如何解决乡村问题？如今，亿万村民不现代化，中国不可能实现现代化；村民不安居乐业，中国特色社会主义制度的优越性不可能体现；农业不发展，14亿人的吃饭问题不可能解决；亿万农民没有获得感和幸福感，乡村就不可能获得发展的活力和动力。为此，党的十九大从战略的高度，提出坚持农业农村优先发展，确立了产业兴旺、生态宜居、乡风文明、治理有效、生活富裕的总要求，提出建立健全城乡融合发展体制机制和政策体系。

如何实施乡村振兴战略？目的明确，即解决"三农"问题；标准明确，即实现共同富裕；方法明确，即走城乡融合之路；对实践者的要求明确，即为民的初心、全局性视野、遵循乡村社会运行规律、让农民成为主体、在认知历史性地域性特色性问题的前提下因地制宜。

实施乡村振兴战略的重要环节是思维和技术路径的选择。"我们所做的选择最终都成为我们的责任"，如何选择？战略认知、规律把握和接地气是基本原则。需要将乡村问题置于国家现代化视野和社会主义共同富裕原则下，既遵循当代中国社会发展规律又尊重乡村社会自身运行规律，将战略与区域、地区和具体的村的发展有机结合起来。因此，提高认识、积淀经验和清楚实施乡村振兴战略的实践思维和技术路径十分重要，需要立足战略高度进行研究，需要多学科理论支撑，需要夯实经验基础。我是农民的儿子，情系乡村，一直关注和思考乡村问题。党的十九大提出乡村振兴战略以来，"战略"与解决乡村问题的实践成为我的主要研究对象，在调研了千村千户，承担了4县5镇6村的相关咨询工作，主持了相关市县乡村的乡村振兴战略总体规划、产业规划、人居环境整治规划、示范实验试点县方案编制后，获得了一些体会，于是有了写成书的志忐想法，期望能引发读者思考，期望能为实践者拓宽一些视野或提供一些方法上的参考。

# 目 录

## 上篇　乡村振兴战略实践思维路径

### 第一章　乡村振兴战略实践的背景思维 …… 3
第一节　乡村问题的历史形态 …… 3
第二节　乡村问题的时代形态 …… 11

### 第二章　乡村振兴战略实践的内涵思维 …… 19
第一节　乡村振兴战略实践的框架 …… 19
第二节　乡村振兴战略实践的要求 …… 39
第三节　乡村振兴战略实践的蓝图 …… 72

### 第三章　乡村振兴战略实践的原则思维 …… 85
第一节　乡村振兴战略实践的优先原则 …… 85
第二节　乡村振兴战略实践的主体 …… 114
第三节　乡村振兴战略实践的问题 …… 124

## 下篇　乡村振兴战略实践技术路径

### 第四章　乡村振兴战略实践的城乡融合路径 …… 133
第一节　乡村振兴的城乡融合需要 …… 133
第二节　满足乡村振兴城乡融合需要的关键 …… 140
第三节　满足乡村振兴城乡融合需要的技术路径 …… 147

### 第五章　乡村振兴战略实践的共同富裕路径 …… 159
第一节　乡村振兴的共同富裕需要 …… 159
第二节　满足乡村振兴共同富裕需要的关键 …… 168

第三节　满足乡村振兴共同富裕需要的技术路径 …………… 176

**第六章　乡村振兴战略实践的质量兴农路径** …………………… 184
　　第一节　乡村振兴的质量兴农需要 ………………………… 184
　　第二节　满足乡村振兴质量兴农需要的关键 ……………… 194
　　第三节　满足乡村振兴质量兴农需要的技术路径 ………… 207

**第七章　乡村振兴战略实践的绿色发展路径** …………………… 213
　　第一节　乡村振兴的绿色发展需要 ………………………… 213
　　第二节　满足乡村振兴绿色发展需要的关键 ……………… 216
　　第三节　满足乡村振兴绿色发展需要的技术路径 ………… 220

**第八章　乡村振兴战略实践的文化兴盛路径** …………………… 224
　　第一节　乡村振兴的文化兴盛需要 ………………………… 224
　　第二节　满足乡村振兴文化兴盛需要的关键 ……………… 229
　　第三节　满足乡村振兴文化兴盛需要的技术路径 ………… 233

**第九章　乡村振兴战略实践的乡村善治路径** …………………… 240
　　第一节　乡村振兴的乡村善治需要 ………………………… 240
　　第二节　满足乡村振兴乡村善治需要的关键 ……………… 245
　　第三节　满足乡村振兴乡村善治需要的技术路径 ………… 250

**第十章　乡村振兴战略实践的特色减贫路径** …………………… 258
　　第一节　乡村振兴的特色减贫需要 ………………………… 258
　　第二节　满足乡村振兴特色减贫需要的关键 ……………… 264
　　第三节　满足乡村振兴特色减贫需要的技术路径 ………… 269

**后　记** ……………………………………………………………… 277

## 上篇 乡村振兴战略实践思维路径

建设现代化中国，农业、农村、农民现代化是关键的一步。乡村振兴战略是实现的总抓手。如何因地制宜推动乡村振兴战略实施？首要问题是实践的思维路径，即如何思维？思维是灵魂的自我谈话（柏拉图），是思想的自我革命，是全部实践行动的决定者，回答的是为什么要实践和依靠什么实践的问题。对为什么要实践的回答，需要立足国家现代化高度，坚持社会主义共同富裕原则，以系统解决"人民日益增长的美好生活需要和不平衡不充分的发展之间的矛盾"为目的，审视农业、农村、农民现代化问题；对依靠什么实践的回答，需要正确认知"三农"问题的历史地位、时代地位和解决当前社会主要矛盾的紧迫性，科学把握乡村振兴战略构架，明确乡村振兴战略实践的背景、内涵、原则。

# 第一章　乡村振兴战略实践的背景思维

中华文明发源于乡村，几千年前的仰韶、龙山、屈家岭、河姆渡文化等已经表明，农耕文明已在黄河中游和长江中下游逐渐形成，世世代代乡村人缔造了闻名于世界的农耕文明。"甘其食，美其服，乐其俗，安其居，邻国相望，鸡犬之声相闻，民至老死不相往来"① 的文化思维和发达的农耕文明，塑造了村民安土重迁的观念与中国封建社会重农抑商的基本国策，成就了中国农业大国的历史地位。中华人民共和国成立之后，乡村人用辛勤劳动支撑了国家的城市和工业体系建设。也是在这样一个历程中，由于国家社会发展水平滞后于经济发展水平，突出经济目的的工业化和城镇化，形成了乡村资源、市场、生态、文化发展方面的困境，这些就是今天提出乡村振兴战略的实践背景。

## 第一节　乡村问题的历史形态

中国，大部分领土处在北温带，特殊地理环境为中华民族提供了适合于农业生产和农业多种经营的空间和条件。"神农之时，天雨粟。神农遂耕而种之，作陶冶斧斤，为耒耜锄耨，以垦草莽。然后五谷兴助，百果藏实。"② 就以农立国而言，农业生产成为乡村以及所有社会文明的物质基础，乡村问题因此居于所有社会问题的中心并为历代统治者所重视。随着世界范围内工业文明的崛起，人类社会文化模式发生转变，社会化大生产取代了传统的小农经济，自由市场经济模式成为各经济主体利益的分流器，现代化成为各经济主体利益最大化的必由之路，农业现代化因此成为世界各国社会发展的根本需要。

---

① 冯达甫：《老子译注》，上海古籍出版社，1991。
② 黄怀信等：《逸周书汇校集注》（修订本），上海古籍出版社，2007，第1139页。

18世纪60年代英国的工业革命使人类进入了以工业化为标识的现代化进程。1840年，英国人运用工业文明成果发动了鸦片战争，用坚船利炮打开了古老中国的大门，中国因此进入了半殖民地半封建的社会历史阶段，在此后的100多年中，西方列强依靠坚船利炮立威，运用现代化成果立势，运用贸易自由掠夺，中国国民经济跌入了低谷。在中国共产党的领导下，1949年中华人民共和国成立。为了实现中华民族的复兴，中国选择了工业化道路，以国家现代化为目标，经过70多年的发展，建立了自己的工业体系，取得了前无古人的历史成就。以此为背景，中国由农业大国迈向现代化强国，农业现代化成为必由之路，乡村获得了新的政治、经济、文化地位。

## 一 政治地位：国家主人

1954年9月颁布的《中华人民共和国宪法》，确立了人民是国家主人这一政治属性。毛泽东指出："社会主义制度在中国已经基本上建立起来；中国国内主要矛盾已经不再是工人阶级和资产阶级的矛盾，而是人民对于经济文化迅速发展的需要同当前经济文化不能满足人民需要的状况之间的矛盾；中国主要任务是集中力量发展社会生产力，实现国家工业化，逐步满足人民日益增长的物质和文化需要；虽然还有阶级斗争，还要加强人民民主专政，但其根本任务已经是在新的生产关系下面保护和发展生产力。"[①]

在之后的社会主义建设进程中，人民成为国家的主人，国家与乡村之间的社会价值取向、利益与主体的关系均以理念和制度的形态体现着国家主人这一原则。

1. 人民至上

中国特色社会主义是马克思主义与中国实际相结合的产物。人民至上，是空想社会主义者的关注点，是马克思恩格斯创立科学社会主义的落脚点和逻辑起点，是中国共产党的执政理念，也是中华人民共和国维护和捍卫人民根本利益的出发点。在中国共产党执政的中华人民共和国的成长过程中，无论是推翻旧制度和建设新社会，还是谋求国家富强、

---

① 齐鹏飞主编《中华人民共和国史》，中国人民大学出版社，2009。

民族独立、祖国统一和实现中华民族伟大复兴,都是以为中国人民谋利益和排忧解难为根本目的。

人民至上是新时代坚持和发展中国特色社会主义的根本任务和价值取向,即"坚持以经济建设为中心,坚定不移地推进全面深化改革,促进社会主义现代化建设的各个环节、各个方面相协调。要促进生产关系与生产力、上层建筑与经济基础相协调,促进经济持续健康发展,让一切劳动、知识、技术、管理、资本等要素的活力竞相迸发,让一切创造社会财富的源泉充分涌流,为坚持和发展中国特色社会主义、改善和普惠民生奠定坚实的物质基础"。[①] 实施乡村振兴正是人民至上这一思想与当前中国"三农"发展需要有机结合的实践运用,突出的重点是进一步夯实乡村人在新时代的地位。

2. 国家富强

国家富强和共同富裕,人民才有尊严。

实施乡村振兴战略以农业强、农村美、农民富为目的。"深化农村综合性改革,扩大全方位开放,增强农村发展新动能,激发乡村发展新活力,建立起……充满活力的体制机制。"[②]

共同富裕既是一个长远的目标,又是一个循序渐进的人民主体利益不断实现的过程,其中依法治国是关键。

人民的主体利益,是通过社会制度实现的,法是制度的基石。用法统领社会各领域、社会生活各方面制度,是人民群众成为实践主体、认识主体、利益主体、权力主体、价值主体的关键所在。依法行政,才能始终把最广大人民的根本利益作为一切工作的出发点和落脚点;依制度行事,才能坚持"从群众中来,到群众中去"[③],依律把握和满足人民的需要。

因此,在实施乡村振兴战略的实践进程中,规划以及相关制度的建立健全,必须秉承以人民为中心的发展思想。依法突出农民群众在乡村振兴中的主体地位,保证广大农民可持续得到更多的实惠。重要机制是,

---

[①] 杨信礼:《习近平新时代中国特色社会主义思想的价值取向》,http://theory.people.com.cn/n1/2018/0813/c40531-30224504.html。

[②] 刘年艳:《推进改革开放 大力实施成都乡村振兴》,http://www.qstheory.cn/llqikan/2019-02/28/c_1124176445.htm。

[③] 《毛泽东选集》第3卷,人民出版社,1991,第984页。

实现最广大人民的根本利益与依法治国的有机统一,这也是实施乡村振兴战略的初衷所在。

## 二 经济地位:二元化

中国进入社会主义经济轨道后,出于国家现代化的目的,开启了中国特色的工业化进程,确立了优先发展重工业及城市的战略。客观上出现了两个方面的问题。

一是中国传统城乡经济和社会结构的双重二元化没有得到有效改变。即鸦片战争之后,西方资本主义经济势力侵入中国的自然经济体系,更加拉大了城乡经济、文化水平的差异,形成了城乡经济和社会结构相对隔离的两个孤岛。

二是乡村富余劳动力元素被植入城乡"双重二元化"体系。中华人民共和国成立以后,历经土地制度改革、农业合作化运动、家庭联产承包责任制①,乡村生产力得到了前所未有的解放。但是,乡村富余劳动力向城市的流动,衍生出了城乡户籍身份问题。

### 1. 经济收入地位

1978 年,中国进入了改革开放时期。乡村生活水平总体上得到了大幅度提升。但是,由于农村改革不到位、自给自足的小农意识根深蒂固、农产品向农商品转化存在瓶颈等问题,40 年来,农民收入增长特点和城乡居民收入的差距依然明显(见表 1-1 和图 1-1)。

表 1-1 改革开放以来农民及城镇居民收入增长特点及其阶段划分

单位:%

| 年份 | 农民收入<br>增长特点 | 农民收入实际增速 ||| 城镇居民收入实际增速 ||| GDP 实<br>际增速 |
|---|---|---|---|---|---|---|---|---|
| | | 均值 | 极差 | 标准差 | 均值 | 极差 | 标准差 | |
| 1978~2017 | | 7.52 | 26.05 | 4.97 | 7.48 | 18.86 | 3.92 | 9.40 |
| 1978~1984 | 超常规增长阶段 | 14.06 | 7.88 | 3.11 | 8.63 | 14.30 | 5.28 | 8.47 |

---

① 农民以家庭为单位,向集体经济组织(主要是村、组)承包土地等生产资料和生产任务的农业生产责任制形式。它是我国现阶段农村的一项基本经济制度。在农业生产中农户作为一个相对独立的经济实体承包经营集体的土地和其他大型生产资料(一般做法是将土地等按人口或人劳比例分到农户经营),按照合同规定自主地进行生产和经营。其经营收入除按合同规定上缴一小部分给集体及缴纳国家税金外,全部归于农户。集体作为发包方除进行必要的协调管理和经营某些工副业外,主要是为农户提供生产服务。

续表

| 年份 | 农民收入增长特点 | 农民收入实际增速 均值 | 极差 | 标准差 | 城镇居民收入实际增速 均值 | 极差 | 标准差 | GDP实际增速 |
|---|---|---|---|---|---|---|---|---|
| 1985~1988 | 增长缓慢阶段 | 1.88 | 3.72 | 1.82 | 3.79 | 16.87 | 7.42 | 11.33 |
| 1989~1991 | 增长停滞阶段 | 0.87 | 16.66 | 8.33 | 5.00 | 8.29 | 4.35 | 5.08 |
| 1992~1996 | 增长恢复阶段 | 7.90 | 9.70 | 3.78 | 7.30 | 5.87 | 2.74 | 11.89 |
| 1997~2000 | 增长持续下降阶段 | 4.06 | 3.81 | 1.59 | 6.24 | 5.89 | 2.42 | 8.31 |
| 2001~2003 | 增长恢复阶段 | 4.48 | 4.95 | 0.47 | 10.30 | 0.86 | 2.72 | 9.17 |
| 2004~2017 | "十四连增"阶段 | 8.80 | 5.18 | 1.58 | 8.32 | 6.58 | 1.83 | 9.36 |

资料来源：温涛、何茜、王煜宇：《改革开放40年中国农民收入增长的总体格局与未来展望》，《西南大学学报》（社会科学版）2018年第4期。

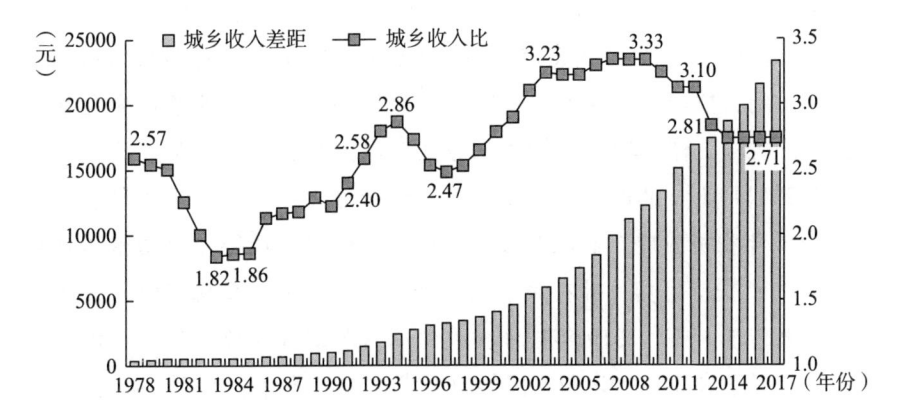

**图1-1 改革开放40年来城乡居民收入差距变化情况**

资料来源：温涛、何茜、王煜宇：《改革开放40年中国农民收入增长的总体格局与未来展望》，《西南大学学报》（社会科学版）2018年第4期。

一方面，农民收入总体呈现增长态势；另一方面，城乡居民收入差距不断拉大。就前者而言，农民经济收入不断增加；就后者而言，我国城乡居民收入差距拉大的风险仍然存在。实现农民可持续增收和缩小城乡收入差距，任重而道远。

2. 社会教育地位

农村教育大致可从两个方面看。

一是子女教育。2017年，全国有幼儿园254950所，农村幼儿园数量占比达69.03%；教育部门办的普惠性幼儿园数量为75553所，占31.25%。义务教育在校生数达1.45亿人，其中，镇区为6087.56万人，乡村为3418.77万人。全国有初中阶段毕业生1397.47万人，普通高中招生为800.05万人，普通初中升普通高中的比为57.25%，2017年共有初中随迁子女毕业生125.07万人，但考入普通高中的只有42.81万人，随迁子女的普通高中升学率仅为34.23%，随迁子女比当地考生升入普通高中的机会平均少23.02个百分点。全国小学专科及以上学历教师比例为95.26%，城乡差距为4.6个百分点，全国初中本科及以上学历教师比例为84.63%，城乡差距为10.3个百分点。[①] 相对于城市，农村始终存在投资规模较小、办学条件较差、师资力量不足等方面的问题，此外，留守儿童数量增多、家庭教育残缺不全、教育质量下降也是普遍问题。

二是农民教育。这个问题历来为中央一号文件所重视，如2004年、2006年、2007年、2012年、2017年培养农民职业技能、新型农民培训，2005年、2008年加强农业先进实用技术教育，2009年支持科技人员和大学毕业生到农技推广一线工作，2010年鼓励高校涉农专业毕业生到基层农技推广机构工作，2013年大力培育新型农民和农村实用人才，2014年加大对新型职业农民和新型农业经营主体领办人的教育培训力度，2015年、2016年积极发展农业职业教育，把法治建设和道德建设紧密结合起来，2018年扶持培养一批农业职业经理人、经纪人、乡村工匠、文化能人、非遗传承人等，2019年把乡村人才纳入各级人才培养计划予以重点支持。相对于农业现代化和农民增收要求，农民教育依然任重而道远。

3. 职业地位

职业地位，是一定社会发展阶段人们的职业价值观，是以市场为前提的社会分工的产物，社会价值决定职业价值。在传统农业时代，在自给自足的小农经济形式下，市场没有发挥作用的空间。农民的社会价值至高，以职业来区别意义不大。进入工业时代以来，随着市场经济的发展，职业的社会价值与劳动"产品"的市场价值相连接，特别是在我国，由于农业农村现代化水平、农民素质、农产品质量不高等因素，农民的职业地位被市场价值所屏蔽。

中华人民共和国成立以后，很长一个历史时期，农民还只是一种身份。同时，由于城乡二元结构及其观念的形成和深化以及农民职业教育

---

① 参阅东北师范大学中国农村教育发展研究院发布的《中国农村教育发展报告2019》。

的淡化、农业从业人员的老龄化，从事农业的人越来越少。

2004年以来，中央一号文件连续对职业农民培育工作做出全面部署，国家在农民教育事业上的投入持续增加。

十八大以来，国家高度重视、关心、支持新型职业农民培育工作。在政策制定、资金保障、人才支撑等各个方面，均向农民教育事业倾斜，中央财政对职业农民教育的经费连年增加。2014年、2015年均为11亿元，2016年财政拨款增加至13.9亿元，比上年增长24.6%。①

### 三　文化地位：履职者

中国进入社会主义文化轨道后，中华民族在缺少强大的物质力量支撑的条件下，在中国特色社会主义文化的积极引领下，民族精神力量不断增强，强大的精神力量引领中华民族走上了艰难的强国之路。

在这一历程中，村民因政治地位的确立而逐步成为文化主体，乡村实现了社会主义文化架构下的传统文化资源与时代的结合。其不足的地方在于文化主导性，回望中国改革开放的40多年，乡村生活水平在获得提升的同时，乡村文化受到了前所未有的挑战，村民的观念日趋多样化，乡村文化创造力纤弱已成为不争的事实，社会期望乡村履文化之职与乡村难以履职成为常态。乡村文化的基因是中华文化。"在5000多年文明发展中孕育的中华优秀传统文化，在党和人民伟大斗争中孕育的革命文化和社会主义先进文化，积淀着中华民族最深沉的精神追求，代表着中华民族独特的精神标识。"②"是中华民族的文化根脉，其蕴含的思想观念、人文精神、道德规范，不仅是我们中国人思想和精神的内核，对解决人类问题也有重要价值。"③

当代乡村文化的根在中国特色社会主义文化，它"源自于中华民族五千多年文明历史所孕育的中华优秀传统文化，熔铸于党领导人民在革命、建设、改革中创造的革命文化和社会主义先进文化，植根于中国特

---

① 《"农民"不再是身份而是职业》，http://china.huanqiu.com/hot/2017-08/11173305.html? agt = 15417。
② 《习近平在中国文联十大、中国作协九大开幕式上的讲话》，http://news.cctv.com/2016/11/30/ARTIXb5UVFFdlOyJDAqCdsCZ161130.shtml。
③ 《新形势下的宣传思想工作　习近平有这些新要求新观点新论断》，http://news.cctv.com/2018/08/25/ARTIAICJyPyVVoVAvugDvQkD180825.shtml。

色社会主义伟大实践"。① 没有中国特色社会主义文化的繁荣兴盛，就没有当代乡村的振兴。

一个民族的复兴需要强大的物质力量，也需要强大的精神力量，"没有先进文化的积极引领，没有人民精神世界的极大丰富，没有民族精神力量的不断增强，一个国家、一个民族不可能屹立于世界民族之林"。② 2013 年，中办下发《关于培育和践行社会主义核心价值观的意见》。十九大报告指出，培育和践行社会主义核心价值观，要以培养担当民族复兴大任的时代新人为着眼点，强化教育引导、实践养成、制度保障，发挥社会主义核心价值观对国民教育、精神文明创建、精神文化产品创作生产传播的引领作用，把社会主义核心价值观融入社会发展各方面，转化为人们的情感认同和行为习惯。因此，乡村文化社会治理更显重要和紧迫。

其一，传统的"文化"和"意义系统"的解体导致中国特色社会主义文化在一定程度上被淡化。在不断深化的市场经济浪潮中，商品意识日渐冲淡农民的文化激情，越来越少的乡村文化生活日渐降低农民的文化质量。

其二，城乡二元结构及其体制正在消解农民的文化权益。随着我国经济社会的高速发展，城乡文化发展资源的不平衡日渐加剧，主要表现在文化基础设施、财政支持、文化技能培训和文化活动等方面。

其三，部分地方政府没有积极发挥作用。"传承中华文化，绝不是简单复古，也不是盲目排外，而是古为今用、洋为中用，辩证取舍、推陈出新，摒弃消极因素，继承积极思想，'以古人之规矩，开自己之生面'，实现中华文化的创造性转化和创新性发展。"③ 但是，一些地方政府没有在其中起到主导性的作用，不研究文化的规律性和农民的文化需要，形式主义严重，致使一些地方农村文化主导性表面化。

---

① 《习近平在中国共产党第十九次全国代表大会上的报告》，http://www.china.com.cn/19da/2017-10/27/content_41805113.htm。
② 《习近平在文艺工作座谈会上的讲话》，http://culture.people.com.cn/n/2014/1015/c22219-25842812.html。
③ 《习近平在文艺工作座谈会上的讲话》，http://culture.people.com.cn/n/2014/1015/c22219-25842812.html。

## 第二节 乡村问题的时代形态

在经历了第一次全球化浪潮（1870~1914年，全球人均收入较快增长）、第二次浪潮（1950~1980年，发达国家经济的融合、贫穷国家依赖初级产品出口）、第三次浪潮（1980年至今，发展中国家制成品出口比重跃升）之后，国家间差距迅速拉大，国家现代化成为必由之路。在这一进程中，农业大国依然是中国的背景，乡村问题依然是社会建设的根本和核心问题，优先实现工业现代化成为国强民富的必由之路。以此为背景，如何让村民成为土地的主人？如何解放乡村生产力？也是在经历70年的发展历程之后，人们深刻地认识到：这两个问题正是国家经济发展和现代化的现实瓶颈，呈现在农业、农村、农民三个方面，乡村发展能力纤弱和成为市场边缘体是主要特征。

### 一 乡村发展能力纤弱

需要和满足需要是人类社会永恒的矛盾，始终存在于民族或国家的全部发展过程中。黑格尔认为："矛盾则是一切运动和生命力的根源；事物只因为自身具有矛盾，它才会运动，才具有动力和活动。"[①] 中华民族在当代为实现人民当家作主选择了社会主义制度，而人民当家作主的中国需要面对积弱的政治、经济、文化现状，人民的物质文化需要同落后的社会生产之间的矛盾，社会生产力发展引发的各类矛盾和问题。要解决这些问题和矛盾，国家现代化是必由之路，目的是促进"人的自由而全面的发展"[②]。在这条路上，村民要成为国家现代化的建设主体，就要提升乡村发展能力。

#### （一）政治主体

在中国现代化转型的过程中，在中国共产党的领导下，村民的政治地位事实上经历了确立、中心到主体的曲折过程。

农民获得政治地位的基础是土地。

---

① 〔德〕黑格尔：《逻辑学》下卷，杨一之译，商务印书馆，1976，第66页。
② 马克思、恩格斯：《共产党宣言》，中央编译局译，人民出版社，1997。

中华人民共和国成立前的旧中国仍维持着封建土地制度，地主、富农占有近80%的土地，90%的贫农、雇农和中农占有20%左右的土地。

中华人民共和国成立后，占农业人口2/3的新解放区农民迫切要求进行土地改革。1950年颁布的《中华人民共和国土地改革法》开启了全国范围内的土地改革，地主阶级封建剥削的土地所有制被废除，实行农民的土地所有制。1951年初，黄炎培指出：土改取得的成就是巨大的，占新中国人口80%的农民翻身了，组织起来了，真正扬眉吐气了，生产的积极性激发出来了，这预示着新中国的确站起来了！

农民历来是决定社会变革和革命成败的关键方面。

在经历了1950年土地改革运动、1953年国家对农业进行社会主义改造、1958年人民公社化运动、1978年以后在农村实行家庭联产承包责任制之后，2006年国家全面取消了农业税，拓宽了农民增收渠道，农村集体产权制度改革不断深化，农村走上了市场经济和现代农业之路。

但是，业已存在的城乡二元体制仍然是束缚新时代农民发展的重要因素，农民的文化素质、科技素养、劳动技能有待于进一步提高，农村、农业现代化程度尚不足以支撑农民的中心地位。为此，十九大提出实施乡村振兴战略。它"是一篇大文章，要统筹谋划，科学推进。要充分尊重广大农民意愿，调动广大农民积极性、主动性、创造性，把广大农民对美好生活的向往化为推动乡村振兴的动力，把维护广大农民根本利益、促进广大农民共同富裕作为出发点和落脚点"。[①]

### （二）经济主体

中华人民共和国成立以后，中国农业长期面临生产工具简陋，科技、教育、市场化水平低下的现状。然而，在中国共产党的领导下，村民在经历了改造、中心到主体的政治地位变迁之后，农业生产力获得了前所未有的发展，农业技术变革不断深化，逐步形成了村民参与与加入的经济主体地位。

十九大以来，中央立足全局，提出坚持农业农村优先发展。出台了一系列"三农"政策，提出实施乡村振兴战略，越来越多的农民逐渐成

---

① 《乡村振兴要充分尊重农民的主体地位》，http：//inews. nmgnews. com. cn/system/2018/04/11/012478675. shtml。

为经济活动的主体。

### (三) 文化主体

在中国现代化转型的过程中,村民所经历的政治上的改造、中心到主体地位的转换,实质上是通过中国特色社会主义文化来完成的。

在中国文化发展史上,社会主义文化以先进的世界观和方法论为指导,根本任务和目标是创造出先进的、健康的、崭新的社会主义文化,不断满足人民群众的精神文化需求,形成有利于中国特色社会主义事业建设的价值观念、精神风貌、舆论氛围、文化条件和社会环境,培育一代又一代有理想、有道德、有文化、有纪律的新人。

中华人民共和国成立前,农村文化,以中华传统文化为载体,以血缘和地域为单元,依据其内在机制运行和发展。中华人民共和国成立后,为建设社会主义新社会,农村文化被纳入国家发展规划,改造旧文化和塑造新文化成为服务国家发展的重中之重,开启了荡涤封建文化、确立新文化教育领导权、提倡社会主义先进文化、提高农村文化水平、树立社会主义理想与目标的史无前例的社会主义新农村的文化建设活动。这一时期主要包括两部分。

一是扫盲。以提高中国的人口素质为目的,50年的扫盲,使文盲率由1949年的80%下降至2000年的6.72%。

二是农村文化传播行政化。以扫盲为前提,国家开启了以推进农村现代化为目的的新农村文化建设进程,集全社会之力,建设农村广播、影院、文化馆(站)、俱乐部、图书室、地方戏剧和剧团等传播网络和载体,夯实了中国特色社会主义文化在农村的发展基石。

但是,随着时代的发展,出现了两种趋势。

一是传统农村文化建设的部分内容为农民逐利所改变。"伴随着市场经济的发展和乡村生产方式、生活方式的转变,乡村道德关系的基础发生了变化。农民的流动性大大加强,大量农民冲破地缘关系的限制,以'离土'或'离乡'的形式从事市场化、职业化的新型生产劳动,乡村社会的差序格局和人伦秩序受到冲击,人际交往的范围、原则都产生了变化。在这一过程中,农民根植于传统农耕生产和生活方式的安土重农、惧怕变革等保守意识逐渐削弱,与市场经济相契合的信用意识、契约意识、责任意识等现代道德观念逐步生成并日渐成长。"①

二是现代化的农村文化建设体系尚未形成。"农村文化是一种契合于农耕社会的生活方式,为农民的实践和乡村秩序提供意义体系和价值规范,因此,它拥有自为的存在价值和内在的运行机制。新中国成立以来,由于将文化简单地意识形态化和工具化,并用国家政权按照科层式的行政机制去推进,结果因违背文化的内在规律而使乡村文化建设陷入困境。所以,要实现农村文化的发展与繁荣,必须根据文化的特质,改变当下农村文化的行政供给模式,实现农村文化的乡村自主发展。"② 而在经济发展目的语境下,农村文化建设地位被从属于经济建设,规律被漠视,体系被阉割,内容为形式所屏蔽。

为此,乡村振兴战略在"总要求"中提出了"治理有效"和"乡风文明"的基本建设要求。

## 二 乡村成为市场边缘体

国家现代化是社会全方位的进步和人的自由而全面的发展,"从各国实践看,现代化至少包括三方面内容:建立现代国家,发展现代经济,建设现代社会。它们之间相互衔接又彼此重叠,没有现代国家就不能发展现代经济,而经济发展又必定要求建设现代社会。综观推进现代化比较成功的国家,无论是发达国家还是发展中国家,都是这三方面进行得较为顺利的国家"。③ 在中国现代化进程中,现代国家的任务已经明确,现代经济起步于工业体系和市场经济体制的建立,它在不断提高人民生活水平的同时日益凸显着只有建设现代社会才能解决的社会矛盾,即"人民日益增长的美好生活需要和不平衡不充分的发展之间的矛盾"④。

---

① 王露璐:《改革开放 40 年来我国乡村社会的道德发展与建设》,http://news.gmw.cn/2019-01/03/content_32287176.htmhttp://news.gmw.cn/2019-01/03/content_32287176.htm。

② 吴淼:《论农村文化建设的模式选择》,http://www.wanfangdata.com.cn/details/detail.do?_type=perio&id=hzkjdxxb-shkxb200706021#。

③ 钱乘旦:《从全球视阈看现代化进程》,http://theory.people.com.cn/n1/2017/1122/c40531-29660388.html。

④ 习近平:《决胜全面建成小康社会 夺取新时代中国特色社会主义伟大胜利——在中国共产党第十九次全国代表大会上的报告》,人民出版社,2017,第 11 页。

依据促进人的全面发展、全体人民共同富裕的社会主义原则，不解决好这个矛盾，中国就不可能实现现代化，村民的家，农业的路，是与这个矛盾紧密相连的，而乡村成为市场边缘体一直是解决当前社会主要矛盾的瓶颈。

**（一）村民的家**

家有很多层意思，其实最直接的则是共同生活的眷属和居住的地方，生活和"住"是家的两个重要支撑条件。国家是"大家"，农民还有自己的"小家"。

1. 生存质量

生存质量，既是个体依据自身的目标、期望、标准对所关心的事情状况的体验，又是个体的生理健康、心理状态、独立能力、社会关系、个人信仰和与周围环境的关系的现实显现。

如何评价生存质量呢？改革开放以来，农民有了赖以生存的土地和经营自主权，取消了农业税并给种粮农民补贴，农民住房、医疗保险、农村基础设施得到改善，物资交流有了可靠保障等，这些都是不争的事实。但是，城乡、地区间和同一地区内的局部和整体间的生存水平差距依然很大。2017年，城乡居民的人均可支配收入各自上涨至36396元和13432元，收入比为2.71。①

事实上，新时代扶贫中国有自己的国情和道路。《中国农村扶贫开发纲要（2011—2020年）》提出了到2020年我国扶贫开发针对扶贫对象的总体目标，即"稳定实现扶贫对象不愁吃、不愁穿，保障其义务教育、基本医疗和住房"，简称"两不愁、三保障"。由此提出了符合国情的衡量当前乡村生存质量的最低标准。

2. 生活质量

生活质量有别于生存质量，以有为基础，好不好是主要标准。

改革开放以来，农民的物质需求总体趋于提高，彩电、冰箱、空调、电脑和手机进入了普通农民家庭。但是，物质的丰富不能替代精神贫乏，个人生活水平不能替代群体的生活质量，淡化公德建设所致的生活垃圾问题，经济利益屏蔽生态文明建设所致的人居环境问题，技术落后和资

---

① 《中国统计年鉴—2018》，http://www.stats.gov.cn/tjsj/ndsj/2017/indexch.htm。

金短缺所致的食品、饮水、医疗、养老问题，文化次位所致的村民文化生活问题等，都已成为乡村振兴的瓶颈。

2008年，《中共中央关于推进农村改革发展若干重大问题的决定》指出："把农村建设成为广大农民的美好家园，必须切实改善农民生产生活条件。科学制定乡镇村庄建设规划。加快农村饮水安全工程建设，五年内解决农村饮水安全问题。加强农村公路建设，确保'十一五'期末基本实现乡镇通油（水泥）路，进而普遍实现行政村通油（水泥）路，逐步形成城乡公交资源相互衔接、方便快捷的客运网络。推进农村能源建设，扩大电网供电人口覆盖率，推广沼气、秸秆利用、小水电、风能、太阳能等可再生能源技术，形成清洁、经济的农村能源体系。实施农村清洁工程，加快改水、改厨、改厕、改圈，开展垃圾集中处理，不断改善农村卫生条件和人居环境。推进广电网、电信网、互联网'三网融合'，积极发挥信息化为农服务作用。发展农村邮政服务。健全农村公共设施维护机制，提高综合利用效能。"[①]

由此，我国迈出了提高村民生活质量的第一步。

**（二）农业的路**

在经济层面上，农民要增收，农村要现代化，农业的出路是最为关键的问题。研究认为，农业的出路在市场，业已存在的市场边缘体趋势是根本问题。主要瓶颈是农产品如何转化为农商品，农商品如何成为市场品牌。

1. 农产品转化为农商品

中国是一个农业大国，自给自足是农耕文明时代的生产目的。世界市场体系建立以来，中国社会主义市场经济对原有计划经济体制的替代，推进了农产品转化为农商品的进程。

随着出口需要的不断扩大，农产品质量已经成为满足这种需要的瓶颈性问题。"作为国内农产品市场的直接参与者和农产品出口贸易的间接参与者，农户的市场意识和自我行为从根本上影响我国农产品在国际市场的竞争力。作为农户，首先应提高个人参与市场的意识，通过日渐发

---

① 《中共中央关于推进农村改革发展若干重大问题的决定》，http://www.gov.cn/jrzg/2008-10/19/content_1125094.htm。

达的信息渠道多方面了解市场,生产出市场需求旺盛的农产品,这也直接为农业个体户带来更多的收入和利润。其次,农户应在政府和企业的引导下逐步规范生产行为,通过生产高质量的农产品在国内农产品市场上取得竞争优势,而不能以牺牲食品安全为代价攫取超额利润,挣取不义之财。"①

2. 农商品成为市场品牌

农产品转化为农商品是一个文化过程,农商品成为市场品牌更是一个深刻的文化变革历程。品牌本身是一种文化符号,品牌是市场孕育出的经济方式,有学者称之为"符号经济"。

符号经济是由经济符号的创造、运动所形成的,执行一定经济功能的经济系统。②"符号是一种区分:它通过排他而构造自身。一旦被纳入到某种独特的结构之中,符号就将自身排列于它所固定的领域之中,服从于差异性,在体系的控制中分别指认了能指与所指。由此,符号给予它自身某种完整的价值:明确的、合理化的、可交换的价值。"③

品牌是商品个性、形象、意义、价值的符号系统。商品的价值通过意义来体现,其"意义必须用符号才能表达,符号的用途是表达意义。反过来说,没有意义可以不用符号表达,也没有不表达意义的符号"。④

品牌通过传播建立与消费者之间的"关系船",然后获得品牌资产。整合营销传播指的是企业或品牌通过发展与协调战略传播活动,使自己借助各种媒介或其他接触方式与员工、消费者、投资者、普通公众等关系利益人建立建设性的关系,从而建立和加强他们之间的互利关系的过程。⑤

这种"关系是有价值的"⑥。物质资源占有,只是基础。而依据物质

---

① 引自葛东坡《中国农产品出口现状分析》,http://www.fx361.com/page/2017/0305/996514.shtml。
② 张平、张晓晶等:《直面符号经济》,社会科学文献出版社,2003,第4页。
③ 〔法〕让·鲍德里亚:《符号政治经济学批判》,夏莹译,南京大学出版社,2009,第145页。
④ 赵毅衡:《重新定义符号与符号学》,《国际新闻界》2013年第6期,第6~12页。
⑤ Duncan, "Client Perceptions of Integrated Mrketing Communication," *Journal of Advertising Research*, June1993, p. 31.
⑥ 〔美〕大卫·努尔:《关系经济学》,王震译,东方出版社,2009,序言。

资源的独特性占有消费者心智资源,即意识形态心智资源占有,才是更强有力的、产生高价值的经济关系。

我国十分重视农产品品牌工作。《全国农业现代化规划(2016—2020)》强调:"要提升品牌带动能力,打造一批公共品牌、企业品牌、合作社品牌、农户品牌……2017年1号文件,提出要推进区域农产品公用品牌建设,支持地方以优势企业和行业协会为依托打造区域特色品牌,引入现代要素改造提升传统名优品牌……农业品牌战略,可以形成基于独特文化与农产品物质产品的多次产业的互动、跨界、融合、全价利用发展,形成良性的'接二连三跨四'的新产业生态战略,形成六次产业的联动发展与繁荣。"[①]

因此,农商品要成为市场品牌,就必须立足文化建设高度,深化农商品文化体系改革,突出文化特征和质量标的。

---

[①] 胡晓云、魏春丽、周叶润:《中国农产品自主品牌发展现状报告》,http://www.sohu.com/a/195902090_290232。

# 第二章　乡村振兴战略实践的内涵思维

鸦片战争之后，西方资本主义经济模式对自给自足经济的挑战，使村民挣扎在生存的边缘，苦不堪言；中华人民共和国成立后，一系列土地改革逐步实现了乡村由改造到建设的发展，确立了村民在国家社会生活中的主人地位，但受限于国家经济状况，村民生活水平较低；改革开放之后，乡村逐步实现了利益到权利一体化的转型发展，乡村生活水平有了显著提升，但局限于业已形成的城乡二元体系、市场驾驭能力和社会建设滞后于经济发展，城乡居民生活、收入、社会保障水平差距较大，乡村社会发展遇到了资源、市场、生态、文化危机，形成了乡村社会和农业现代化的社会生产力、经济和科技实力瓶颈，乡村问题因此成为新时代我国社会主要矛盾的表现之一，振兴乡村因此成为新时代中国走向现代化的必由之路，乡村振兴战略给出了乡村振兴实践的框架、要求和蓝图。

## 第一节　乡村振兴战略实践的框架

国家现代化是世界发展趋势，在这条路上，当代中国基于中华文化背景和发展所需解决的现实问题、集聚了鸦片战争以来民族对现代化的理性思维，将"富强、民主、文明、和谐"[1] 作为建设目标，强调"要承担起推动中国社会进步的历史责任，必须始终紧紧抓住发展这个执政兴国的第一要务……紧紧把握住这一点，就从根本上把握了人民的愿望，把握了社会主义现代化建设的本质"。[2] 实现经济建设、政治建设、文化建设、社会建设、生态文明建设"五位一体"，实施"全面建成小康社

---

[1] 胡锦涛：《中共中央关于构建社会主义和谐社会若干重大问题的决定》，人民出版社，2006。

[2] 江泽民：《全面建设小康社会，开创中国特色社会主义事业新局面》，人民出版社，2002。

会、全面深化改革、全面依法治国、全面从严治党""四个全面"战略①，"坚定道路自信、理论自信、制度自信、文化自信"②。以此为背景，乡村振兴战略在国家视野中审视乡村振兴问题，确立了乡村振兴战略实践的目标体系、制度体系和任务体系。

## 一 乡村振兴战略实践的目标体系

生活富裕既是一个与时代生产力发展水平，社会政治、经济、文化制度相对应的概念，又是一个包含详细评价标准的范畴。中华人民共和国成立以后，"经过长期努力，我国农民生活水平从温饱转向小康，进而又进入相对富裕阶段。2005年召开的党的十六届五中全会提出'扎实推进社会主义新农村建设'，目的是实现农民'生活宽裕'。新农村建设十几年来，我国农民的生活水平得到极大改善。特别是党的十八大以来，我国的贫困发生率从10.2%下降到3.1%"。③ 然而，与许多发达地区相比，一些农村生活不富裕仍是事实，乡村振兴战略以实现共同富裕为目标指向，基于"生活宽裕"的标准提出"生活富裕"，旨在引导社会各系统和农民共同夯实全面发展的基础，通过推动乡村成为农业农村现代化的实现主体和村民享有农业农村现代化的最高经济权，解决乡村经济主体和村民利益主体地位问题，全面实现"农业强、农村美、农民富"。

### （一）让乡村成为农业农村现代化的实现主体

当前，一些农村地区的贫困和发展问题依然是国家现代化的突出短板，解决这个问题的关键是实现农业农村现代化。"新时代'三农'工作必须围绕农业农村现代化这个总目标来推进。长期以来，为解决好吃饭问题，我们花了很大精力推进农业现代化，取得了长足进步。现在，全国主要农作物耕种收综合机械化水平已超过65%，农业科技进步贡献率超过57%，主要农产品人均占有量均超过世界平均水平，农产品供给

---

① 中共中央文献研究室编《习近平关于协调推进"四个全面"战略布局论述摘编》，中央文献出版社，2015，第14页。
② 习近平：《决胜全面建成小康社会 夺取新时代中国特色社会主义伟大胜利——在中国共产党第十九次全国代表大会上的报告》，人民出版社，2017，第19页。
③ 党敏恺：《新时代乡村生活富裕的意义及实现路径》，http://www.mzb.com.cn/html/report/180830431 - 1.htm。

极大丰富。相比较而言，农村在基础设施、公共服务、社会治理等方面差距相当大。"①

国家"要坚持不懈推进农村改革和制度创新，充分发挥亿万农民主体作用和首创精神，不断解放和发展农村社会生产力，激发农村发展活力"。② 培育农民首创精神，建设农民因地制宜探索的政策体系，通过内外因结合实现农业农村现代化。

1. 培育农民首创精神

"穷则变，变则通，通则久。"③ 在人类社会发展进程中，环境与人的关系变是绝对的、不变是相对的，应对变化的唯一方法就是推陈出新，因此首创精神至关重要。

在中国古代，恶劣的自然环境和低端的生产力水平让为了生存的人们"找粮吃"。约始于河姆渡和半坡时期的黄河流域小麦和长江以南水稻的培育，使农业南稻北粟格局逐渐形成，由"找粮吃"到"种粮吃""储粮吃"的飞跃逐步实现，种植、饲养以及与农业发展相适应的文化发展使人们的生存、生活质量得以不断提升。在那个阶段，农民作为广泛的实践者，由食物采集者转变为食物生产者，客观上形成了农耕文明得以长期存在的基础和可持续的动力，自给自足成为基本经济特征。人们具备"储粮吃"能力以来，人口增长前提下的社会分工和物品交换需要催生了手工业生产的发展和市场的产生，市场竞争产生了技术改革的要求，推动了工业革命的到来。

工业革命以来，随着人类社会生产力的不断增强和农业剩余人口的持续增加，农村、农业、农民与社会环境之间的关系发生了根本改变。由食物生产者转变为农商品生产和经营者，与现代生产技术和经营理念相结合成为必然要求。

2. 建设农民因地制宜探索的政策体系

"政策和策略是党的生命"④，人民的利益就是党的全部利益，科学

---

① 《乡村振兴这么看②：聚焦农业农村现代化的总目标》，http://www.qstheory.cn/wp/2019-06/04/c_1124580728.htm。
② 习近平：《充分发挥亿万农民主体作用和首创精神》，http://www.ce.cn/xwzx/gnsz/szyw/201508/09/t20150809_6168334.shtml。
③ （清）阮元校刻《十三经注疏·周易正义》，中华书局，1980。
④ 《毛泽东选集》第4卷，人民出版社，1991，第1298页。

的政策体系是农民弘扬首创精神因地制宜探索发展道路的基本保障。如何确立科学的政策体系？习近平指出："谋事要实，就是要从实际出发谋划事业和工作，使点子、政策、方案符合实际情况、符合客观规律、符合科学精神，不好高骛远，不脱离实际。"①

建设农民因地制宜探索的政策体系的关键在于提升政策水平。乡村振兴战略是政策，因地制宜是原则，需要做好以下几点。

其一，加强问题研究。即以认识和把握农村、农业、农民的社会发展规律为目的，以实事求是为原则，以调查研究为前提，科学认知问题的表象、成因、实质及其关系。

其二，统筹兼顾。立足国家发展视野，把握政策与问题的矛盾焦点，审视地域发展政策瓶颈，把握平衡，掌握好时间节点和政策分寸。

其三，程序顺畅。要严格按照法定权限和民主集中制履行职责，重大政策决定要以调研、听取农业以及农民意见和充分论证为基础，集体讨论决定。但在一些地方，基层时常出现工作占位问题，甚至在目的上直接为政绩，为落实而落实，忽视或屏蔽农民需求，其结局是不仅没有调动农民积极性，反倒让许多农民牢骚满腹。因此，以农民为中心，因地制宜，应是建设这个政策体系的关键。

### （二）让村民享有农业农村现代化最高的经济权

生活富裕，固然可以从政治、经济、文化多个角度来理解，但从法学和经济学角度来看，其差距的根在经济权②，它决定着公民能否以平等主体身份实现其他权利。就农民与农业农村现代化的关系而言，共同富裕原则下的生活富裕是一个奋斗方向，它以"乡村成为农业农村现代化的实现主体"为前提，以成为市场主体（投资者、经营者、消费者和劳动者）以其在经济运行中的职能为载体，以建立劳动者之间平等、协作和互利关系的经济利益获得程度为标准。

用共同富裕原则来衡量农民的生活水平，在农业农村现代化中的最高经济权及其他权利，应是对生活富裕的科学解读。

---

① 《不忘初心，习近平接连部署这些工作》，http://www.xinhuanet.com/politics/xxjxs/2019-05/30/c_1124563757.htm。

② 公民享有的经济生活和物质利益方面的权利，是公民实现其他权利的前提条件和物质基础。包括财产权、继承权、劳动权、休息权、物质帮助权、离退休人员的生活保障权。

1. 共同富裕原则下农民的生活富裕

在社会特定的生产力与生产关系结合状态下，经济体的富裕通过财富来体现，共同富裕通过共同占有财富方式来实现。所以，共同占有财富就成为共同富裕原则的核心所在。

从这个角度出发，如何认知和实现农民经济体生活富裕？其内涵应包括以下方面。

其一，共同富裕作为目的是由社会主义生产关系的性质所决定的。在中国特色社会主义发展进程中，生活富裕是建立在生产资料公有制基础上的，共同占有生产资料是共同占有财富的根本原因。

其二，共同富裕是经济体生活富裕的基础。在共同富裕原则下，富裕程度是动态的，就如跑道上运动员间的距离一样，有差别是必然现象，关键是不能动摇各经济体共同占有财富的公权。

其三，共同富裕通过精神生活富裕来呈现。一个人可以穷，但不能丧失斗志；一个人可以富，但不能没有魂魄。面对有差别的物质生活富裕程度，精神生活富裕更是激发斗志的关键。

其四，共同富裕需要经历生活富裕体系的建立健全过程。一方面，国家需要一个足以支撑共同富裕原则的机制的建立健全；另一方面，共同富裕是一个目标体系的建立健全过程。

2. 农民经济权及其他权利

就农民而言，成为市场主体的前提包括以下几点。

其一，成为生产者。即成为农商品的合格生产者，需要强化职业农民培育和市场意识、提高农民生产活动与高科技的融合度。

其二，成为经营者。即成为农商品的经营者，需要具备土地产权、土地使用权、种植权、支配劳动时间和劳动产品权、依法经营权、定价权、收益权。

其三，成为投资者。即成为经济活动中的股权或资金、资产的投入者，需要具备土地投资资格、土地收益权与处分权。

其四，成为劳动者。即获得非农业劳动者资格，依法享受相关保险待遇。

其五，成为消费者。即获得《消费者权益保护法》的平等保护权，加大农民消费权益保护。

此外，在其他权利获取上，要打破城乡二元体制的现实瓶颈，健全农村社会保障制度，提高农民的组织化程度，完善农业立法，保障农民市场竞争安全，持续、稳定地增加农民收入，把失地农民纳入城镇失业下岗人员再培训体系。

## 二　乡村振兴战略实践的制度体系

在中国现代社会建设进程中，解决乡村问题存在高度和视角问题。从高度上看，乡村问题本质上是当代中国社会问题在乡村的表现形式，呈现为城乡发展不平衡、农业发展不充分、村民市场地位边缘化等。传统认知的误区在于立足农业来审视和谋划乡村问题。从视角上看，乡村问题主要是社会各系统功能不到位所致，存在技术问题。乡村振兴战略解决了理念问题，也在技术层面给出了实施乡村振兴战略的制度体系建设视野。

### （一）建设制度支持体系

什么是乡村振兴？需要有一个图景，它是由制和度构成的，这便有了制度的概念，每个国家和地区都有自己的制度。我国是社会主义国家，在中国特色社会主义制度环境下，就乡村振兴战略的制度而言，制是生产资料公有制，度是共同富裕。实施党的十九大提出的乡村振兴战略，制度体系建设是根本，包括基本制度、运行制度、运行机制三个重要方面。

1. 基本制度

乡村振兴是国家现代化的必然要求，关键是乡村靠什么振兴？

十九大提出了乡村振兴的总要求，其中第一个要求就是"产业兴旺"，切中了市场经济发展过程中的农村发展的第一瓶颈：产业。众所周知，产业是农民赖以生存、生活的现代载体，有了产业，农民才可能不背井离乡，才可能融入农业现代化轨道实现可持续增收。

然而，产业在农村落地的瓶颈是农民与土地的关系，这是根本问题，需要通过基本制度来解决，关键问题是土地与经营的关系，农村基本经营制度是农村政策的基石。

坚持农村基本经营制度，"有三个要求：一是坚持农村土地农民集体所有。这是坚持农村基本经营制度的'魂'，是农村基本经营制度的基础和本位。二是坚持家庭经营的基础性地位。这集中体现在农民家庭是承包集体土地的法定主体，其他任何主体都不能取代农民家庭的土地承包地位。农民家庭承包的土地，可以由农民家庭自己经营，也可以通过流转经营权由其他经营主体经营。但不论如何流转，集体土地承包权都属于农民家庭。三是坚持稳定土地承包关系。农村现有土地承包关系要保持稳定并长久不变……只有土地承包关系长久不变，才能实行'三权'分置。对农民土地承包经营权实行确权、登记、颁证后，农户流转承包土地的经营权才能踏实、放心"。[1]

2. 运行制度

乡村振兴是新时代中国社会一个庞大的工程，需要通过深化社会改革强化制度支撑，包括内外两个方面。在内部制度建设上，重点是完善村民自治的制度，即理顺自治与行政、党组织与村民委员会、村委会与农村集体经济组织、乡镇政府与村的关系，推动农村治理转型，激活乡村振兴运行内力。在外部制度建设上，重点是"铺路架桥"，促进政府职能转变和农村经济发展。内容包括以下几点。

其一，激活土地经营功能。逐步形成"三权"分置格局[2]，推进农村土地经营权流转[3]，建立互联互通的农村产权交易市场[4]，实行农村集体经营性资产股份制改革[5]，加快农村金融创新[6]，引导社会资本参与[7]，加强农民职业教育[8]，改革农村集体产权制度[9]，落实宅基地集体所有

---

[1] 陈锡文：《乡村振兴首先要坚持农村基本经营制度》，http://journal.crnews.net/ncgztxcs/2018/dsqq/gdzc/103438_20180904100457.html。

[2] 中共中央办公厅、国务院办公厅发布的《关于完善农村土地所有权承包权经营权分置办法的意见》，2016。

[3] 中共中央办公厅、国务院办公厅发布的《关于引导农村土地经营权有序流转发展农业适度规模经营的意见》，2014。

[4] 国务院办公厅发布的《关于引导农村产权流转交易市场健康发展的意见》，2015；中共中央、国务院发布的《关于稳步推进农村集体产权制度改革的意见》，2016。

[5] 中共中央、国务院发布的《关于稳步推进农村集体产权制度改革的意见》，2016。

[6] 中国人民银行等部门联合发布的《农村承包土地的经营权抵押贷款试点暂行办法》，2016。

[7] 农业部等部门发布的《关于促进农业产业化联合体发展的指导意见》，2017。

[8] 教育部办公厅、农业部办公厅发布的《中等职业学校新型职业农民培养方案试行》，2014。

[9] 《为乡村振兴战略提供重要制度支撑——农村集体产权制度改革进展综述》，http://finance.jrj.com.cn/2018/01/30094724029114.shtml。

权、农户资格权、房屋财产权，适度放活宅基地和农民房屋使用权，严格土地用途管制，绑定土地和农村户口与农民的权益①。

其二，集聚社会动能。如何实现农业农村优先发展？既是一个理念上的定位，更需要具体的支持体系，需要建立健全农业农村优先发展的支持体系。

财政制度支持体系。包括：创新手段和工具，强化行业统筹，加大转移支出支付事权、责任均等化，优化财政再分配职能，扩大农村低保覆盖面，建立健全公共服务体系，健全农业生态效益补偿机制，推进人口市民化激励机制建设，推动农村法治建设和扶持新型经营主体发展等。

金融制度支持体系。包括：制定县域银行等金融机构服务"三农"的绩效考核和激励的具体办法，降低"三农"信贷担保服务门槛，提高普惠性涉农贷款速度并适当扩大规模，支持特色农产品期货期权品种上市。

保险制度支持体系。包括：拓展经济作物保险覆盖面，提高农业保险水平和质量，建设普惠性农业保险体系，强化保险机构与第三方社会化云平台合作机制，推动"农险+科技"服务新模式等。②

3. 运行机制

运行是实施乡村振兴战略的关键一步，坚持农业农村优先发展是总方针。"优先"在内涵上包括：政策、干部配备、发展要素配置、资金投入、公共服务、人才等方面。

其一，政策上以根除城乡二元结构为重点。补齐农村基础设施和基本公共服务短板，深化农业供给侧结构性和农村改革，实现城乡功能互补，实现一、二、三产业融合发展，因地制宜明确工作重点并出台相应政策，实现规划引导、政策支持、市场监管、法治保障的有机统一。

其二，干部配备上以突出政策导向为重点。将"三农"干部配备置于优先地位，坚持政治可靠、情感真挚、业务熟练有机统一原则，建立健全绩效考核体系和生活保障体系，拓展"三农"战线特别是基层一线

---

① 《2019年农村土地新政，将迎来这"2大变化"，农民必须要重视!》，https://www.tu-liu.com/read-88692.html。

② 肖扬：《农业保险走入乡村振兴美好新时代》，https://finance.jrj.com.cn/2018/03/07072024202953.shtml。

干部的发展空间。

其三，发展要素配置上以推进制度创新为重点。调整政策和政府思路，去除二元化壁垒，改善农村要素单向流出格局，实现城乡各项资源要素自由流动、平等交换，建设资源要素优先流向农村的机制。

其四，资金投入上以强化保障措施为重点。优先解决公共财政在农村人居环境整治、村庄基础设施建设等重点领域的问题，建设财政、金融、保险优先服务农业农村的保障体系。

其五，公共服务上以实现城乡基本公共服务均等化为重点，优先安排农村公共服务，推进标准统一、制度并轨、普惠公平。

其六，人才上以突出创新导向为重点。建立健全职业农民制度和县域专业人才统筹制度，建立高校、科研等事业单位人才乡村和企业挂职、兼职和离岗创新创业制度，建立健全社会各界投身乡村建设制度安排体系。

目前，农业农村优先发展的重点是突出粮食安全、脱贫攻坚、实现农民可持续增收，强化制度性供给。

**（二）建设政策支持体系**

怎样实现乡村振兴？需要有一个实践路径，在理念上，它是由政和策构成的，这便有了政策的概念，以中国特色社会主义制度为背景，实践的每一步都需要实现奋斗目标、行动原则、明确的任务、工作方式、采取的一般步骤和具体措施的有机统一，它们所构建的恰是一个政策体系，处在创新和完善阶段。这个体系包括的范围十分广泛，其中，物质资本和人力资本是最重要的两个支持方面。

1. 物质资本

实施乡村振兴战略的第一基础是"物"，即物质资本。它是生产的物资形式，简单地说，就是实物资源。在农业领域，生产物资主要指农业运输机械、生产及加工机械、农药、种子、化肥、农膜等在农业生产过程中用以改变和影响劳动对象的物质资料和物质条件。

舒尔茨认为，农业也可以成为经济发展的原动力，对于经济增长，传统农业很难作出什么贡献，唯有现代化的农业，才能像发射卫星的助推器，推动经济腾飞。

在漫长的封建社会里，生产率低，产出低，农民收入微薄，生产出来的东西，除了填饱肚子外，所剩无几。传统农业中投资收益率太低，刺激不了人们投资的积极性，结果传统农业就像一潭死水，毫无生机。

新的生产要素有供给者，也有需求者。供给者开发新的生产要素，并提供给农民，但不是拿来就可以用，而是要经过研究和改造，才能使之适应于传统农业社会。在这个语境下，土地的差别是最不重要的，物质资本的质量差别是相当重要的，农民的能力差别是最重要的。是这些新生产要素的供给者掌握着经济发展的"钥匙"。① 但是，根据我国"三农"问题现状，从经济增长方面看，在乡村振兴所需要素中，物质资本仍然处在诸要素中的基础地位。在城镇化进程中，一些农民非土地资本化流转利益和土地资本化财富分配利益的社会保障缺位。乡村物质资料流失严重，新的物质条件严重缺位。此外，就农业领域生产物资而言，价格不断上涨也直接形成了"种地不挣钱"和良田荒芜的事实，通过政策调整注入新的生产要素因此成为关键。

2. 人力资本

实施乡村振兴战略的第一关键是"人"，即人力资本。

舒尔茨指出，有了供给，还要有需求。农民是否愿意接受新的生产要素，关键是看是否有利可图，而一旦农民接受这些要素，就要学会如何使用，以便充分发挥它们的作用，这必然要求农民掌握新的知识和技能。从本质上看，它们就是人力资本投资，人力资本是农业增长的主要源泉。在农业现代化过程中，如果农民素质跟不上物质资本的要求，传统农业不可能旧貌换新颜，甚至会阻碍农业进步。物质资本需要靠人力资本发挥能动作用才能产生价值。②

乡村最大的资源浪费就是自然资源浪费。

其一，潜在的在充分利用的条件下能生产出最大产量的资源闲置。

其二，落后的生活方式造成了生态环境恶化。

其三，落后的生产方式造成了耕地的减少。

其四，落后的农产品加工工艺造成了存货对自然资源的占有。

此外，农业生产与市场脱轨，生产的小规模化和低效率，致使同等

---

① 〔美〕西奥多·W. 舒尔茨：《改造传统农业》，梁小民译，商务印书馆，1987。
② 〔美〕西奥多·W. 舒尔茨：《改造传统农业》，梁小民译，商务印书馆，1987。

规模的乡村经济所需要的物质资本量增大，加之交通运输、通信、履约等方面原因，产生了大量的农业剩余劳动力。

人力资本作为边际生产率的变动量，如果不加强新职业农民培养和专业人才引进，增加物质资本投入也只能是杯水车薪。

要解决这个问题，需要做到以下几点。

更新政府观念。即站在新生产要素配置的高度，在实现乡村物质资本存量积累的基础上，加快人力资本积累步伐。

更新农民观念。即站在农民—产业—市场一体化的高度，增强农民的文化素养、科技能力。

更新村集体组织观念。站在打造农商品品牌的高度，建立产权、股权、文化身份激励机制，引进人力资本。

**（三）建设其他支持体系**

在国家现代化进程中，公平正义前提下的共同富裕是乡村振兴的原则和目标，需要同时具备政治和市场环境平台。就政治环境平台而言，人民性是核心，村民是人民的重要组成部分和国家的主人，国家现代化是全体人民的现代化，公平享有国家现代化成果则是正义。

因此，乡村振兴是全党全社会的共同责任。立足这个高度，就市场环境平台而言，富裕不同于基本保障，它的第一标准是经济收入，主体渠道是市场。以共同富裕为目标，公平正义的前提是通过法治来实现的，实现法治与市场的有机结合才是乡村振兴的必然道路。相对于制度、政策体系而言，支持体系解决的是乡村生存和发展的依托问题，风清气正的政治环境和公平公正透明开放的市场环境是关键。

1. **风清气正的政治环境**

在实施乡村振兴战略的实践中，乡村振兴更加凸显出农民与国家的政治关系，以政治环境为载体。

十八大以来，围绕如何解决"三农"问题，国家出台了一系列制度和政策。从农民生存生活问题入手，通过实现农业现代化最大限度缩小城乡差别，实现农村、农民现代化，最终实现国家现代化。这是一个伟大的政治理想，需要风清气正的政治环境来支持。

2. **公平公正透明开放的市场环境**

在实施乡村振兴战略的实践中，乡村振兴更加凸显出农民与市场的经济关系，以市场环境为载体。众所周知，农产品只有转化为农商品才能进入市场，质量基础上的公平竞争是基本保证。

近年来，在农产品转化为农商品的过程中，处在业已存在的国内农商品市场中的农民个体或企业，除了面临高科技瓶颈外，还要面对农村畸形的市场环境。

一些地方农村基层组织体系松散、法治监管难以到位。滋生了黑恶势力，"公平公正"时常为黑恶势力所染指，"透明开放"为黑恶势力的保护伞所屏蔽，市场成为黑恶势力及其保护伞攫取经济利益的场所，部分地区出现了"菜霸""粮霸""渔霸""肉霸"等占据市场的黑恶势力，他们把控市场定价权，以黑护商、搞"地下经济"、非法经营，欺行霸市、强取豪夺，运用恐吓、暴力等手段非法讨债，对无力偿债的人轻则无端骚扰，重则绑架人质，而部分受害人因害怕被报复，不敢通过正当渠道维权，只能忍气吞声，任凭黑恶势力敲诈勒索。[①]

在乡村市场环境中，实现公平公正透明开放同样紧迫。

### 三 乡村振兴战略实践的任务体系

在实施乡村振兴战略的进程中，问题与任务是对应的，存在工程结构意识和任务视角问题。就前者而言，必须立足工程高度审视问题与任务，即把它们置于相互关联的工程结构中；就后者而言，必须立足工程高度按问题与任务所处位置提出解决问题的方法，即对号入座。2018年两会期间习近平围绕实施乡村振兴战略，提出了"五个振兴"的科学论断，即乡村产业振兴、乡村人才振兴、乡村文化振兴、乡村生态振兴、乡村组织振兴，构建了乡村现代化的任务体系。

#### （一）产业振兴

需要和满足需要是社会永恒的主题，也是社会各文化体从事相互依赖的经济活动并成为经济体的原因。

在具体经济活动中，一定经济体的需要总是基于特定时代的社会现

---

① 胡宏谋、丁文谧：《基层农村黑恶势力犯罪问题研究》，https://www.360kuai.com/pc/90a3ae6ffa498470e? cota = 4&kuai_ so = 1&tj_ url = so_ rec&sign = 360_ 57c3bbd1&refer_ scene = so_1。

状，这便有了满足对应需要的另一经济体服务的内涵和特定的方式，即行业，经济学依据行业在社会生产力中的布局将同类别行业称为产业，将与乡村相关的农业、渔业、林业等直接开采资源的行业称为第一产业，相对于加工行业（二产）、服务行业（三产）而存在。

从乡村现有产业价值和结构看，产业是乡村生存和发展的载体，激活产业发展新动能、拓宽农民增收渠道是根本任务，关键是现代农业产业融合与农业农村现代加工服务业快速发展。

目前，还面临农村一、二、三产业布局尚不协调，农村产业在类型及规模等方面不全面不平衡，制约产业发展因素较多等一些问题和挑战。需要面向市场大力发展绿色农业、强化农业科技创新的驱动作用、培育新型职业农民、推进体制机制创新，探索人、地、资本的深度融合路径，实现从农民真苦、农村真穷、农业真危险到农民有尊严、农业有价值、农村有前途的蜕变，紧紧围绕发展现代农业和一、二、三产业融合发展构建乡村产业体系，通过产业开发让资本流动变成财富、让人口红利激发活力、让土地利用产生效益，让乡村振兴成为可能。

1. 现代农业产业融合

与传统农业相比较，农村产业振兴的出路在实现农业现代化，即发展现代农业。现代农业以现代工业和现代科学技术为基础，以植物学、动物学、化学、物理学等学科研究成果为依据，以现代工业装备、现代科学技术、现代组织管理方法经营为工具，以社会化、商品化为途径，以提升竞争力为目的，是多个产业的融合体。

《国家质量兴农战略规划（2018—2022年）》引入农业全产业链融合理念。"提出'促进农业全产业链融合，培育新产业新业态'，是从现代种养、加工流通、物流配送、电子商务、休闲旅游、健康养生等全产业链融合角度，集群成链，全链统筹，构建全程质量监管体系，助力质量兴农。"[①]

从这个角度看，实现现代农业产业融合，在功能上，可以实现资本、科技、人才、信息等现代要素集聚，让农业获取多功能、多业态、多空

---

① 《促进农业全产业链融合　助力质量兴农》，https://baijiahao.baidu.com/s?id=1628702373323302027。

间，可以解决就业、创业和农民增收和农村空心化问题，建设起来的是以改善基础设施和物质装备条件、提高农业生产能力、促进产业结构调整优化、有效供给、补齐加工和品牌等短板、全链条增值、资源优势转化为产品市场竞争优势为内容的农业供给侧结构性改革载体，构建的是现代农业产业体系、生产体系、经营体系。

据此，这个规划聚焦经营主体培育，即培育龙头企业、发展农民专业合作社、构建产业化联合体；聚焦平台打造，即建设产业园区、建设农业产业强镇、打造产业集群；聚焦创新创业动能培育，即培育创新创业群体、搭建创新创业平台；聚焦新产业新业态培育，即做亮乡土特色产业、做强农产品精深加工、打造休闲旅游精品。[①]

目的在于通过建设农业全产业链融合体系，推进现代农业经济发展。以农业产业标准化、规模化、链条化、品牌化和信息化发展为"引擎"，激活产业发展新动能，拓宽农民增收渠道，助推农业转型升级和提质增效。

2. 农业农村现代加工服务业

现代农业产业融合的目的主要是"激活产业发展新动能"。用什么方式或技术满足市场对农商品的需要，关键点是农业农村现代加工服务业。在理念上，必须正视人类社会已经进入现代服务业时代这一现实。现代服务业以现代科学技术为主要支撑，以新的商业模式、服务方式和管理方法为基础。

必须逐步从自给自足的传统农业生产观念中走出来。对应需要和满足需要逻辑结构建设服务和被服务的生产理念，加快实现从农产品加工业为主导的农业经济形态向服务经济形态转变。在技术上，以创新驱动为核心，以优秀人才为支撑，寻找和创建适应市场需求的基础服务、生产和市场服务、个人消费服务、公共服务领域的农业农村现代加工服务业体系，拓展新的农业生产性服务业、智力（知识）型服务业和公共服务业，创新服务业态，建设现代服务业集群。

立足以上几个方面。促进农业农村现代加工服务业发展需要，建设以种植、养殖为主体的支撑农业生产、农民增长的产、供、销一体化发

---

① 《促进农业全产业链融合 助力质量兴农》，https://baijiahao.baidu.com/s? id = 1628702373323302027。

展体系，建设融产品、产业、价值为一体的现代农业—健康食品产业的链条，建设以"现代农业+"创新为模式的"农资"①"农技"②"农人"③"农品"④"农需"⑤的"五农化服务"新业态。

### （二）人才振兴

乡村振兴是国家现代化的需要，是农民、农村、农业的需要，谁来和依靠什么满足需要？能够担起这份职责的人是关键，它包括职业者和技术人才，本书将其统称为人才。他们是谁？在哪里？近年来，关于"乡村'386199'部队现象"⑥的评论很多，为什么会出现这种现象？

最直接的原因是现存没有可供生存和发展的产业载体，或者是已有的业态尚不能支持生存和发展。"担起这份职责的人"因此成为乡村振兴的关键要素，人才振兴因此成为关键问题，如何让农民成为耀眼的职业者、农业成为璀璨的产业成为解决这个问题的关键。

目前，农村仍然存在人才短缺、结构功能不清、来源广而杂、专业素质不高、队伍不稳定、层次不高等瓶颈性问题。

#### 1. 农民成为耀眼的职业者

农业现代化是解决"三农"问题的根本出路，而沿着这条路就将发现，农民难以参与到农业现代化进程中的根本原因是职业素质不高。

围绕这个问题，我们面临的最尴尬的问题是培育对象。目前，乡村除了"386199部队"外，剩下的就算是"农二代"了。就后者而言，没有土地或土地被流转，户口在农村，工作在城镇是显著特征。其中包括已经分布于各行各业的城市人、不屑务农的失业者、可能务农的农民工、不愿从事农业生产的坐享者、家境贫穷者。

如何引导他们回家乡？通过什么政策吸引更多的年轻人来农村创业？如何让农民职业耀眼是关键，创建良好的职业载体和就业环境是途径。

---

① 种子、肥料、农药等。
② 种植、养殖等技术。
③ 用工、管理人才等。
④ 农产品销售。
⑤ 生活等需求。
⑥ 随着中国城市化快速发展，农村男性青壮年劳动力进城打工的人数剧增，农村留守的妇女、儿童、老人也作为一个特殊群体备受关注，被称为"386199部队"，"38"即妇女，"61"指小孩，"99"代指老人。

### 2. 农业成为璀璨的产业

众所周知，农业产业是农民职业的载体，农业现代化是农业成为璀璨产业的必由之路。农业现代化包括以下几点。

**内涵**：优化资源配置，农业生产条件、生产技术和农业生产组织管理现代化。

**工具**：现代工业、现代科学技术和现代经济管理方法。

**环境因素**：农业产业化、农村工业化、农村制度改革、农业社会化服务、市场经济体制建设。

**途径**：用现代工业装备农业、现代科学技术改造农业、现代管理方法管理农业、现代科学文化知识提高农民素质，实现现代化的目的包括建成具有显著经济效益、社会效益和生态效益的可持续发展的大幅度提高的农业综合生产能力，不断增加农产品有效供给和农民收入。

焦点是职业者和技术人才。因此，搭建"四梁八柱"除立足高起点外，还要通过政策"筑巢"。如鼓励支持建设家庭农场、合作社、个体作坊、服务业等产业形式，培育职业农民，吸引人才入乡村，夯实农业产业基础。

让乡村人才创业创新有机会、有效益，让农民看到自身的社会价值、发展未来。发力于生产服务、创业支持、生活环境等方面，形成政策、机制、机会等共存的人才"洼地"。

### （三）文化振兴

乡村，是相对于城市的地域和经济模式不同的经济体，更是不同于城市文化的民俗民风的集聚体，呈现着乡音、乡土、乡情式的文化存在，魂牵故乡、落叶归根始终是传统村民的选择和期望。

然而，"在我国城乡二元经济结构背景下，'去农文化'直接加剧了乡村衰落，如果有人安居农村、志于农业，往往被认为'没本事''没能耐'。去农文化致使农本价值扭曲，农耕文化衰落。乡村文化的匮乏和农民心灵日益荒漠化，加剧了农村资源外流，尤其是大量年轻人'义无反顾'地离开乡村，使农村失去了发展的活力和生机"。[①]

---

[①] 《文化振兴是乡村振兴的灵魂》，http://nx.people.com.cn/n2/2019/0226/c192482-32681165.html。

从这个角度看，乡村振兴的关键是文化振兴，原因在于，无论乡村处在何种经济地位，乡村有魂才有活力和动力，关键是唤醒乡土文化和注入时代先进文化元素。

目前，仍然面临"认识瓶颈""思想瓶颈""硬件瓶颈""人才瓶颈"带来的"止血""输血""造血"问题的挑战。需要立足培育和践行社会主义核心价值观，以促进乡风文明为目标，以农民成了局外人、村委会没有凝聚力、农民自顾自、精神世界贫乏为问题切入点，不断修炼治理乡村和改善移风易俗"内功"，着力破解制约文明发展的瓶颈问题，着力解决重视物质文明轻视乡风文明、重视政府主导作用轻视农民主体作用、重视硬件建设轻视组织活动等问题，唱响乡村文明建设的最强音。

1. 乡土文化唤醒

乡土文化，以地域为特征，因为蕴含着本土独有的情感和亲和力，而成为乡村宝贵的文化土壤，孕育着一代又一代乡村人。

然而，在经济全球化不断深化的今天，在乡村，许多传统的乡土文化在与城市文明的碰撞中被抛弃。一些有着古老历史的乡村，现在已无法找到历史的痕迹，老一辈乡村人因生存的奔波忽视了对子女的乡土文化教育，年轻一代为改变命运和出人头地而放弃了乡土文化之根。

尽管如此，那些走出乡土的人，依然割舍不掉流淌在血液中的乡土文化情结，乡愁其实是无法屏蔽掉的。乡土文化事实上是所有乡村人的人生资源和文化资本，相对于现代，它就是一部一部经典作品。如罗伯特·麦基所说："有史以来，所有的经典作品给予我们的绝不是解决办法，而是清醒的认识，并不是答案，而是富有诗意的坦诚，他们对人类世世代代为做一个人而必须解决的问题作出了不容忽视的揭示。"[①]

关键问题是世世代代的乡村人，无论走到哪里，都需要魂。如何唤醒？以传统与现代相互影响、相互联结、相互作用的关系为基石，实现现代与传统的文化融合是必由之路。

2. 时代先进文化元素注入

乡土文化中所包含的传统文化元素，如尊祖尚礼、父慈子孝、勤俭

---

① 《乡土纪录片的复兴：从记忆唤醒到文化认同》，https://www.sohu.com/a/318390736_649449。

持家、家庭为本、邻里和睦、德业相劝、过失相规、出入相友、守望相助、患难相恤等，不仅是中华传统文化中的天人合一、仁爱、诚信、崇正义、尚和合、求大同思想的体现，也是当代社会发展所需要的。

乡土文化是坚定中国特色社会主义文化自信的根本依托。"树立乡土自信不仅是增强文化自信的内在要求，也是实现乡村文化振兴的必要前提。乡土自信不是盲目自信，而是源于乡土的文化自觉、自醒，基于对乡土文化价值的深刻认识。"①

如何实现乡土文化自信？出发点是运用现代方法唤起人们的文化自觉。健全农村公共文化服务体系，加快实现乡村文化的产业化是必由之路。

### （四）生态振兴

在很长一个历史时期，特别是工业文明时代，人类执着于自身征服自然能力的增长，引发了日益加重的全球性生态危机。事实上，人类只是大自然的一部分，存在于自然生态环境之中，只有尊重自然规律，人类才能够长期存在。于是，便有了以人类与自然关系为内涵的生态文明。

十七大报告提出要建设生态文明。应该说，它是一个前瞻而现实的目标，前瞻在于它是人类文明的发展方向，现实在于它是人类文明的新起点且生态正在成为人类的新问题。我国最大范围的生态问题在乡村。

长期以来，由于意识不足、缺少规划、缺少经费等，农业面源污染较为严重，农村垃圾、人畜粪便及污水处理等长期处于粗放式管理状态，农村生活垃圾处理率低且留有隐患，生活污水无害化处理率低，畜禽粪便利用率低等，不仅直接影响村容村貌，而且还会对生态环境造成较大威胁。乡村生态状况堪忧，生态建设行动力不足，环境生态化和社会发展生态化事实上已经成为乡村生态振兴的关键环节。

#### 1. 环境生态化

文明是人类文化本质不断提升的标识。文明递进历程的不断加快，正在凸显出人类文化自身自然属性的心路。人类在经历了石器时代依赖集体力量生存的原始文明，和铁器时代依赖农业生存的农业文明之后，

---

① 《乡村文化振兴是乡村振兴铸魂工程》，http://www.wenming.cn/specials/zxdj/19d/1_n/201807/t20180705_4746187.shtml。

进入了依赖工业征服自然和提高生活质量的工业文明时代。然而，当人们欣喜地拥抱现代生活的时候，发现日前憧憬的美好生活正在发生变化，原因在于，人类仅是自然的一部分，依赖平衡的自然生态系统而存在。

在人类文明的历程中，特别是工业文明时代，违背自然规律地开发和利用自然资源破坏了原本平衡的自然生态系统。接踵而来的威胁人类食物供应和居住环境的全球变暖，保护地球生命的臭氧层被破坏，破坏植被和生态系统的酸雨量有增无减，可供饮用和其他生活用途的淡水资源危机，资源和能源短缺问题越来越严重，吸收二氧化碳的森林锐减，依赖生存的土地荒漠化，堆积成山的垃圾正在包围人类，危害人类生存环境的有毒化学品污染日渐严重……于是，人类不得不反思过去的发展模式，开启了与自然和谐共生之路，其本质是实现环境生态化。

2. 社会发展生态化

实现生态文明是一个系统的社会工程，十八大提出"五位一体"，要求把生态文明建设融入经济建设、政治建设、文化建设、社会建设各方面和全过程。就乡村振兴而言，总要求的五个方面是与"五位一体"中的五个建设相对应的，要将生态宜居贯穿于产业兴旺、乡风文明、治理有效、生活富裕全过程和各方面。

目前，在乡村生存和发展过程中，追求产量使用的化肥、化工农膜、化学激素，追求质量使用的农药，假冒伪劣产品形成的城市垃圾和农民不规范生活产生的生活垃圾以及污水，正在导致土壤板结、地下水严重污染，乡村生态振兴因此成为乡村振兴的前提和基础。

需要以实现农业农村绿色发展为路径，建设美丽宜居的新乡村，让良好生态成为乡村振兴的重要支撑点。

### （五）组织振兴

乡村振兴关键在人，人的振兴关键在组织。目前，面临的问题如下。

在结构上，一些地方"村两委"契合度不高、村级集体经济相对单一匮乏、农村党员队伍年龄老化、极少数党员思想认识跟不上时代步伐。

在功能上，多数基层党组织存在"能力不足""本领恐慌"等问题，一些地方村干部"双带"能力不强、"关键少数"的"头雁效应"未得到发挥、基层党组织战斗堡垒作用不强。

在工作目标上，一些地方缺失"为民服务解难题"的具体目标和解民忧、惠民生、暖民心的行动。

在工作方法上,党群关系"绕着走",以"服务"替代"党务"、以"给予"替代"需求"、以"少数"替代"多数"的现象比较普遍。

在政策支持上,一些地方村干部待遇普遍较低、一些县乡领导用官僚主义和形式主义屏蔽解决"三农"问题所需。

诸如此类的问题形成了实施乡村振兴战略的现实瓶颈。如何实现乡村组织振兴?加强乡村基层党组织建设和完善村民自治制度是关键点。

1. 乡村基层党组织建设

目前,我国乡村基层党组织建设主要面临三个方面的问题。

一是文化价值观演变。1978年的十一届三中全会开始了中国对内改革和对外开放的步伐,40年后的今天,我们在共享国家发展成就的同时,也不难发现以商品经济为背景,随着经济全球化的持续深入,物质主义、利己主义、拜金主义开始屏蔽乡村传统文化、替代着原有的党组织的政治功能,部分党员领导干部将个人利益凌驾于村民利益之上,传统的为民意识被淡化,许多党的基层组织逐渐失去了应有的凝聚力,村民对党组织的信仰逐渐弱化,甚至出现"无用论"。

二是形式与功能的剥离。在利益当头的经济浪潮中,一些青年村民和有一定发展潜质的村民流出了乡村,剩下的多是妇女、儿童和老人,部分党员文化水平较低、年龄较大,难以在农村社会经济发展中发挥重要作用,更难以发挥模范带头作用。其中,"村两委"干部更是缺失把握国家发展趋势和引领乡村发展的实际能力。

三是体系支撑不实。乡村基层党组织不仅应是上级党组织与农民的传言者,更重要的职责是代表党在村里执政,即激发村民振兴乡村的活力、维护村民的共同利益、积蓄村集体发展的基础和带领大家致富。

从这些需要来看,乡村基层党组织要有鲜明的政治属性和政治功能。

需要具备:宏观的统摄能力,丰富的经济工作经验和较强的能力;坚定的理想信念和思进取的乡村情怀,奉献和求实精神,担当能力。

要满足这些需要,组织层面的选人和育人、法律层面的职能赋予、制度层面的标准化、经济层面的资金支撑是供给侧必须重点解决的。

2. 村民自治制度完善

村民自治与农民群众的切身利益密切相关,目的在于通过实现"四个民主"维护农民群众的利益诉求和民主权利。作为一种制度，它是基层群众自治制度的农村部分。

1982年，村民委员会及其性质、任务和组织原则被写进了宪法；1987年，第六届全国人大常委会第二十三次会议通过了《村民委员会组织法（试行）》；1998年，九届全国人大常委会五次会议通过《村民委员会组织法》；2010年，第十一届全国人民代表大会常务委员会第十七次会议通过《村民委员会组织法（修订草案）》。

前期调研发现：镇政府、基层党组织与村委会的关系一直是村民实现自治的焦点问题。就镇政府与村委会的关系而言，二者不是领导关系，乡镇政府对村委会的工作应当给予指导、支持和帮助，村委会应当协助乡镇政府开展工作；就基层党组织与村委会的关系而言，村党支部应该是村委会的领导核心，是村各种组织和各项工作的领导核心，党员和干部是村委会依照法律规定独立行使职权的支持者和保证者。

目前，按照组织振兴要求，村民自治制度在实践层面尚需完善，内容包括：一体化党支部、村委会职权，村干部科学选举与乡村治理科学模式一体化，乡村新兴经济体管理模式与乡村新型社区建设模式一体化等。

## 第二节 乡村振兴战略实践的要求

乡村振兴是乡村社会的全方位振兴，犹如一辆汽车不仅要开起来，而且还要开得好且快，存在内外两个环境的互动和建设问题。就互动而言，它是空间意义上的，是乡村与国家在生产方式、社会形态和结构的内外环境的相互作用；就建设而言，它是功能意义上的，以农业现代化为"路"，以乡村当前生活水平为起点，融入国家发展进程。在这一进程中，乡村的生产方式、社会形态和结构可比作汽车的内在结构或言动力系统。如何实现乡村这辆汽车和农业现代化这条路，与现代化国家的生产方式、社会形态和结构的有机结合，是乡村振兴战略的实践要求。

### 一 乡村振兴战略实践的内容要求

乡村振兴战略的实施是一个实践的过程，筑"路"和造"车"是基本要求。筑"路"的要求，包括坚持农业农村优先发展、巩固和完善农村基本经营制度、保持土地承包关系稳定并长久不变和深化农村集体产权制度改革；造"车"的要求，包括构建现代农业产业体系、生产体系、经营体系，促进农村一、二、三产业融合发展，加强农村基层基础工作和培养造就工作队伍。筑"路"和造"车"不可割裂且又呈现为乡村内外环境建设并存的实践特征，呈现着乡村振兴战略实践要求的内在逻辑。确立农业农村发展地位，稳固人地关系，确立农村基本经营制度，完善集体产权制度，建设现代农业，实现一、二、三产业融合，夯实基层工作基础，建设工作队伍，是主要关注点。

### （一）确立农业农村优先发展地位

粮食生产是国之本，民之天。"在中华人民共和国成立初期，为应对当时的国际环境，迅速建立起相对完整的现代工业体系和国民经济体系，我国实行了重工业优先发展战略。此期间，农民做出了巨大的牺牲，农业农村做出了巨大的贡献。"[①] 由此形成的城乡二元结构制约了农业农村的发展，国家财政投入、科学技术植入、公共服务和社会保障跟进等对农业农村欠账太多，致使农业现代化这条路还没有建起来，乡村这辆车没有成型或开不起来。如不及时解决，必将动摇国家之本。在内涵上，优先发展农业农村包括：补齐欠账和补齐短板。

1. 补齐欠账

筑农业现代化这条路和建设乡村这辆车是一个体系，补齐欠账意在强调国家现代化语境下农业的路和农村的车的国家责任部分。

其一，改善外环境。农业农村的外环境主要是工业和城市以及国家公共服务、基础设施建设等政策方面的支撑，目的在于夯实发展基础和保障民生。夯实发展基础要求以城乡统筹为重点，通过城市和农村一体规划、设计、推进，建立健全城乡融合发展体制机制和政策体系，增加对农业农村基础设施建设投入，增强城乡联结能力；保障民生要求以民生为重点，以就业、教育、医疗、养老、居住、环境、食品药品安全等问题为主要对象，以补齐基础设施短板为重点，健全多元投入保障机制，

---

① 《为什么要坚持农业农村优先发展？——一论农业农村优先发展》，http://www.sohu.com/a/294239746_120071385。

带动乡村发展。

其二，改造内环境。农村是农业发展的载体，其内环境主要是外环境改善条件下的内动力和发展方式，与国家现代化接轨是必由之路。激发内动力需要国家在人财物等方面制定更多的优惠政策，促进城乡价值要素流动，盘活农村农业的人力和物质资源，铺垫好农村的产业载体和农业现代化基础；发展方式需要通过建立健全绿色发展的政策支持体系，改善农村人居环境，减少农业化肥、农药使用量，资源化利用农业废弃物，养护农业资源，创新完善农业发展方式。

其三，优化内结构。在现代化的语境下，农业与农村的衔接点是服务于保障集体经济和农民收入持续增长的以绿色为特征的产业，产业生态化和生态产业化是基本要求。产业生态化要求在自然系统承载能力内，以深化农村改革为重点，以激活集体资产、发扬生态经济优势为目的，完善农业支持保护制度，细化农业补贴政策，使生产兼顾环境资源与生产技术的关系，系统地解决产业活动与资源、环境关系问题，充分利用资源，避免环境破坏，实现产业系统内的企业之间科学的物质传递和循环；生态产业化要求建设绿水青山与金山银山的转化通道，即构建现代农业产业体系、生产体系、经营体系，需要建立健全以科技投入、农民职业教育、新业态、一二三产业融合为重点的组织、人才、资金、保险等方面的观念和政策支持体系，实现"生态"与"业态"、"资源"与"资产"、"农产品"与"农商品"的"三变"。

2. 补齐短板

农业这条路和乡村这辆车是以"现代化"为终点的，在现代化的语境下，补齐短板意在强调车行驶在路上的基本要求和市场对农业现代化的挑战。

就基本要求而言，数量庞大的农民人口和长期积压的农业农村历史欠账以及农业农村适应国内外市场复杂形势新变化新挑战的能力，事实上难以满足现代化的基本要求。主要原因在于，从产业劳动生产率角度看，一产明显低于二、三产业，导致粮食和部分大宗农产品进口数量逐年增长；从城乡居民收入角度看，绝对差距拉大；从基础建设和社会公共服务角度看，农田水利建设和农村基础设施欠账较多，社会公共服务投入力度较弱、覆盖范围较窄、保障水平仍然较低。

就市场对农业现代化的挑战而言，我国农业农村尚处于传统向现代农业的转变时期。由于观念落后，许多农民依然靠天吃饭；由于技术落后，许多农产品很难转化为农商品。研究认为，补齐短板的关键就是激发农业农村内生动力。

为此，党的十九大提出优先发展农业农村，《中共中央 国务院关于实施乡村振兴战略的意见》强调一盘棋的顶层设计、工作布局，优先满足要素配置、保障资金投入、安排公共服务等。要求在"三农"总规划、总投入视域中，审视农业发展方式问题，支持农业新业态，培育壮大新型农业经营主体，建设现代农业新载体，创新农业新模式，激发现代农业新动力。

### （二）稳固人地关系

乡村这辆车有一个发动机，其第一动力系统是土地制度，土地是农民的命根子。

进入现代社会以来，随着市场经济的不断推进，新问题和新业态的持续凸显，引发了人们对土地征收程序、多元保障机制、增值收益分配机制、入市、有偿使用、自愿有偿退出、抵押贷款、转包等问题的关注，失地与乡村衰落由此建立了必然联系。

如何振兴乡村？土地与农民的关系是焦点。随着中国农业向现代化的迈进，在实施乡村振兴的进程中，以共同富裕理念为依据，乡村纳入产业轨道、小农户纳入农业现代化发展轨道，解决这些问题稳固土地与农民的关系是根本。

#### 1. 土地承包关系

在中国几千年的小农经济社会中，土地权一直是社会发展的焦点问题。

新中国成立以来，为了解决土地所有制问题，先后经历了废除地主土地所有制的农民土地私有制、农业生产合作社的土地公有制和家庭联产承包责任制，终于实现了"耕者有其田"[①]的伟大理想。其中，家庭联产承包责任制，第一轮承包期为15年，即1983年到1997年止；第二

---

[①] 《中国人民政治协商会议共同纲领》第27条："必须保护农民已得土地的所有权……实现耕者有其田。"参见http://www.law-lib.com/law/law_view1.asp? id=283576。

轮土地承包期为 30 年，即 1997 年到 2027 年。从前期实践看，这一制度突出了农民在农业活动中的主体地位，让广大农民同时拥有了生产和经营两个方面的积极性，农村生产力因此得到了前所未有的解放。

十九大报告指出："保持土地承包关系稳定并长久不变，第二轮土地承包到期后再延长三十年。"意指在坚持农村土地集体所有和土地权属关系不变、集体土地的农业用途不变、土地承包关系长期不变、有利于发展和壮大农村集体经济、尊重农民群众的意愿的原则下，将土地承包期延长至 2057 年。为了将这项工作落到实处，让农民吃上"定心丸"，全国范围内实施了农村承包地确权登记颁证工作，化解遗留问题，将土地承包经营权证书发到了农户手中。

2. 土地制度改革

面对日益深化的市场经济体制和国际市场变化，要以农业现代化为方向，以激活乡村土地动能和经济活力为目的，进一步完善家庭联产承包责任制。

重点是以维护农民根本利益为前提放活经营权。需要"坚持农村土地集体所有、不搞私有化，坚持农地农用、防止非农化，坚持保障农民土地权益、不得以退出承包地和宅基地作为农民进城落户条件，进一步深化农村土地制度改革"。

改进和突破原有的政策体制机制。"坚持家庭经营基础性地位，赋予双层经营体制新的内涵。突出抓好家庭农场和农民合作社两类新型农业经营主体，启动家庭农场培育计划，开展农民合作社规范提升行动，深入推进示范合作社建设，建立健全支持家庭农场、农民合作社发展的政策体系和管理制度。""允许承包土地的经营权担保融资，方便抵押贷款"，"要允许在县域内开展全域乡村闲置校舍、厂房、废弃地等整治"。"全面推开农村土地征收制度改革和农村集体经营性建设用地入市改革，加快建立城乡统一的建设用地市场。""深入推进农村集体产权制度改革，加快推进农村集体经营性资产股份合作制改革，积极探索集体资产股权质押贷款办法。"[1]

---

[1] 《中共中央 国务院关于坚持农业农村优先发展做好"三农"工作的若干意见》，http://www.sohu.com/a/296426152_100090956。

中央农村工作领导小组办公室、农业农村部《关于进一步加强农村宅基地管理的通知》明确提出，农村村民一户只能拥有一处宅基地，面积不得超过本省、自治区、直辖市规定的标准。要鼓励村集体和农民盘活利用闲置宅基地和闲置住宅。① 下一步还要陆续进行土地征收、集体经营性建设用地入市和宅基地制度改革。一系列做法的核心思想是实施产权激励，目的是通过资源变资产、资金变股金、农民变股东"三变"改革②实现农民的产权增值。

**（三）确立农村基本经营制度**

乡村这辆车的第二动力系统是农村基本经营制度。农业现代化是乡村社会现代化的载体，前提是要发动乡村这辆车。事实上，在社会经济环境中，乡村是以经济体身份存在的，发动乡村这辆车的前提是通过激活生产力提升经济能力，需要通过制度建设来实现，村民与土地的关系是重点。

20世纪70年代末80年代初，中央确立了以土地集体所有为前提的"家庭承包经营为基础、统分结合的双层经营体制"，强调要把以家庭联产承包为主的责任制和统分结合的双层经营体制，作为我国乡村集体经济组织的一项基本制度长期稳定下来。③

**1. 统分结合的双层经营体制**

双层经营体制④，是我国农村实行家庭联产承包责任制以后形成的家庭分散经营和集体统一经营相结合的经营形式。

从40多年的实践效果看，家庭承包经营规避了吃"大锅饭"的弊

---

① 《两部门发布〈关于进一步加强农村宅基地管理的通知〉》，https://www.360kuai.com/pc/94fe0f0d176e3bc9d? cota = 4&kuai_so = 1&tj_url = so_rec&sign = 360_57c3bbd1&refer_scene = so_1。

② 《2019年农村土地改革：资源变资产、资金变股金、农民变股东》，http://www.tdzyw.com/2018/1129/89937.html。

③ 《中共十三届四中全会以来大事记》，http://www.people.com.cn/GB/shizheng/16/20021106/859492.html。

④ 集体经济组织在实行联产承包、生产经营，建立家庭承包经营这个层次的同时，还对一些不适合农户承包经营或农户不愿承包经营的生产项目和经济活动，诸如某些大型农机具的管理使用，大规模的农田基本建设活动，植保、防疫、制种、配种以及各种产前、产后的农业社会化服务，某些工副业生产等，统一经营和统一管理，从而建立起一个统一经营层次。

端，调动了农民的积极性，一定程度释放了农业生产力。随着经济全球化的持续深化和市场经济体制的不断完善，社会分工日渐细化，农产品转化为农商品的要求深化了农业生产机械化需要，深化了质量语境下的农产品深加工需要，深化了增效语境下的物流、销售、风险保障等需要，陆续涌现出了跨越地域农业社会化服务组织通过与农户之间明确权、责、利的关系实现农工商衔接的需要，与集体统一经营相结合因此成为适应这种需要的必要保证。

但在农业社会化过程中，特别是分产到户以后，许多村集体成为"空壳村"，一些小农户的承包地仅限在村内流转，一些新人没有土地，许多农民的宅基地大量闲置。出现了集体统一经营依据什么统摄小农户家庭经营，小农户家庭经营依靠什么成为现代农业的经营主体等小农户的家庭经营与集体统一经营间的显而易见的矛盾。

解决的路径是激活农村的土地。即通过加快推进农业双层经营体制的创新，实现土地资本积累，达到巩固农户家庭经营权和壮大集体经济的目的。

2. "三权"分置

在农业现代化语境下，推进农业双层经营体制创新迫切需要解决一个关键问题，即实现以家庭承包经营为基础的统分结合的双层经营体制与市场的有效接轨。这个问题是在农业社会化、现代化基础上以市场为背景提出的，明显超越了农户土地承包经营和村集体经济发展最原始的意义。

就农业社会化而言，传统农业生产中的自给自足经济时代已经结束，小农户的单打独斗已经不可能或难以增效，社会合作基础上的经营成为必由之路，这便有了小农经营纳入现代农业发展轨道的客观需要。在两者接轨的过程中，小农户局限于能力，需要将自身不可能同时承担的生产、运输、加工、销售等任务的部分交付社会，这个过程本质上是农户间、农户与农业社会化服务组织的合作，解决的是社会分工细化、专业化、经营规模化和风险共担问题，享受到的是农业专业化、规模化、高效率的社会化服务，同时也为欠发达地区许多乡村大量而长期闲置的宅基地和无力种植的承包地盘活提供了可能。

就农业现代化而言，农业现代化的基础是农业社会化，体现为目的与技术的有机结合。从目的角度看，农户要增加收入，就要降低农业生产成本、提升农产品附加值、拓展农业产业链价值空间，需要获得先进的生产工具、技术和方法。从技术角度看，农业现代化是一个通过社会集聚科技、信息、资金、人才等现代生产要素，减少农业生产成本和劳动力投入，促进农业技术创新和应用，实现各种生产资料集约高效利用，实现农业与旅游、文化、康养等产业的多业态融合发展，实现农业全链条升级的过程。

两者结合的关键是健全农业社会化服务体系。然而，在农业社会化、现代化进程中，农户凭什么资本享受农业社会化服务呢？答案自然是土地，由此提出了深化农村改革的"三块地"问题。第一块地是承包地。激活土地权能的关注点是落实集体所有权、稳定农户承包权、放活土地经营权。第二块地是农村集体经营性建设用地。激活土地权能的关注点是直接入市。第三块地是农村宅基地。激活土地权能的关注点是宅基地的集体所有权。

如何用好这"三块地"？十九大提出"三权"分置①，赋予了承包经营者自主经营权和财产收益保障权，放活了土地的经营权。为农业走上专业化、社会化生产的轨道，提供了经营权责条件下的农业综合生产能力提升的可能。

### （四）完善集体产权制度

乡村这辆车的第三动力系统是农村集体产权制度。实施农村基本经营制度以后，乡村原来广泛而深入的经营要求很快凸显出了农村集体经济产权②问题，改革成为必然，目前处在试点中，目的是按照"归属清晰、权责明确、保护严格、流转顺畅"的现代产权制度要求，因地制宜进行农村集体产权股份合作制改革。稳定农村土地承包关系，探索发展

---

① 形成所有权、承包权、经营权"三权"分置，经营权流转的格局。"三权"分置下，所有权、承包权和经营权既存在整体效用，又有各自功能。从当前实际出发，实施"三权"分置的重点是放活经营权，核心要义就是明确赋予经营权应有的法律地位和权能。

② 既包括集体经济组织所拥有的土地、山场、水面、草原、滩涂等自然资源的产权，也包括集体经济组织所拥有的能以货币计量、纳入账内核算的资产的产权。具有所有权、使用权、收益权和处置权四个权能。

农民股份合作，探索集体统一运营管理的有效机制。

### 1. 农民股份合作

一块砖头砌不成墙，一根木头盖不成房。[①] 人们在一起可以干出单独一个人所不能干出的事业；智慧、双手、力量结合在一起，几乎是万能的。在中国的农业社会中，农民为什么与土地若即若离？答案是自给自足的小农经济难以抵御来自自然、社会的风险和威胁。

今天，人类社会已经进入了智能时代。细密的社会分工已经让全社会的成员紧密地联系在一起，合作和协作已经成为每一个人生存和生活的必然。

以此为背景，单打独斗的传统农业方式只能意味着贫穷和衰败。农民作为现代社会中的一员，其合作需要已经超越了"一个篱笆三个桩，一个好汉三个帮"[②]的境界，而是上升到借力生存、生活、发展的高度。

这种力是由文化力、经济力和智能组成的。文化力给予的是生存的目的和生活的魂魄，经济力给予的是生存的依据和生活的环境，智能给予的是高效发展的途径和方式，现代人称之为股份合作。

目前，在我国农村，许多农民选择了这种方式。他们以土地、技术、资金、特色、人力等入股合作社，合作社又与科研机构和相关企业合作，让许多农民可持续增加了收入。

但许多合作缺少必要的科学结构和智能支持，致使一些合作社股份增效缓慢。

### 2. 农村集体经济

业已建立的农村集体经济面临许多问题。如普遍缺失自己的、合法统一的农村集体经济组织"身份证"，政策供给不足，区位和资源优势不明显，政策红线下可开发利用资源日益减少，经济来源单一，基础设施和公益事业建设等刚性方面支出快速增长，村集体资产管理水平低下，收入稳定性和持续性不足，保值增值机制不健全，缺失财政、金融、保险系统支持，缺失社会智能支持。导致"造血功能"弱化，收益分配矛

---

[①] 《古今贤文·合作篇》，人民教育出版社，1964。
[②] 《古今贤文·合作篇》，人民教育出版社，1964。

盾突出，债务呈上升趋势，"四无村"①"空壳村"②"空心村"③陆续出现。

如何解决？中共中央、国务院印发的《乡村振兴战略规划（2018—2022年）》指出："深入推进农村集体产权制度改革，推动资源变资产、资金变股金、农民变股东，发展多种形式的股份合作。完善农民对集体资产股份的占有、收益、有偿退出及抵押、担保、继承等权能和管理办法。研究制定农村集体经济组织法，充实农村集体产权权能。鼓励经济实力强的农村集体组织辐射带动周边村庄共同发展。发挥村党组织对集体经济组织的领导核心作用，防止内部少数人控制和外部资本侵占集体资产。"

### （五）建设现代农业

乡村这辆车需要现代农业这条路。乡村这辆车要进入现代农业这条路，需要实现由传统经验到科学的新型劳动者文化和科技素质上的跨越，需要实现传统农业向工业化的农业的转化，需要实现由自然经济向高度发达的商品经济的转型，需要在市场机制的作用下形成一、二、三产业稳定的相互依赖相互促进的利益共同体，产业体系、生产体系、经营体系是乡村这辆车进入现代农业这条路的三条经线。

1. 现代农业产业体系

调查发现，农业产业体系存在体制机制不到位、基础薄弱、投入不足、结构不合理、组织化程度不高、现代化功能不明显、现代农民主体缺位、经营体制功能欠缺且不到位、农业科技服务方式传统等问题。从国际社会产业发展趋势看，高新技术不断更新换代，绿色、低碳成为产业发展的重要趋势，跨国集团在技术产业中占据主导地位，新产业研发正在成为关注的重点，科技已经成为产业竞争的焦点和核心。

因此，加强农业科技创新是建设现代农业产业体制的核心任务。具体要求如下。

实现农业产业技术体系建设要致力于解决科研与生产脱节的问题，

---

① 无村办集体企业、无集体掌控资源、无集体财产、无集体收入。
② 集体经济薄弱、财政亏空。
③ 住的农民很少，占用的土地很多，大面积范围是浪费和空置状态。

通过产学研用结合大幅提升研究成果推广应用力度。

建设产前、产中和产后技术集成配套立体体系。积极推动新技术产业基地建设，加强资源整合，形成包括新能源、电子信息、新型业态等领域在内的新技术产业集群。

建立技术对农产品生产服务一体化综合体系。以高端、健康、绿色为方向，推进农业信息产业和生物技术革命进程，建成集智能化、环保、健康、低成本于一体的功能体系。

2. 现代农业生产体系

现代农业生产体系，包括现代化生产队伍、集约化耕地利用、完备的基础设施、科技化农资研发、机械化生产装备、精准化田间管理、农产品精深加工等方面。

调查发现，目前的农业生产体系体制机制除存在与现代农业产业体系建设面临的共性问题外，还存在法律规范、制度保障、物流服务、生态治理等方面的相关问题。

耕地潜力萎缩。即复垦难度变大、占优补劣风险加大。

农业资源趋紧。即耕地和水资源人均占有量减少、土壤和水污染面扩大。

种粮效益偏低。即生产成本高、粮价不稳、粮食深加工能力不足。

金融、保险制约。即金融供求矛盾突出、金融产品服务滞后、农业保险滞后。

人力资源开发艰难。即劳动力整体结构亟待更新、高素质劳动力流失、现代农业生产能力弱。

"高风险"困扰生产。包括自然风险、市场风险、质量安全风险。迫切需要制度支撑框架，即粮食核心区建设战略规划、耕地保护法规、财政惠农强农制度、灾害应急及风险防控体制。

人才队伍缺失，即缺少新型职业农民、新型农业经营主体、土地集约化利用专家、懂农业的干部。

农业基础设施不牢靠。即需要补齐高标准粮田建设、农田水利设施建设、农田林网建设、农村路网建设短板。

机械化耕作技术含量低。即需要加大农机购置补贴投入、实现机械化、优化农机装备结构。

选育优良新品种技术化和规模化程度低。即繁育和推广优良品种、科技支撑粮食丰产能力纤弱。

3. 现代农业经营体系

现代农业经营体系，包括新型职业农民、新型农业经营主体培育、新型农业经营方式培育、新型农业社会化服务体系、"现代农业+互联网"等新业态、小农户与现代农业有机衔接体系建设、农业市场化商品化专业化体系构建等。

调查发现，目前的农业经营体系体制机制除存在与现代农业产业、生产体系建设面临的共性问题外，还存在国家粮食安全和重要农产品有效供给、农产品市场调控等问题。即预期实现农产品总量平衡、结构平衡、质量安全保障难度大，农民收入实现渠道拓展（财产性收入和转移性收入增长、经营性收入和工资性收入稳定增加）瓶颈突出，农业生产经营进入高投入和高成本阶段，土地经营方式、农业生产管理方式与金融服务的融合度不高，资源节约型、环境友好型的农业发展模式尚在构建中，农业劳动力结构性不足，城乡要素平等交换关系不完善，城乡公共服务均等化推进缓慢。

迫切需要提高农业生产经营质量安全水平，提高农民在土地增值收益中的分配比例，提高农业生产比较效益和农产品竞争力，构建新型农业经营体系，尽快构建资源节约、环境友好型的农业发展模式，培养高素质农业生产经营者，推进城乡发展一体化，创新农业适度规模经营模式。

（六）实现一、二、三产业融合

乡村这辆车所需要的现代农业这条路，除存有产业体系、生产体系、经营体系三条经线外，还存在一、二、三产业三条纬线。不难发现：现代农业事实上已经是农村一、二、三产业的利益共同体，以确立农民在农业现代化中的主体地位为前提，分享二、三产业增值收益是维护好村民根本利益和促进村民共同富裕的落脚点。因此，促进农村一、二、三产业融合发展，应是引导村民踏上现代农业这条路的驱动环节。

1. 政策和规划引领

在传统农业走向现代农业的历程中，农业作为第一产业拖着沉重的历史包袱，面对着现代人广泛而深刻的欲望空间，拥有庞大的整体知识、技能、信息素养较低的农民群体，较低的农业规模化生产程度，有待提高的信息化与机械化水平，匮乏的农业商业模式和较弱的社会公共服务支持，走得十分艰辛。

在推进乡村振兴实践中，容易发现：中国作为农业大国，虽有农业现代化的愿望，但需要突破依赖自然资源和低廉劳动成本发展的格局。要改变个体化农业生产的现状，需要一个很长的历史阶段，这也是现阶段强调农村一、二、三产业融合发展的重要原因，目的在于实现三产带二产，最终牵动一产的发展。

第三产业，相对于一、二产业，投入少，见效快，主体资格简单，更容易因地制宜。就农村而言，更容易实现与地域资源、乡土文化特色相结合，如民宿、温泉、采摘等。

从三产对二产的作用来看，如"互联网+"的工业经济新模式，让生产企业通过互联网+、智能化，引领了工业设计、流程的升级和再造，催生新兴产业。

从二、三产业对一产的作用来看，奠定了资金基础，拓展了生产能力，拓宽了经营空间和视野，夯实了农业产业、生产、经营主体的发展基础。

目前，农村一、二、三产业融合发展的最大问题是政策和规划引领，需要做强三产、做精二产、做优一产。但仍面临宏观构架不清晰、智能化水平低、资本投资驱动向要素升级驱动、金融服务不到位和缺位、冷链物流体系建设、农民与消费者互动通道平台搭建、农产品电商物流新模式创新、新业态创新发展、农民观念落后、农业特色产业和模式的创新、农业现代化人才培养等问题。

2. 职业农民和新型农业经营主体引领

乡村振兴以农民振兴为基石，农民是乡村振兴进程中现代农业发展的主体，农村一、二、三产业融合发展的动力首先来自农民的"穷则思变"，农民职业化和新型农业经营农民主体化是关键点。

其一，就农民职业化而言，一、二、三产业本身就是社会分工的产物，一、二、三产业融合发展必将是更加细化的社会分工后的众多业态，"互联网+"现代农业等新业态需要越来越多的职业者，源泉在哪儿？答案是农民。

目前，新型职业农民培训已经让一批农民及其子弟成为专业大户、家庭农场主、农民专业合作社和农业企业骨干，也让一批"新农"成为"老农"和"知农"。2012～2017年的中央一号文件连续部署了新型职业农民培训任务。但是，新型职业农民培训目前还存在规模、性质、特点、规律、质量、针对性推进等问题，需要在培训对象上突出职业的转变，在教育方式上推动由短期向经常的转变，在教育培训机制上推动从分散到联合的转变。

此外，发挥新型职业农民的作用，还需要推动新型职业农民培训与产业的融合，积极鼓励农业企业根据需要建立新型职业农民实习实训基地和创业孵化基地。

其二，就新型农业经营农民主体化而言，随着农村产业集群逐渐形成，农产品加工业提档升级，一、二、三产业融合明显加快，新产业新业态层出不穷，创新创业动能加快聚集，农业现代化步伐提档增速，农业经营逐渐成为贯穿农业现代化进程的亮点。

要构建农村产业融合发展体系。推动新型农业经营农民主体化政策制定和实施、加大项目支持、开展示范引导、培育融合主体，实施农产品加工业提升行动要求通过协调发展、园区聚集、科技创新、品牌创建、绿色发展、融合发展促进新型农业经营农民主体质量的提升，休闲农业和乡村旅游的蓬勃发展要求促进新型农业经营农民主体培育政策的落实和产出精品品牌、完善新型农业经营农民主体培育公共设施、提升新型农业经营农民主体培育服务水平。

要进一步加快供给侧结构性改革。以引导农业种植结构的调整与优化、丰富和提升品种及品质、延伸现代农业产业链条、推进产业融合发展为主线，以增加强农紧迫感和责任感、建立高素质人才回流机制为目的，加大新型农业经营农民主体培育项目资金支持力度，协同推进、示范引导、营造氛围。

## （七）夯实基层工作基础

乡村这辆车与现代农业这条路需要统领结合的内在机制，这便有了乡村基层工作的地位和作用问题。

乡村振兴说到底还是村民的振兴，自觉与引领至关重要。面临的问题如下。

处在经济社会发展转型阶段的乡村，人口流动①频繁、社会结构多元②、组织形式多样③、利益关系复杂④，许多乡村基层工作面临严峻的挑战。

村级组织班子年龄老化，配备缺失科学性，缺乏必要的财力支持，战斗力不强，管理水平低下，致使许多乡村基层工作对农民影响力和统摄力不足。

一些镇级基层工作，在村民自治、党组织引领与镇级组织的关系上，思路不清，目标不明确，领导、指导、扶持、协助等工作方式乱用，导致应有的作用得不到发挥。

研究认为，要以培育乡村这辆车与现代农业这条路的统合为方向，以内在机制建设为目标，以经济导向力和振兴引领力为发力点，夯实基层工作基础。

1. 经济导向力培育

村里的年轻人越来越少，主要原因在于缺少可以支持他们以生存、生活为目的的创新、创业载体。乡村要振兴首先要有年轻人，集聚年轻人最基础的工作是建设乡村经济体系，经济导向力培育至关重要。它包括以下几方面。

其一，时势导向。乡村振兴并不以哪一个农民或哪一个地域的农民的意志为转移，而是时势使然，即国家现代化要求农业农村现代化。在这个进程中，乡村要振兴，其第一步就是要建设村级以生存、生活为目的的可持续的经济体系。

其二，方向导向。农业农村现代化是实施乡村振兴战略的总目标，产业兴旺是总要求的第一位，也是满足广大农民群众日益增长的美好生活需要的必要条件，城乡融合发展是乡村经济发展的平台，产业融合和优化升级是路径，适应市场需求变化是原则。

其三，规律导向。产业兴旺是一个系统工程，需要按规律办事。脱

---

① 城乡间流动。
② 私营企业主、个体工商户、种养大户等并存。
③ 村民专业合作社、集体经济组织、农业企业以及土地托管等各类农民社会组织、农业服务组织并存。
④ 村民对精英阶层的依赖、精英阶层与基层政府官员在追逐经济利益目标上的高度一致。

贫攻坚和致富是工作重点,"资源变资产、资金变股金、农民变股东"是趋势,赋予双层经营体制新的内涵是资本、土地、人才等要素在城乡双向流动的关键途径,农民合作社和家庭农场是发力点。

其四,力量导向。产业兴旺离不开村民的智慧和力量,镇村各级党组织必须在汇聚起村民力量和社会各方力量的基础上,坚持农村土地集体所有制性质,走共同富裕道路,引领发展新型集体经济。

乡村基层工作的经济导向力培育基础包括以下几点。

其一,目标。要制订实施方案,整合各方资源,理清思路,明确要求;要因村施策,因地制宜,明确发展路径,细化措施;要落实责任,突出效果,形成推动集体持续增收的长效机制。

其二,责任。要以集体经济发展目标承诺书和责任状为机制,层层传导压力、压紧压实责任,上下联动、多方用力。

其三,考核。通过将村级增收情况纳入基层工作述评考核重要内容,倒逼经济责任落实,让村民拥有获得感。

2. 振兴引领力培育

村里的活力不足,主要原因在于缺失与村民生存、生活目的息息相关的村民自己的舞台。乡村要振兴首先要有村民的舞台,村民舞台建设最基础的工作是引领村民走上舞台,振兴引领力培育至关重要。它包括以下几个方面。

其一,凝聚力。乡村基层工作要让农民形成有用感,重在体现自身价值。镇级以上工作机制要形成村民生存生活财政扶持、农业扶持、金融支持等工作协调体系,为乡村振兴提供全方位支持,实现宏观可持续引领;村级工作机制要形成村民生存、生活合作平台,坚持党支部领办、"两委"干部包帮工作制度,建设经济专家和企业参股合作社的集聚机制,夯实微观可持续引导。

其二,"领头雁"。镇级以上工作机制要重视以乡村合作社建设为主题的专题培训、项目设计、业务指导、资金和资源挖掘、专项扶持资金争取和使用、品牌培育和认证等工作,创造请进来、走出去的培育机制,建设乡村"领头雁"群;村级工作机制要在镇级以上工作机制培育下,尽快熟悉合作社的运行模式,主动邀请镇级工作机制和高校及科研机构中懂农业、懂法律、会营销的专业人员为合作社提供专业指导,领办高标准农田、农业综合开发、现代农业发展等项目合作社，领办村级电商服务站点和农产品网上销售、大宗交易等合作社业务，使其成为乡村的"领头雁"。

其三，特色示范。镇级以上工作机制要重视推行党支部领办的合作社典型村建设，打开市场、创出品牌，有效推动合作社点上开花、面上成势，引领合作社特色发展方向；村级工作机制要紧紧抓住解决本村问题的"牛鼻子"，由村党支部领办特色专业合作社，利用电商平台扩大农产品销售渠道，打造体现自身特色的一条龙产业链，主导合作社特色发展方式。

乡村基层工作的振兴引领力培育基础包括以下几点。

其一，扶贫前提。扶贫是党和国家逐步实现共同富裕的大战略，是党"不忘初心，牢记使命"的刚性任务，更是贫困农民跟党走的政治保障。因此，各级党组织必须把精准脱贫攻坚与强化振兴引领力培育有机结合起来，将脱贫攻坚作为自己的重要工作，与帮扶贫困户形成"一股劲"、拧成"一股绳"，在农村党员带头致富、带头脱贫上下功夫，培育以专业合作社为主的新型组织，吸纳困难党员和群众，为其提供发展平台。

其二，产业重点。用乡村党建工作统领经济社会发展，干实事，抓成效，促发展，村党组织要根据本村的地产和地缘特色，为产业结构调整的主攻方向，引进新、特、优品种，以集中流转土地等形式为途径，在特色农产品的科技含量上下功夫，建设示范点和标准化生产基地，适度规模经营，不断提升农业产出效益和规模效益。

其三，"三治"融合视野。乡村振兴是全方位的振兴，引领力培育以产业为基础，还要以自治、法治、德治相结合的乡村治理体系为视野。即以促民生、保和谐为工作目标，依托乡村传统文化资源和新时代中国特色社会主义理论，以党的建设为统领，夯实自治根本，强化法治保障，积蓄德治基础，培育"三治"工作合力。

## （八）建设工作队伍

乡村这辆"车"与现代农业这条"路"的结合，既需要合格"司机"，又需要懂"交通规则"的"交警"。村民要成为乡村这辆"车"的合格"司机"，就需要"教练"，熟悉乡村这辆车的结构和具备驾驶经验是关键点；乡村这辆车要上现代农业这条路，就需要同时熟悉乡村这辆车和现代农业这条路的"交警"。这两个方面，事实上是培养造就"三农"工作队伍的基本原则。

1. 成为乡村这辆车的合格司机

乡村衰落背后的原因是没有了"凤"栖息的"巢"，更没有了"凤"的舞台，这也是乡村这辆车开动不起来的直接原因。因此，乡村振兴的基础工作在于"筑巢引凤"，在于"凤"作为"司机"有车可开。"筑巢"即是建设以产业为基石的生存、生活载体，"引凤"意在寻找知农村、懂农业、精于科技、精通市场的"司机"，把广大农民带到农业现代化这条路上。

目前，在我国城乡二元结构还没有完全破解的情况下，"筑巢引凤"尚处在理想状态，需要通过建设"三农"工作队伍逐步实现，开动乡村这辆"车""司机"的队伍建设是重点。其基本标准如下。

其一，有情怀。农村相对落后，工作条件艰苦，文化生活单调，迫切需要那些爱农村、爱农民的干部舍小家、建新家。一方面，要有国家情怀，忠于国家现代化职守，志愿于农业农村现代化建设，志愿于推动农民摆脱贫困；另一方面，要把农民当亲人，把自己当农民，以农民为师，探农村实情，解农民之忧，将农民的事当成自己的事，对农民情深义重。

其二，有本领。一方面，要深入学习新时代的新思想、新论断、新观点、新要求，熟知国家发展战略，特别是乡村振兴战略，具备党的"三农"政策宣传和农业农村发展新情况新问题的政策建议能力；另一方面，要具备丰富的"三农"专业知识和实践经验，具备履行岗位职责必需的专业知识技能，研究农业产业政策，熟悉市场与农产品的关系，能够站在农民、农村、农业的角度求教于市场、问计于智者，成为"三农"工作的行家里手。

其三，有担当。要求增强"四个意识"、坚定"四个自信"，对党忠诚，为党分忧尽职。以为农民谋幸福为己任，关心农民疾苦，为农民谋发展，勇于创新、攻坚克难，敢于坚持原则，勇于承担责任。

其四，有作为。要求认真落实党的"三农"政策，高效推动乡村振兴，切实有效地为促进农村一、二、三产业融合发展和农民持续增收作出贡献，逐渐成为农民、农村发展的领路人和农业强、农村美、农民富全面实现的奠基者。

2. 成为现代农业这条路的"交警"

乡村振兴以农业现代化为主要特征，换而言之，乡村只有走上农业现代化这条路才能实现振兴。从这个意义上说，造乡村这辆车与筑现代农业这条路，需要处理好以下关系。

其一，长期和短期目标。乡村振兴是一个系统工程，不可能太快，也不能太慢，要遵循乡村建设规律，不能急于求成，要设置"加速带"和"减速带"，注重质量，科学规划。

其二，规划和探索。在乡村振兴这个系统工程中，国家战略与地域问题、特征的有机结合生成了地域规划，它以基层探索为依据，集聚了地域价值要素和多人的发展愿景，考量了地域未来的整体性、长期性和基本性问题，系比较全面长远的发展计划或言方案。一经确立，"三农"工作干部就要把握它，更要在实践中依靠广大农民的智慧进一步探索和丰富它，把握差异性，因村制宜制定符合自身实际的实施方案是关键。

其三，市场与政府。乡村振兴离不开市场，更离不开政府，实现两者统一的关键是要紧紧抓住经济体制改革这个"牛鼻子"。要求"三农"工作干部，科学把握市场决定资源配置的规律。积极引导农业企业依据市场配置资源，自主决定农业生产的产品、数量、方法和消费对象，充分利用乡村闲置要素，转变方式，调整结构，有效使用经济信息和校正供求失衡，提高资源配置效率。

其四，群众获得感与发展阶段。乡村振兴作为系统工程，为农民谋利益呈现在不同阶段，是一个循序渐进的过程。要求"三农"工作干部准确把握有效目标和有为成效的统一关系，依据规划，推动相关领域工作。把阶段社会公平正义和民生福祉增进程度作为出发点和落脚点，解释清楚阶段进程的依据和群众获得的阶段原因，让农民看得见远景，体验到当前的幸福感和安全感。

由这四个方面不难发现："三农"工作的目标是清晰的，即培训好乡村这辆"车"的"司机"，引导乡村这辆"车"开上现代农业这条"路"，并在乡村这辆"车"行驶在现代农业这条"路"的过程中承担"交警"职责。虽然，这个标准有些高，这个过程有些艰难，却是乡村振兴所必需的。

## 二 乡村振兴战略实践的目的要求

筑农业现代化这条"路"和制造乡村这辆"汽车",目的是什么?依据现代化国家的生产方式、社会形态和结构的建设要求,实施乡村振兴战略的总要求回答了这个问题,即实现"产业兴旺、生态宜居、乡风文明、治理有效、生活富裕"。这五个方面是相互联系的有机整体,与国家经济建设、政治建设、文化建设、社会建设、生态文明建设的"五位一体"相对应,围绕乡村社会现代化建设这一主题,凸显出经济建设的核心、生态建设的重点、文化建设的主线、社会建设的基石和政治建设的根本。

### (一) 产业兴旺

经济是国家的命脉,在国家"五位一体"战略中居于根本地位。当代中国的经济发展处在成就与瓶颈并存时期,乡村经济虽居于中国经济的重要地位,却落后于工业和第三产业的发展速度。乡村这辆"汽车"因此失去了"燃油",农业现代化这条"路"因此失去了"地基",产业兴旺因此成为乡村振兴的基础目标,打造乡村产业载体和巩固农商品市场占位是关键环节。

1. 打造乡村产业载体

在实施乡村振兴进程中,许多"空壳村""空心村"的干部和农民深知贫穷与产业的关系,但感觉最难的就是无产业可做,问题的关键是打造。它包括以下几点。

其一,创造产业的决心。乡村是村民居住的地方,有着适宜种养的气温和土质,"穷则思变",关键在"思"。从对产业发展好的乡村的产业调查来看,产业内容包括:肉蛋奶、马铃薯、小杂粮、果品、强筋麦、鲜食玉米、中药材、食用菌等传统产业,休闲、旅游、康养等生态业和农产品加工业等。这些产业的特点是就地取材,因地制宜育业。

其二,制造产业方式的力度。"想到"就要"做到",怎样实现?

关键是要找到适合自己脚的鞋。《楚辞·卜居》曰:"夫尺有所短,寸有所长,物有所不足,智有所不明,数有所不逮,神有所不通。"[1] 审

---

[1] 《楚辞》,林家骊译注,中华书局,2009。

视自己的长处，建立自己能做到的与他人需要的之间的价值关系至关重要。如传统种养业的培育就是一个由地头到餐桌的完整产业链，现代休闲、康养业的培育就是一个由民宿、自然环境、人文、医疗等元素相互融合的完整产业链等，有什么资源办什么业，有多少资金办多大业，是基本原则。

2. 巩固农商品市场占位

农业现代化是农产品通向市场的桥梁，关键在品质。如前文所述，需要和满足需要是永恒的话题。

市场是消费者需要状态的阴晴表，能否满足需要取决于生产者的能力和产品的品质。在"自己能做到的与他人需要的之间的价值关系"明确以后，其过程由两个阶段组成。

其一，农产品转化为农商品。即农产品经过市场媒介满足了消费者需要，农产品就转化为农商品了。

其二，根据市场需要生产农商品。即依据消费者需要"量体裁衣"，实行订单式生产。

不难发现：第一阶段是探索性的，具有一定的偶然性；而后一阶段是有依据的，具有一定的规律性。这两个阶段连起来，就是一个探索—实践—再探索—再实践的认知和运用市场的经济过程。当一种商品经历了这样一个或几个过程之后，在消费群体中就会形成一个符号化的概念，就有了消费者心中的位置，当这种位置为多数人所青睐时，便是本书所指的市场占位或言品牌。

就农商品而言，巩固市场占位有以下几个要求。

其一，产品有底气。在人们普遍关注健康和生态的时代，农商品成为好产品，天然品质是核心，绿色、环保、益于健康是质量的表征。它是靠时间积累出来的，做好这样的产品，最重要的就是要耐得住寂寞，不断依靠科研院所进行创新研发。

其二，技术有支撑。调查中发现：许多乡村的农产品生产和销售缺少技术支持，事实上，随着现代社会分工日渐细密，一个人即使有再多的专业知识，也不可能是全能的，农民也是如此。因此，要实现农商品市场占位，必须拥有专业技术团队支撑，其支出应是农商品必要的成本。

其三，影响深远。农商品市场占位需要一个过程，即创造、沟通、传播和交换，只有当它为顾客、客户、合作伙伴以及整个社会带来可持续经济价值的时候，才能被认可，需要经过营销活动、品牌构建和品牌体系建构的历程。

### （二）生态宜居

生态，是民族得以延续、国家得以可持续发展的命脉和最大的财富。在国家"五位一体"战略中，生态文明建设处在基础地位。

生态环境问题主要表现在水土流失严重、沙漠化迅速发展、草原退化加剧、森林资源锐减、物种加速灭绝、地下水位下降、水体污染明显加重、大气污染严重、环境污染向乡村蔓延等方面。在中国，"基本状况是：总体环境在恶化，局部环境在改善，治理能力远远赶不上破坏速度，生态赤字在一定程度逐渐扩大"。①

乡村是主要生态问题区。除了化肥、农药、塑料薄膜、生活垃圾、污水污染外，"乡镇企业迅速发展成为农村工业化的重要方向，以及二元经济结构向现代经济结构转变的中介。与此同时，也给农村带来生态环境更大范围的污染，对农业资源、矿产资源造成更为严重的浪费"。② 直接影响国家层面的生态建设进程和乡村层面的生态宜居质量。

#### 1. 国家生态建设进程

20 世纪六七十年代以来，特别是 1972 年联合国人类环境会议通过了《人类环境宣言》之后，解决生态环境问题成为全人类的共识，绿色、循环、低碳成为新的发展趋向。

中国作为发展中国家，在经历了 40 年的经济腾飞之后，环境问题逐步成为中国人生存和发展的关键，也客观上形成了社会发展的现实瓶颈。

事实上，我国对这个问题的重视和理念的形成与世界是同步的。

建构制度体系。如 1973 年召开全国环境保护会议，出台《国务院关于保护和改善环境的若干规定》，1983 年召开第二次全国环境保护会议，1992 年中央九号文件《环境与发展十大对策》发布，党的十七大报告指出："要建设生态文明，基本形成节约能源资源和保护生态环境的产业结构、增长方式、消费模式。"之后又出台了《大气污染防治行动计划》

---

① 《2018 中国生态环境状况公报》，https://www.maigoo.com/news/521089.html。
② 《2018 中国生态环境状况公报》，https://www.maigoo.com/news/521089.html。

《重点流域水污染防治规划（2011—2015年）》等。

建设管理机构。1988年成立国家环保局（1998年升格为国家环境保护总局，2008年升格为环境保护部，成为国务院组成部门，2018年部门职责被整合进生态环境部），1993年全国人大设立环境保护委员会（1994年更名为资源与环境保护委员会）。

把生态文明置于国家战略地位。十八大以来，以习近平同志为核心的党中央把生态文明建设作为统筹推进"五位一体"总体布局和协调推进"四个全面"战略布局的重要内容。建立健全生态文明制度体系，出台《关于加快推进生态文明建设的意见》和《生态文明体制改革总体方案》。十九大报告提出到2035年，我国生态环境根本好转；明确提出乡村振兴的"生态宜居"要求。

2. 乡村生态宜居质量

"宜居"的前提是"生态"，近年来，我国乡村生态问题特征明显。

其一，面源污染。据统计，2017年，化肥施用强度为352.27公斤/公顷，是国际公认的化肥施用安全上限（225公斤/公顷）的1.57倍。化肥综合利用率平均为30%左右，无效的总氮、总磷进入耕地土壤或地下水体，造成污染，耕地土壤点位超标率达到19.4%，主要污染物为镉、镍、铜、砷、汞、铅、滴滴涕和多环芳烃。

其二，生态系统脆弱。2015年，中国的森林覆盖率为22.2%，远低于世界30.83%的平均水平。2016年全国耕地中优等地占2.90%，高等地占26.59%，中等地占52.72%，低等地占17.79%，以中低产田为主。全国重点天然草原的平均牲畜超载率为12.4%，全国268个牧区半牧区县（旗、市）天然草原的平均牲畜超载率为15.5%。水污染立体化态势较为明显，地下水水质形势更加严峻，生态用水被大量挤占，生态系统的退化、沙化状况仍然没有根本遏制。

其三，人居环境。2016年全国99.7%的村通电，11.9%的村通天然气，25.1%的村有电子商务配送站点，47.7%的户使用经过净化处理的自来水，全国村内主要道路有路灯的村占61.9%，村内主要道路路面是柏油路面的村占8.6%，全国生活垃圾集中处理或部分集中处理的村占73.9%，生活污水集中处理或部分集中处理的村占17.4%，使用水冲式卫生厕所户占36.2%，完成或部分完成改厕的村占53.5%。与城镇相比，乡村，特别是西部地区乡村的基础设施建设滞后。① 这些问题制约着国家生态文明建设，也直接影响着农村生态、生产系统以及农民人居环境健康水平。

（三）乡风文明

文化，是民族的血脉，人民的精神家园，国家的形态，在国家"五位一体"战略中，其建设处在魂魄地位。有别于城市文化，乡村文化有着自己的传统和体系，乡风就是它的特殊形式，映现的是村民的思想、道德、知识、素养、操守等方面的现状，并成为中华民族文化基因的重要纽带和载体之一，关系着乡村的精神面貌，标示着中华民族的精神风貌。改革开放以来，由于物质主义、拜金主义、享乐主义等的出现，乡风受到了前所未有的冲击，业已存在的问题逐渐成为乡风未来发展的瓶颈。传承和发扬优秀传统文化，弘扬社会主义核心价值观因此成为必由之路。

1. 传承和发扬优秀传统文化

为了抵御诸多来自自然的威胁生存的挑战，自然人通过相互间的合作或协作增强抵御力，这便有了文化自然的力量之源——社会。

为了抵御诸多来自社会的威胁生存的挑战，社会的人以增强自身力量为目的磋商、选择合作或协作的方式，这便有了文化社会的力量之根——道德、制度、法律。

为了提高生存、生活质量，占有或享有社会力量支持是共同需要，这便有了文化社会道德、制度、法律的力量之根和张扬自我及其欲望的艺术之源——文明。

以中华民族而言，优秀传统文化发源和成长于农耕文明时代的乡村，包括传统节日、中国戏剧、语言文字、医药医学、民间工艺、衣冠服饰、饮食厨艺、传说神话、传统音乐等文明形态。

因此，优秀传统文化是中国乡村的形，是几千年的农民代代相传的魂和行为依据。"乡风习俗是一个地域的生活文化，是农村精神家园的底色。习近平总书记指出，乡村文明是中华民族文明史的主体，村庄是乡

---

① 《建设生态宜居美丽乡村是乡村振兴的关键》，https://www.zg3n.com.cn/article‐82812‐1.html。

村文明的载体，耕读文明是我们的软实力，要保留乡村风貌，坚持传承文化。我们要发挥传统文化在农村底蕴深厚、流传久远的优势，倡导现代文明理念和生活方式，注重培育良好生活习惯和文明乡风，推动传统文化创造性转化、创新性发展。"①

2. 弘扬社会主义核心价值观

在人类的文化历程中，尽管文明的范畴十分广泛，但人的文化本质的内在规定性（文化价值观）始终是核心，具体民族的社会制度是它的表征，人类几千年的文明史事实上就是社会制度的发展史，它决定着一定社会可能达到的文明水平。

中华文明系东方文明，是中华民族 5000 年的文化积淀。其经历了漫长的社会制度优化过程，社会主义制度因此成为当代中华民族的文化选择，有着对当代社会成员文化本质的内在规定性（文化价值观），即社会主义核心价值观。乡村振兴从根本上说是中国农民的振兴，是农民的中国特色社会主义文化化。

### （四）治理有效

社会，民族生存生活的集聚体，文明和现代化程度的表征，在国家"五位一体"战略中，其建设处在为社会发展提供保障的条件地位。社会治理是社会建设的重要手段，通过社会制度的完善和实施来完成。乡村是国家的重要组成部分，其治理工作是国家现代化的重中之重。

改革开放以来，我国乡村社会一直处在变迁进程中。村民的需要结构日益多元化和个性化，矛盾结构日趋复杂突出，文化凝聚力和统摄力不强，社会治理面临前所未有的挑战，乡村社会治理现代化成为紧迫且必须实现的使命，维护村民共同利益、预防和化解乡村社会矛盾客观上已经成为必须实现的目标。

1. 维护村民共同利益

实行家庭联产承包责任制以来，随着村集体经济的解散，什么是村民的共同利益就越来越成为一个决定"村两委"组织存在意义和乡村稳定的关键问题。今天看来，村民共同利益至少应包括资源利益、村集体

---

① 吴肇光：《实施乡村振兴战略　加快推进农业农村现代化》，http://theory.gmw.cn/2017-10/30/content_26644018.htm。

增收利益和发展利益三个方面。资源利益包括村共有资源的村民共享与使用利益最大化,村集体增收利益包括国家投入和集体经济组织收益,发展利益包括民主权、决策权基础上的知情权和村民利益最大化。

目前,随着以村为载体的村民利益共同体的不断增加,利益分享已经成为村民关注的焦点。村民对"村两委"组织和集体企业的信任逐渐成为一个不容忽视的问题,也是乡村社会治理的主要任务之一。

需要做好以下几点。

夯实村民自治基础。调动群众的积极性和主动性,形成民事民议、民办、民管的自治格局。

强化法律保障。加强乡规、村约建设,加强对村民的普法教育,强化纪检监察以及司法对乡村经济活动的监督力度,建立法律咨询服务机制。

加强党对乡村社会治理的领导,把维护村民共同利益放在首位,健全乡村社会自治、法治、德治"三治结合"的现代化治理新格局。

### 2. 预防和化解乡村社会矛盾

改革开放以来,随着经济社会发展和多元文化相互激荡的不断深化,乡村逐渐出现了文化观念的异化、农民职业的变迁和阶层的分化,责任和经济利益纠纷日趋复杂。主要包括以下几点。

其一,干群纠纷。具体表现为以下几点。

第一,信任危机。一些农村干部凌驾于农民地位之上,私心屏蔽公心,人治代替法治,"一言堂",对村民反映的问题敷衍塞责、置若罔闻,引起了双方的对立,导致小纠纷演化成大矛盾,对干部的埋怨转化为对党的政策不信任。

第二,效率低下。一些村,"墙上"的基层组织网络健全、工作条块分割和机构庞大,但是具体工作人浮于事、职责不清、推诿扯皮,致使农民间因宅基地、土地、婚姻、邻里关系等引发的民事纠纷得不到及时妥善化解和处理,村民对村委会的不满与日俱增。

第三,民主成为形式。一些村干部法治和村民自治意识淡薄,对涉及村民利益的重大事项,走形式,开小会,个别干部拍板决定,村务管理缺乏有效的监督,导致村民对村干部多心、不放心以至于越级上访。

其二,村民纠纷。具体表现为以下几点。

第一,物权纠纷。在当代,土地已经成为一种稀缺资源,随着国家各项惠农政策及保障举措的相继出台,土地和土地所承载的利益越来越成为村民关注的焦点,补偿款兑付、林权纠纷、宅基地纠纷日渐增多。

第二,婚姻家庭、邻里纠纷。由于以经济发展为背景的逐利意识的不断增强,人身损害赔偿和相邻关系纠纷不断涌现,村民离婚率逐年上升,离婚、赡养、继承、财产分割等家庭纠纷频现。

要求做到以下几点。

夯实自治、法治、德治相结合的多元主体共治基础。增强乡村层面司法调解、仲裁、行政裁决、行政复议、诉讼等司法力量;要求强化党组织对预防和化解乡村社会矛盾的领导职能,搭建村民说事、议事、评事、办事平台,不断提高调处化解工作质量。

不断增强最大调处化解合力。完善村级调解机制,建设村以上分级处置和司法保障机制。

处理好法律和村规民约的关系。实现较强约束力与防止不当侵权、村规民约与引导崇德向善风尚的有机结合。

### (五) 生活富裕

政治,是民族的价值取向,社会成员利益和行为的社会支配力量,国家架构的支柱和发展方向,在国家"五位一体"战略中,其建设处在目的地位。政治建设旨在实现国家的政治使命,共同富裕是重要目的指向。在中国国家现代化进程中,消除两极分化和实现共同富裕是中国特色社会主义的本质要求。在乡村,40年的改革开放以及城乡二元结构,形成了乡村社会建设滞后于经济建设进程的现状,村民们不断遭遇的生存、生活问题正在弱化社会信仰,贫富差距和贫穷是首要问题。基于这一现实,乡村振兴最终需要解决的就是生活富裕问题。

1. 缩小贫富差距

国家统计局2018年1月19日发布的数据显示,2017年全国居民收入基尼系数为0.452,仍然超过国际贫富差距警戒线(0.4)。在城乡间,2017年全国居民人均可支配收入25974元。其中,城镇居民人均可支配收入36396元,农村居民人均可支配收入13432元;在乡村间,2018年,27个省份的农村人均收入中,浙江省的农村人均收入为27302元,贵州省、甘肃省以及西藏地区的农村人均收入还没有达到1万元。①

主要原因有:"先富与共富"政策的不完整落实所致的富起来的人没有承担带动责任,经济运行机制不健全所致的投机钻营、非法、违法经营和权力资本化,税收制度不合理所致的高收入群体缺乏合理的、必要的"限高",社会保障制度不完善所致的农民、城镇的退休人员、城镇的失业人员及其亲属得不到及时的、足量的保障,不平等竞争所致的垄断经营获得垄断利益或高额利润等。

需要规范个人收入分配秩序,提高低收入人群的收入水平,建立一套完善的社会保障制度,健全财税制度,严厉打击违法乱纪、权钱交易等丑恶现象,先富起来的人承担更多的社会责任,通过收入分配的监督和管理降低垄断收入,通过"西部大开发"和"中部崛起"两大战略提高中西部地区人民的生活水平。

### 2. 实现共同富裕

贫富差距始终是社会发展进程中的动态概念,过大的贫富差距,会影响社会稳定。中国是社会主义国家,共同富裕是本质要求。

1955年毛泽东在《关于农业合作化问题》中第一次明确提出共同富裕的概念,并将实现全体人民的共同富裕作为自己毕生的奋斗目标,人民的共同富裕也成为一代代中国共产党人的不懈追求。②

1979年,邓小平提出"小康社会"的概念和从温饱到小康再到中等发达国家水平的"三步走"现代化发展战略。强调要经济社会全面发展,物质文明和精神文明共同进步,先富带后富,走全体人民共同富裕的道路。③

2001年,江泽民在讲话中强调:"在逐步实现全国人民共同富裕的过程中,党员干部必须正确处理好先富与后富、个人富裕与共同富裕的关系。"

2011年,胡锦涛在博鳌亚洲论坛2011年年会开幕式上指出:"中国

---

① 《最新!2018年全国各省农村人均收入排行榜出炉,贫富差距实在太大》,https://new.qq.com/omn/20190301/20190301A01KYT.html。
② 《毛泽东共同富裕思想与实践的当代价值》,http://dangshi.people.com.cn/n1/2018/1225/c85037-30485771.html。
③ 《走向共同富裕——新时代起点上的邓小平故里》,http://www.xinhuanet.com/politics/2017-12/15/c_1122115568.htm。

虽然取得了举世瞩目的发展成就,但仍然是世界上最大的发展中国家,经济社会发展面临巨大的人口、资源、环境压力,发展中不平衡、不协调、不可持续问题依然突出,实现现代化和全体人民共同富裕还有很长的路要走。"

习近平指出:"我们追求的发展是造福人民的发展,我们追求的富裕是全体人民共同富裕。虽然实现共同富裕要有一个过程,但我们要努力去做、不断推进。"①

十八届五中全会提出了推进共享发展的要求。即"按照人人参与、人人尽力、人人享有的要求,坚守底线、突出重点、完善制度、引导预期,注重机会公平,保障基本民生,实现全体人民共同迈入全面小康社会"。到2020年稳定实现农村贫困人口"两不愁三保障"。

关于缩小收入差距。围绕促进就业平等、完善初次分配制度、加大再分配的调节力度、促进教育公平、增强医疗服务的可获得性和公平性、强化社会保障、应对人口老龄化等方面提出了一系列的政策措施。

十九大报告提出实施乡村振兴战略,直指"三农"问题,将乡村振兴作为国家层面实现共同富裕的抓手,通过根本解决"三农"问题最终实现共同富裕。

## 三 乡村振兴战略实践的驱动要求

实现乡村全面振兴是一个长期的奋斗过程,依靠什么来驱动农业现代化这条"路"的筑造和乡村这辆"汽车"的制造?需要以"全面建成小康社会、全面深化改革、全面依法治国、全面从严治党"和"坚定道路自信、理论自信、制度自信、文化自信"为语境,依据乡村振兴战略实践要求和目的结构,把握内外两个方面的驱动。就乡村外部而言,以深化农村土地制度改革为前提,通过深化城乡综合配套改革实现一、二、三产业融合发展;就乡村内部而言,以深化农村基层工作为前提,通过构建现代农业产业、生产、经营体系,实现小农户和现代农业发展有机衔接。

---

① 《坚持共享发展 促进共同富裕》,http://theory.people.com.cn/n1/2016/0203/c83865-28108480.html。

## （一）实现城乡综合配套改革

在经济发展轨道上，乡村这辆"汽车"要行驶在农业现代化这条"路"上，城市这辆"汽车"要行驶在工业现代化这条"路"上，前者为后者提供原材料和发展保障及空间，后者为前者的发展提供生产技术、器材和现代化智力资源，共同主题是发展。

然而，国家现代化还包括社会现代化，如今城市这辆"汽车"所遭遇的"城市病"，乡村这辆"汽车"在城乡二元结构背景中的"陈旧"，共同构筑了国家现代化的现实瓶颈。

如何解决？必须立足国家现代化这个大棋盘，统一谋划、统筹、综合解决。方法是改革，统筹城乡发展是目的。

### 1. 统筹城乡改革

在中国走向现代化的进程中，"三农"问题并不是农民、农村、农业自己的问题，而是当代中国社会问题在农民、农村、农业领域的呈现形式。站在这个高度，乡村振兴应是城乡发展共同的任务。

其一，从城市发展角度看，当下国家间的竞争日益趋于都市圈间的竞争。

其核心竞争力主要是科技和现代服务业，需要更多的人口集聚，以便于人们进行互动和知识交换，本质上是经济全要素的集聚。

但是，由于中国城市人口集聚程度高于经济集聚程度，城市作为人口流入地的基础设施和公共服务供给滞后于人口增长所带来的需求，最明显的特征是房价上升和交通拥堵。

就目前而言，解决的方法是优化国土空间开发格局。培育中等城市和小城镇，特别是小城镇，即完善公共资源配置模式，补齐公共服务短板，促进人口与产业协同集聚，全面提升功能和承载能力，建设成熟的小城镇现代经济体。

需要通过改革打通大中城市与小城镇之间的要素流通。以建强中小城市和小城镇为前提，提高大城市的经济集聚程度，增强国际竞争力。

其二，从乡村发展角度看，推进和深化农村现代化的必由之路是实现农业现代化。

农业现代化必将改变小农户经营方式，小农户的利益和乡村资源将以股权身份存在于现代经济体系中。其发展趋势是农民的收入增加了，而劳动力闲置了，到城里就业成为一种必然，需要中等城市和小城镇，特别是小城镇，通过发展产业和健全公共服务体系来承载，让农民在城镇打工比在农村种田挣钱更多。

这种情景需要通过改革来实现。改革的重点如下。

一是增强承包地、宅基地和集体用地的经营属性，使之成为城乡主要流动要素。

二是增强中小城市、小城镇的产业以及公共服务承载能力。最大限度减少农业人口，降低国家来自乡村的公共服务压力，提高农业人口的补贴额度和生活质量。从以上两个方面不难发现：城乡发展的共同目标是国家现代化，统筹城乡改革，才能实现城乡融合发展。

2. 城乡规划一体化

城乡融合发展是一个系统工程。

一方面，需要破除体制上的障碍。户籍制度和农村土地制度是焦点。就前者而言，以工业化和城市化为背景，城市需要吸纳更多的青年农民来这里工作，关键是就业的空间和机会。然而，由于城乡二元化体制，始终存在户籍、就业资格等相关问题；就后者而言，农民拥有土地使用权，这是农民唯一的保障，低能的利用率让农民"食之无味，弃之可惜"。

另一方面，需要解决深层次的利益问题。在城乡二元化体制下，许多农民进城的真实目的并不一定是想成为城市人，而是想通过劳动，解决赡养老人、个人养老、子女上学和就业等现实问题。但是，与城里人相比，由于社会保障和公共服务不均等，几乎没有能力面对失业的挑战。此外，如果没有统一规划，数量庞大的农民进城会带来城市和城镇巨大的住房、就业、公共服务以及社会治安等方面的压力。

因此，城乡融合发展要有统一规划。它包括：如何立足促进农村发展审视农村人均占有资源过少的问题，如何实现户籍人口城镇化率和常住人口城镇化率同步问题，如何解决增加农村人均占有资源量与提高农民人均收入水平问题，如何充分利用农村闲置资源，如何让城市资本下乡，如何进一步释放农业资源和农村活力，用什么方式打通城乡资源和要素流通的障碍。

需要通过规划破解土地管理制度改革滞后于经济发展的矛盾，解决城镇的工业和服务业发展的用地问题，推动农村集体经济组织的土地和资产入市。

满足这些需要，就要推进统筹城乡综合配套改革。如建立覆盖城乡的社会保障体系；统筹城乡综合配套改革的上层建筑的改革，如农村社会保障体制改革所涉的经济实力支撑和政策等问题，户籍制度改革所涉的法律、城市容量等问题；统筹城乡综合配套改革所涉权限问题，明确改革对象、目标、任务和步骤，确定好试点项目；坚持发展第一要务，明确失地和贫困农民具体衡量标准，以增加农民收入为目的，全面发展农村经济；理顺城乡管理体制，明确农村工作职责，理顺县（区）、乡镇（街道）、村社管理体制，加强基层民主政治建设。

### （二）实现小农户与现代农业发展有机衔接

促进现代农业发展必须尊重一个基本事实，即在我国，农村人口规模庞大，共同富裕任重而道远。乡村作为乡镇的主要形式，实行家庭联产承包责任制以来，这辆"汽车"的主体在许多地方依然由小农户构成，存在三个方面的问题：一是这种构成是否符合现代"汽车"的结构要求，二是小农户能否成为乡村这辆"汽车"的合格"司机"，三是小农户作为"司机"是否熟悉农业现代化这条"路"的"交通规则"。它们是实施乡村振兴战略的基础，也是内在活力得以激发的必要条件。

1. 为乡村建造符合现代结构要求的"汽车"

立足乡村振兴这一高度，乡村这辆"汽车"应由现代农业产业体系、生产体系、经营体系所组成，前提是实现土地、资本、科技、人才、信息等要素的集聚，农业供给侧结构性改革是主要抓手，以什么业为主是关键环节，现代农业园区是主要载体。这是每一个村所面临的共同话题，也是助力乡村振兴和推进现代农业高质量发展的重要抓手。

事实上，几乎每一个村都有自己的主要种养物，关键是能否在现代农业语境下建设产业体系、生产体系和经营体系。以特定种养物的种养、加工、销售、科研等为主体的现代农业园区建设，可以实现资源整合、抱团发展，可以着眼于品牌培育、新业态拓展、"园区+"等多个方面。此外，就园区功能而言，应是一个集初制加工、精制加工、科研创新、产品销售、品牌建设等于一体的企业，可以实现将特定种养物从田园种养到生产加工、贮存、包装、销售全过程纳入标准化、规范化管理。

对农民而言，现代农业园区虽然听起来名头很大，而实际上就是村民间相互合作与生产和管理技术的结合体。取消的是单打独斗，实现的是"产、供、销"一条龙的产业化经营模式，获得的是规模效益。

为乡村建造符合现代结构要求的"汽车"，需要以农业供给侧结构性改革为主线，选择主导产业，入手科技支撑和组织方式、基础建设和设施装备、产品加工和品牌建设以及农业新业态创建，着力构建研发、生产、加工、物流、服务等相互融入的全产业链的发展格局。

需要各级政府通过政策有效激活乡村产业要素。建立以政府为主导、特色产业为依托、农民专业合作社为载体、农户为主体的园区模式，建立创业孵化园、电商园等平台载体，需要通过规划引导、政府扶持、多产业融合等方式引导发展生态绿色产业。

2. 为小农户成为乡村这辆"汽车"的合格"司机"提供平台

现代农业园区应该包括家庭农场和农民合作社，它们是新型农业经营主体，是小农户和现代农业发展有机衔接的重要载体，关键是把握好流转、集中、规模经营的度。

从农业农村现状看，小农户家庭经营还将是很长一个时期的主要经营方式。需要通过"农户+合作社""农户+公司"的方式实现利益联结，增加农民收入，提高农业竞争力。

一方面，小农户要成为乡村这辆"汽车"的合格"司机"，需要通过"村两委"促进小农户之间、小农户与新型农业经营主体之间的合作与联合，需要通过农业经营集约化、标准化、绿色化水平的提升改造小农户，需要更好发挥现代农业园区在就业、乡村社会文化结构塑造、农村生态环境保护等方面的重要作用，需要以提升小农户生产经营水平和拓宽小农户增收渠道为目的。

另一方面，要为小农户提供农业现代化这条"路"的"交通规则"。第一类，理念体系。资源保护利用、产业融合、质量兴农、绿色兴农、乡村产业发展新动能等。第二类，标准体系。乡村产业发展空间结构、绿色标准体系、标准化生产体系、市场营销规则体系、农村金融体制、乡村金融服务、财政投入机制。目的在于让小农户作为乡村这辆"汽车"的"司机"，懂得农业现代化这条高速"路"的驾车规则，知道"红绿灯"在哪儿。

## 第三节 乡村振兴战略实践的蓝图

乡村这辆"汽车"和农业现代化这条"路"为蓝图所规定,它决定着乡村的国家地位和现代化步伐,决定着亿万乡村人的命运。如何确立?需要以国家现代化的生产方式、社会形态、结构建设为依据,需要尊重现代化乡村的生产方式、社会形态、结构建设和农业现代化发展规律,需要将乡村发展、村民生活水平嵌入国家发展进程,将地域特色嵌入地区发展进程。党的十九大在提出决胜全面建成小康社会、分两个阶段实现第二个百年奋斗目标战略安排的蓝图中,提出了实施乡村振兴战略,2018年中央一号文件据此提出三个目标任务①。这个蓝图,是实现这辆"汽车"、这条"路"与现代化国家生产方式、社会形态和结构的有机结合,认知乡村振兴战略实践的阶段和远景是关键。

### 一 乡村振兴战略实践的实施阶段

筑农业现代化这条"路"和造乡村这辆"汽车",具有系统性,要求与中国社会现代化进程对应;具有长期性,要求与中国现代化基础对应。毛泽东指出:"中国的人口多,底子薄,经济落后,要使生产力很大地发展起来,要赶上和超过世界上最先进的资本主义国家,没有一百多年时间,我看是不行的。"②"中国革命的历史进程,必须分为两步,其第一步是民主主义的革命,其第二步是社会主义的革命。"③十九大报告强调:"我国仍处于并将长期处于社会主义初级阶段的基本国情没有变,

---

① 到2020年,乡村振兴取得重要进展,制度框架和政策体系基本形成。这些重要进展包括农业综合生产能力稳步提升、农民增收渠道进一步拓宽、农村贫困人口实现脱贫、农村基础设施建设深入推进、城乡融合发展体制机制初步建立、农村生态环境明显好转等。到2035年,乡村振兴取得决定性进展,农业农村现代化基本实现。决定性进展包括农业结构得到根本性改善、农民就业质量显著提高、相对贫困进一步缓解、城乡基本公共服务均等化基本实现、乡村治理体系更加完善、美丽宜居乡村基本实现等。到2050年,乡村全面振兴,农业强、农村美、农民富全面实现。
② 《"中国梦"思想:从毛泽东到习近平——纪念毛泽东同志诞辰120周年》,http://theory.people.com.cn/n/2013/1223/c40531-23922267.html。
③ 《毛泽东选集》第2卷,人民出版社,1991,第665页。

我国是世界最大发展中国家的国际地位没有变。"① 现代化，处在从站起来、富起来到强起来的阶段，人民的需要处在由求生存、温饱到幸福的阶段……在实施乡村振兴的进程中，占全国绝大多数人口的乡村这辆"汽车"如何驶上农业现代化这条"路"，需要目标定位，需要组合跨系统、跨城乡、跨行业和跨时期的实践。2017 年，中央农村工作会议明确了实施乡村振兴战略的目标任务和"三步走"时间表。

**（一）重要进展**

振兴乡村是国家现代化建设体系中的一项系统工程，以相关部委和地区为"建设单位"。就具体地区的系统工程而言，可以划分为基础工程、主体结构工程和工程评估三个重要组成部分，稳定、耐风险、可持续和合力最大化是终极目标。

稳定是通过基础工程来实现的，包括制度框架和政策体系确立、乡村贫困人口脱贫、社会公共服务完善、乡村治理体系建设和乡村基础设施以及基本农田及其设施建设。

耐风险和可持续是通过主体结构工程来实现的，包括拓宽村民增收渠道、稳步提升农业综合生产能力、初步建立城乡融合发展体制机制、实现农村生态环境明显好转。

合力最大化是通过工程评估来完善和推进的，包括基础工程、主体结构工程有机结合的制度框架和政策体系确立。

**1. 规划**

重要进展的第一标志是规划，没有计划的行动将是盲目的。乡村振兴是一个系统而复杂的工程，涉及方方面面，工作量大、任务艰巨，需要按照相应规律有序推进。

随着国家《乡村振兴战略规划（2018—2022 年）》的出台，各省区市也陆续出台了《乡村振兴战略规划（2018—2022 年）》，各地级市也纷纷编制规划。值得特别重视的是县域乡村振兴战略规划编制，原因在于乡村振兴战略的落实关键在县，县域整体乡村振兴发展水平是基础。

需要审视总体思路与精准施策的关系，把握突出特点与承上启下的

---

① 习近平：《决胜全面建成小康社会　夺取新时代中国特色社会主义伟大胜利——在中国共产党第十九次全国代表大会上的报告》，人民出版社，2017，第 12 页。

关系。

县域乡村振兴规划编制要明确目标定位,体现明确的特色化和问题针对性特征,明确经济发展、人民生活、公共服务、基础设施等方面的关键指标和时间节点;把握地域城镇化发展趋势,用好国家城镇化政策,立足城乡融合,把握人口迁移与产业调整、公共服务优化的关系。

把握地域产业融合发展趋势,重点关注一、二、三产业有序发展问题,明确全链条发展要求和县域内各个方面的资源优势,注重构建县域内小农户利益链接机制,关注集体经济的壮大需求和农村资产、资源盘活。

把握地域精准扶贫方向。注重"扶智"和"扶志"与帮扶投资力度的有机结合,制定扶贫资金最强的作用效益目标;把握地域信息化发展进程,注重"三农"与互联网的有效结合,探索物联网、电子商务等与农民创收的结合度。

2. 基础工程

重要进展的第二标志是基础工程,高楼起于地基。乡村振兴作为一个系统工程,同样具有基础工程。全国发展改革系统农村经济工作会议指出:以实施乡村振兴战略为统领,以农业供给侧结构性改革为主线,以改善农村生产生活生态条件为重点,以建立健全城乡融合发展的体制机制和政策体系为导向,重点抓好六项工作。

其一,科学编制乡村振兴战略规划。充分考虑各地实际情况,全面落实乡村振兴的总要求,提高规划的前瞻性、系统性、指导性、可操作性。

其二,提升农业发展质量和效益。深入实施藏粮于地战略,进一步推进农业结构调整,促进农业绿色发展,推动农村产业深度融合。

其三,加强水利等农村基础设施建设。统筹推进重大水利工程建设,推进大中型灌区续建配套节水改造,推动农村基础设施提档升级。

其四,加强生态保护与修复。继续实施重要生态系统保护和修复重大工程,优化生态安全屏障体系,推进生态保护与建设示范区建设。

其五,着力改善农村民生。开展农村人居环境整治行动,巩固提升农村饮水安全保障水平,做好生态扶贫工作。

其六，协同推进农业农村重大改革，创新乡村振兴融资机制。①

其实，上述六项与规划编制就是乡村振兴的基础工程，接受、承担和传递乡村振兴工程所有的上部荷载，维持上部结构整体性、稳定性和安全性。

### （二）决定性进展

以乡村振兴取得重要进展为基础，接地气式成果的获得需要各地紧密结合地域自然和问题特色，全面实施规划。这一阶段需要再次评估业已建立起来的基础工程，关注它的协调性、承载力、维护结构、功能发挥、荷载和承受荷载传递、整体风险等方面，依据业已确立的制度框架和政策体系，进一步夯实基础工程。以此为基础，进一步完善乡村振兴主体结构工程，包括现代化产业、生态经济、乡风内动力、社会治理现代化等，引导农民全身心投入谋求生活富裕的奋斗中。基础工程再评估，内动力工程，是关键环节。

1. 基础工程再评估

决定性进展的第一标志是基础工程再评估，基础不牢，大厦将倾。实施乡村振兴战略，除站位要高、目标要清外，更加重要的是措施要实。基础工程是实施乡村振兴战略的基石，也是"措施要实"的前提。之所以要提到基础工程再评估，除其重要性外，还要注意到：局限于认识上的阶段性，一些地方的基础工程还存在许多不足，甚至有的地方还只是在走形式；局限于地域经济困境，一些地方的基础工程还存在资金短缺或断链问题，甚至有的地方根本就没有资金投入。这些问题不解决，根本不可能谈乡村振兴的深入。

因此，基础工程再评估要做到以下几点。

其一，要进一步把优先理念牢固树立起来，贯彻高质量发展主题，全面深化农业农村改革。

其二，要从根本上改善农业结构，建成特色产业链和创新链、产业集群、产业强镇、产业融合发展先导区等，夯实干部配备、要素配置、资金投入、公共服务等方面优先支持"三农"的基础。

---

① 《发改委：科学编制乡村振兴战略规划 加强水利等建设》，http://finance.jrj.com.cn/2018/02/08150524087323.shtml。

其三，要打赢脱贫攻坚战，集中力量攻克深度贫困堡垒，巩固脱贫成果，建立防返贫机制。

其四，要完成硬任务，充分发挥农民主体作用，确保粮食安全、建立健全公共服务体系、整治农村人居环境、增加农民收入、深化农村改革等。

其五，全面加强党对"三农"工作的领导，充分发挥农村党支部战斗堡垒作用，落实"四个优先"，即优先考虑"三农"干部配备、优先满足"三农"发展要素配置、优先保障"三农"资金投入、优先安排农村公共服务。

以上五个方面作为基础工程再评估的必要标准，需要纳入规划和考评制度，可持续推进。

2. 内动力工程

决定性进展的第二标志是内动力工程，外因通过内因起作用。实施乡村振兴战略的作用按其来源分为内力作用和外力作用。

乡村的内质作用就是内力作用。其来源于农民本身，主要是乡村内部的激情。主要表现为乡村振兴运动、农民生活和生产及其经营活动提质。

外质作用是外力作用。其来源于乡村外部，主要是制度和政策。主要形式有：职业农民培育、城乡融合机制、金融和保险制度改革、财政投入、合作组织建设平台。

内外力是同时起作用的，其中内力作用以外力作用为条件而形成各种不同的乡村振兴特征。

因此，存在乡村振兴内动力工程建设问题。其内涵包括乡风文明和治理有效两个重要方面，前者包括培育践行社会主义核心价值观、提高公民思想道德素质、筑牢精神文明高地，以此凝聚人心、淳化民风、弘扬社会正能量，切实加强社会主义精神文明建设；后者包括现代社会治理思维、"三治"载体、简单有效的方法、各得其所的模式、有的放矢的方式和以文化人的价值取向。

### （三）全面振兴

以乡村振兴取得决定性进展为基础，需要紧密结合国家现代化要求，再次评估具体工程与消除城乡二元结构的实效、与小农户和现代农业发展的衔接程度、与村民文化活力以及生活水平的关系，以实现乡村合力最大化为原则，努力实现区域特色与国家现代化全景的衔接，全方位查找问题，实事求是解决问题。在乡村实现"桃花流水窅然去，别有天地非人间"[①]之境，村民是景中人；在国家现代化全景中，乡村是一幅全面振兴的美丽图景，景的内涵是农民富和农业强，景的外观是农村美。

1. 实效评估

乡村振兴是战略，更是一个循序渐进的工程，需要依律推进。《乡村振兴战略规划（2018—2022年）》明确了乡村振兴路线图，各地也陆续有了因地制宜的推进乡村振兴的规划。有两个问题值得重视。

一是国家的现代化步伐不容拖延。2017年中央农村工作会议划定了乡村振兴的时间节点，它是刚性的，不是靠花架子能做到的。需要脚踏实地规划好每一段应完成的任务，围绕农民的直接利益问题，补齐农村发展和民生的短板，广泛调动农民的积极性，推动每一个阶段的任务顺利完成；需要以激活农村土地、劳动力等要素为目的，推进农业农村各项改革、破除城乡发展体制机制障碍，通过制度建设要素配置、公共财政投入、公共服务上的优先体系。

二是乡村振兴要依律推进。一方面，乡村的命运与时代和地域紧密相连。村庄是有类型的，它们的演变与发展也是有规律的。要顺应趋势，分类推进，不能盲目撤并和搞建设。另一方面，农业现代化与市场紧密相连。这个市场既包括技术，也包括农商品。要坚持农民增收底线，也要尊重市场规律和技术要求。由以上两点不难发现稳扎稳打的现实意义，换而言之，乡村振兴在每一阶段都有质量要求，需要在循序渐进中严格把握。因此，实效评估是必由之路。评估标准，既要把握总体要求，又要注重质量，特别是因地制宜的质量。

2. 村民共享

什么是乡村全面振兴？村民共享全面振兴的成果是什么？回答这两个问题的依据是十九大提出的实施乡村振兴战略的总要求。五个方面所描绘出的是乡村全面振兴空间的五个情景，也是五个平台。

产业载体。可持续提升经营性、财产性收入，有着持续稳定的致富

---

① 《李白诗选注》，上海古籍出版社，1978。

途径，无生存危机，无就业危机，村民做股东，企业来打工。即处在产业兴旺情境中。

生态载体。可持续恢复农田生态，美化村容村貌，充分利用本村自然和人文资源进入红火的旅游市场和不断衍生的生态经济。即处在生态宜居情境中。

乡风载体。传承乡村历史特色和文化内涵，保护特色民居和自然风貌，突出地域人文特色，科学配置田园景观资源，充分彰显农业生态价值，实现循环农业、创意农业、农事体验等方面的有机结合，建设田园生活、康体养生载体，凸显出乡村特有的纯美和品位。即处在乡风文明情境中。

乡村治理载体。不断增强村党组织的统摄力和村民信仰度，以现代化为切入点，激发乡村发展活力，推动自治、德治、法治的深度融合，数字化乡村，足不出户就可说、议、评、办村集体的事，共同拥有健康向上的精神文化风貌。即处在治理有效情境中。

富裕生活载体。开展文化活动，在完善发展机制、破解致富难题和提高富裕标准上下功夫，使乡村更加美观、功能配套更加齐全、文化内涵更加丰富、群众自觉参与的覆盖面更加广泛，村民"百花齐放"。即处在生活富裕情境中。

## 二 乡村振兴战略实践的实施远景

筑什么样的"路"以造什么样的"汽车"为依据，由国家发展战略所决定。在中国特色社会主义现代化进程中，十三大提出"三步走"战略，十五大提出新"三步走"设想，十七大提出到2020年实现人均国内生产总值比2000年翻两番的目标，十九大提出两个阶段战略目标。它们以建设社会主义现代化强国为方向，目标定位不断细化，表现为：十九大把乡村振兴战略与科教兴国、人才强国、创新驱动发展、区域协调发展、可持续发展、军民融合发展战略并列为未来发展的"七大战略"；2017年中央农村工作会议首次提出"到2050年，乡村全面振兴，农业强、农村美、农民富全面实现"的远景。

### （一）农业强

农业，是国家的产业部门，肩负着国家粮食安全、工业发展基础支撑和亿万村民生存、发展等重任。

农业现代化是以现代科学技术和现代工业发展为前提的世界性发展趋势,"目标不仅要重视农业现代化的经济指标,关注农业科技、农业劳动生产率、农业土地产出率、农业劳动力比例和增加值比重、农产品品质和农业国际竞争力等方面的世界先进水平。更重要的是要做到'四个始终':始终不能忘记农业现代化的政策目标,把'确保国家粮食安全和重要农产品有效供给'放在农业现代化的'首位';始终不能忘记减少农业资源环境的可持续利用和农业生态系统的平衡;始终不能忘记加大农业基础设施建设;始终不能忘记构建职业农民队伍"。①

筑好农业现代化这条"路",一体化支撑和运行是关键环节。

1. 一体化支撑

农业由产业体系、生产体系、经营体系共同组成,是一个有机统一的社会功能体。它以国家为载体,农业无法离开国家制度和政策涵养,它是空间的系统而有序的,这便有了一体化支撑问题。

社会是一个系统的动态的需要与满足需要永恒对应的整体。在社会分工日益细化且紧密连接的今天,"农业农村优先发展"需要国家政治、经济、文化全方位的支持。

2. 一体化运行

在农业产业体系中,在国家制度和政策涵养下,农业发展最终还需要依靠自身的实力和能力。立足粮食安全高度,它的基本职能是成为稳定的粮食生产平台,要求是坚守粮食播种面积稳定在16.5亿亩,严守18亿亩耕地红线,确保永久基本农田保持在15.46亿亩以上。立足市场视野,它的职能是粮食优质、高产和农产品绿色,要求是保障生产和经营集约化、标准化、组织化、产业化。

就农业发展基础而言,要求打赢脱贫攻坚战,确保8亿亩高标准农田建成,完成农村人居环境整治三年行动任务、完成村庄基础设施建设(饮水、道路、电路、网路),提升农村公共服务水平,加强规划管理。

就农业结构优化而言,要求推进农业提质,突破关键技术,推动自

---

① 李俭:《农业强则中国强　农村美则中国美　农民富则中国富》,http://www.71.cn/2016/0513/889364.shtml。

主创新，统筹用好市场和资源，健全保障体系，提高保障能力，推动农业农村绿色发展。

就农业产业发展而言，要求发展乡村特色产业，发展现代农产品加工业、发展乡村新型服务业，实施数字乡村战略，促进农村劳动力转移就业，支持乡村创新创业。

因此，立足乡村发展活力高度，以改革为路径，要求巩固和完善农村基本经营制度，深化农村土地制度改革，推进农村集体产权制度改革，完善农业支持保护制度。立足农村社会和谐稳定高度，建立健全党组织领导的自治、法治、德治相结合的领导体制和工作机制，巩固思想阵地，推进平安乡村建设。

## （二）农村美

农村或曰乡村，是村民的家，我国的人口聚居地，国家最宝贵生态资源的仓储地。

进入新时代，面对乡村业已存在的传统和现代问题，党的十九大提出实施乡村振兴战略，其境界在于实现乡村由传统美到现代美的飞跃。需要做到以下几点。

围绕亿万村民生存这一主题，建立健全乡村现代化治理体系、公共服务和基础设施支撑体系，造好乡村这辆"车"。

建立健全农业生产基础设施、生态产业链和集群的现代科技及工业支撑平台，建好农业现代化这条"路"。

让村干部成为农业现代化这条"路"上的"交警"，让农业成为耀眼的绿色产业，让乡村成为生态宜居、美丽的家园。如何实现？基本公共服务平台和生态宜居环境是关键环节。

### 1. 基本公共服务平台

农村美的第一基础是基本公共服务，即建立在一定社会共识基础上，根据一国经济社会发展阶段和总体水平，为维持本国经济社会的稳定、基本的社会正义和凝聚力，保护个人最基本的生存权和发展权，为实现人的全面发展所需要的基本社会条件。

农村公共服务是亿万农民获得幸福感的前提，是乡村振兴战略任务目标实现的基础。在中华人民共和国成立后很长一个时期，长期分立的城乡二元制导致城乡公共服务分配不公、利益分化，表现为：政府重城市、轻乡村，区域间公共服务部门不衔接，地方政府事权与财权不匹配。① 以至于多数乡村的社会公共服务长期处在落后或空白状态。在国家现代化的语境下，建立健全城乡基本公共服务均等化的体制机制，是国家发展的需要，更是乡村应有的权利。

党的十八大以来，国家以打赢脱贫攻坚战、粮食生产基础巩固、农民收入增加为基础，实施农村人居环境整治三年行动，加快补齐农村基础设施和公共服务短板，成效明显。各地普遍加强了农村饮水、道路、用电、住房、物流、信息网络等基础设施建设，农村教育、医疗、卫生、社会保障、文化体育等公共服务水平得到了明显提升，农村污染治理和生态环境保护得到了进一步的加强，为推进生态宜居乡村建设奠定了基础。

2. 生态宜居环境

农村美的第二基础是生态宜居环境，它是以乡村人文化素质、科技素质、文明素养为内核的外在的村容、村貌和村风。生态宜居是乡村振兴战略总要求之一，是广大农民的根本福祉和全面建成小康社会的刚性条件。

目前，实现生态宜居的困境依然很多，主要表现为以下几个。

其一，村民生活生产惯性。许多农村生活生产环境合一，人畜混杂，许多村民乱倒、乱泼、乱堆生产生活废弃物，滥用农药化肥。

其二，农村人居环境缺失统一管理机制。环保、农林、畜牧、水务、城乡建设等各自为政，缺失对农村环境卫生的资金投入和工作考核。

其三，农村人居环境在多数地方没有纳入村镇规划。如一些村镇规划建设没有排水、排污、绿化、杂物堆放、家畜饲养等内容，污水自由排放，垃圾桶随处堆放，无人问津。

其四，教育、规范、惩戒制度不统一，散见于一些法规之中的相应规定缺失直接约束力，农村环境卫生工作力纤弱。

事实上，以实现生态宜居为目的的农村人居环境整治是一次深刻的文化变革，硬件设施投资是外在的，而传统观念的净化和先进文化元素

---

① 吴根平：《我国城乡一体化发展中基本公共服务均等化的困境与出路》，《农业现代化研究》2014年第1期，第33~37页。

植入才是根本，需要干部、村民内外兼修。要求提高政治站位、凝聚人心、汇聚力量、发挥农民主体作用，订立村规民约，建立保洁机制、引导科学分类，实现垃圾减量化、资源化。

### （三）农民富

农民或曰村民，是国家粮食和副食品的生产者，国家最宝贵生态资源的守护者，生态农商品的加工者，农业现代化成果的最大获益者。进入新时代，面对村民业已存在的传统和现代问题，十九大提出实施乡村振兴战略，在于实现村民由传统贫到现代富的飞跃。需要围绕亿万村民生活这一主题，消除或最大程度缩小城乡二元化产生的贫富差距；建立健全乡村社会保障体系，使村民享受到社会发展的红利；建立健全小农户植入现代化农业体系的可持续体制机制，让村民成为乡村这辆"汽车"的司机，让农民成为荣耀的职业，让乡村成为村民的"银行"和精神家园。如何实现？搭建社会保障平台和让农民成为农业现代化的最大获益者是关键。

#### 1. 搭建社会保障平台

乡村振兴是一次以解决"三农"问题为目的的深刻的社会变革，处在其中的农民正在进行观念和素质的革命。这种革命能否顺利进行，关系到乡村能否振兴和农民能否在新时代成为新人。当前面临的问题主要有两个方面。

其一，观念保障。

乡村振兴热潮正在全国兴起，一个不太正常的现象是一些地方出现了干部在干、群众在看，有事找政府、有难政府拿钱，振兴是政府的事，只要我不损失就行。

如何引导农民成为乡村振兴热潮中的主体，客观上已经成为亟待解决的问题。需要进一步落实宣传教育责任，让乡村振兴成为广大农民的信心和改变自身生存生活生产条件的内动力，自觉奋发；需要规范政府行为，把握和尊重农民意愿，把它们作为工作重点放在规划建设上，创造条件，加大投入，加强基础设施和公共设施的建设，增强农民振兴乡村的信心；需要引导农民建立现代市场理念，通过建立现代经营模式帮农民挣钱；需要完善激励机制，树典型、给予荣誉和奖励，打造创业氛围。

其二，素质保障。

目前，农业劳动力岁数大、文化低、妇女和儿童居多的现象比较普遍。需要从以下几点入手加以解决。

创新农业经营方式。以土地承包经营权流转为前提，培育种粮和养殖大户、农民合作社、农业产业化龙头企业等新型市场主体，让农民成为股东；加快推进农业机械化，促进农机与农艺的结合，提高水平。

完善农业社会化服务。如农资配送、科技推广、农业信息宣传、机耕机收、统防统治等，加快推进基层农技推广体系改革与建设，为农业配套科研、技术、营销、劳务、加工储运等现代服务设施。

培养新型农民。与科研院校合作，开展形式多样的农村管理人才、种养业能手、农机作业能手、科技带头人、农村经纪人和专业合作社领办人等的培养活动。

### 2. 让农民成为农业现代化的最大获益者

农民富是乡村振兴的至高境界，包含物质和精神两个层面。在物质层面，脱贫是起点，富裕是关键目标。如何实现农民作为最大获益者的富裕？农业现代化是必由之路。在这条路上，重点工作有三个方面。

其一，土地确权。对于农民而言，土地和宅基地是最根本的最大的利益，确权的目的在于固化利益主体，激活经营和流转功能。

其二，村集体经济。这是我国当前乡村振兴的"短板"所在，许多地方正在进行艰辛的探索，如何壮大集体经济？从一些地方的实践效果看，提升到与家庭联产承包经营同等重要的地位，实现农村集体经济与家庭联产承包经营的方式、利益、科技支撑的有效融合，建设系统性、常态化的扶持政策，将是提高村级集体经济"造血"功能的重要抓手。

其三，现代化产业、生产、经营体系。研究发现，一些地方集聚社会智能，搭建出了"企业+村集体经济组织+农户"等组织模式，在一定程度上实现了"资源变资产，资金变股金，农民变股东，收益有分红"的理想，具有一定的可持续性。原因在于，解决了小农户做好做大的问题，也解决了农民对土地"食之无味，弃之可惜"的问题，同时也解放了农村劳动力，实现了"造血"。在精神层面，公共服务质量的城乡均等赋予了农民平等的发展资格，"效益到户"的合作模式将解决农民生存之忧。

以此为基础，农民需要找到乡愁，需要找到文化的自我和生活的信心以及动力。

因此，建设农民的精神家园将是社会治理和乡风建设的重要使命。需要以文艺活动、乡愁乡风弘扬、礼仪礼节和家风家德教育为主要载体，抓住阵地辐射效应、资源整合效应、阵地品牌效应三个关键环节，建设理论宣讲、教育服务、文化服务、科普服务、健身体育服务等融为一体的平台，实现价值引领、道德引领、文化传播、人文关怀。

# 第三章　乡村振兴战略实践的原则思维

乡村问题，就是乡村与城市、与发达国家乡村、与乡村人美好生活愿望、与时代发展的差距，原因在于人类社会进入了人与自然、工业与农业、传统与现代、物质与精神、区域间贫富差距等诸多关系失衡的时代，显现为乡村与城市的失衡。在当代世界范围内谋求解决乡村问题最为直接的原因是，人类工业文明在进行了前所未有的财富积蓄的同时，也动摇了人类社会的生存根基，即资源、环境和精神世界，为了修复这一根基，乡村与城市进入了需要互补、共生共荣的均衡发展阶段。基于我国乡村与城市失衡现状，实施乡村振兴战略，必须优先发展农业农村，必须让农民成为发展主体，必须把握谁来振兴和怎么振兴这两个问题，它们是乡村振兴战略实践的基本原则。

## 第一节　乡村振兴战略实践的优先原则

新时代中国要实现现代化，首先要振兴乡村，本质上是国家现代化的生产方式、社会形态、社会结构建设蓝图，与现代化乡村的生产方式、社会形态、社会结构现代化要求的对接。乡村这辆"汽车"要开起来，首先要建好农业现代化这条"路"，本质上是通过政策调控，以缩小城乡差距为目的，在"资金投入、要素配置、公共服务、干部配备"等方面"补齐农业农村发展短板"。两者共同构建出了以"不断满足广大农民群众日益增长的美好生活需要"为目的，需要"推动农业农村经济适应市场需求变化、加快优化升级、促进产业融合，加快推进农村生态文明建设、建设农村美丽家园，弘扬社会主义核心价值观、保护和传承农村优秀传统文化、加强农村公共文化建设、提高乡村社会文明程度，推进乡村治理能力和水平现代化、让农村既充满活力又和谐有序"。①《中共中央 国务院关于坚持农业农村优先发展做好"三农"工作的若干意见》明确了"围绕'巩固、增强、提升、畅通'深化农业供给侧结构性改革"的农业农村优先发展的实践原则和八项具体要求②。

## 一 实现乡村振兴战略优先原则的实践基础

为了实现乡村这辆"汽车"的制造远景,首先要建好农业现代化这条"路",农业农村优先发展是关键。如何优先?作为国家战略,将"三农"问题始终作为全党工作的重中之重,即把精准扶贫作为"三农"工作的核心,把实现共同富裕作为社会主义的本质要求,把每个村民有尊严地生活在祖国大家庭作为实施乡村振兴的出发点和归宿。通过巩固和完善农村基本经营制度让村民具备成为土地主人的可能,通过体制机制创新保障农民财产权益、壮大集体经济,通过构建现代农业产业、生产经营体系培育新型农业经营主体,通过健全农业社会化服务体系实现小农户和现代农业发展有机衔接,通过促进农村一、二、三产业融合发展促进小农业向大农业转化。那么,作为国家战略,为什么现在才被提出呢?原因在于国家具备了实现农业农村优先发展的坚实基础。

### (一)粮食综合生产能力

人活着就要吃饭,"饭"的主要成分则是粮食。它是通过农业生产出来的,农业因此成为"无可替代的永恒的产业"。③

所以,农业问题绝不是局部问题,而是一个事关全局的问题;不是一般经济问题,而是一个重大的经济问题;不单是一个社会问题,也是一个政治问题。农业是人类衣食之源、生存之本,是一切生存活动的先

---

① 《习近平主持中共中央政治局第八次集体学习并讲话》,http://www.gov.cn/xinwen/2018 - 09/22/content_5324654.htm。
② 聚力精准施策,决战决胜脱贫攻坚;夯实农业基础,保障重要农产品有效供给;扎实推进乡村建设,加快补齐农村人居环境和公共服务短板;发展壮大乡村产业,拓宽农民增收渠道;全面深化农村改革,激发乡村发展活力;完善乡村治理机制,保持农村社会和谐稳定;发挥农村党支部战斗堡垒作用,全面加强农村基层组织建设;加强党对"三农"工作的领导,落实农业农村优先发展总方针。
③ 王立祥、廖允成:《中国粮食问题:中国粮食生产能力提升及战略储备》,阳光出版社,2013。

决条件，它作为一个无可替代的基础产业的地位和作用，是永恒的主题。①

粮食综合生产能力由投入和产出构成，"由耕地、资本、劳动科学技术等要素的投入能力所决定，由年度的粮食总产量所表现。粮食生产能力要转变为实际产量，国家政策和供求关系等因素形成的粮食生产比较效益起决定性的作用"。②

1. 政策

国家一直注重保障和维护粮食安全。

1994年，国家建立农业政策性银行，即农发行。负责收购、储备、调控和调销粮棉油等重要农产品，收购量占全社会粮食收购量的60%以上，约占国内全部粮食产量的1/3。2000年，国家提出粮食直补的政策构想，2002年在安徽、吉林、湖南、湖北、河南等粮食主产区进行改革试点。2003年，我国粮食总产明显下降。2004年，全国范围内实行粮食直补，农民种粮积极性得到了提高。2004年至2016年，全国粮食生产实现"十二连增"。在此过程中，农发行积极改革收购资金供应方式，解决"打白条"和"卖粮难"问题，通过调节贷款发放节奏稳定市场收购价格，通过推广竞拍贷、"粮港通"、粮食经纪人"供应链贷"等模式调动企业经营积极性。

中央提出"以我为主、立足国内、确保产能、适度进口、科技支撑"的国家粮食安全战略。进一步落实良种、农机购置补贴等政策，科学设计、创新思路，完善粮食主产区利益补偿机制；坚守耕地红线，推动沃土工程实施，提升耕地质量；抓科技服务，提高单产水平，强化质量安全管控，推进粮食增产模式攻关试点，推进良种良法配套和农机农艺结合；抓好新型经营主体，推进家庭、集体、合作、企业经营等共同发展，推动市场准入、税费减免、资金支持、人才引进等扶持政策，推行合作式、订单式、托管式、承包式等服务模式，探索创新农业公益性服务有效供给机制和实现形式；抓好防灾减灾，推进科学救灾，开展应急防治，推进统防统治；抓合力，建设政府统筹、部门联动、上下协同

---

① 潘希武：《农业基础是永恒的主题》，《黔南民族师范学院学报》1998年第3期。
② 《粮食综合生产能力》，https://baike.sogou.com/v11030821.htm?fromTitle=%E7%B2%AE%E9%A3%9F%E7%94%9F%E4%BA%A7。

抓粮食生产的格局。①

2. 供求

十九大报告明确提出"确保国家粮食安全,把中国人的饭碗牢牢端在自己手中"。这需要我们从粮食需求和供给两个方面加以认识。

就需求而言,"早在1986年,中国农科院曾就我国粮食生产目标进行过深入研究,提出了'人均400公斤粮食必不可少'这一重要判断,并认为一个国家'人均粮食占有量在300公斤以下时基本上不能提供饲料粮';而且,从世界情况看,在解决温饱之后必然要求进一步增加食物消费和提高营养水平,'食物消费结构要得到根本的改善,人均粮食占有量必须达到700公斤以上,食物消费结构要有较大的改善,人均粮食占有量至少要达到500公斤'。也就是说,一个国家营养不足、温饱有余、食物消费较大改善的主要标志,就是人均粮食占有量分别达到300公斤、400公斤及500公斤的门槛"。②

就供给而言,"我国只能也必须长期坚持主要依靠国内生产为主、适当进行国际市场调剂为辅的指导方针。在保持粮食适度进口的同时,到2020年国内人均粮食消费量维持在500公斤以上,粮食总产需增至6.41亿吨以上,粮食自给率在90%以上,才能满足需求,并且还要维持巨大的国储粮规模……目前全球还有8亿多饥饿人口缺乏食物,谷物及玉米国际贸易量各为2.7亿吨、1亿吨左右,仅为我国谷物、玉米总产的49%、47%,国际市场可供我国的粮食贸易增量有限,我国拥有世界上最大的人口食物需求,粮食进口量的些微变化就可能引发国际粮价波动。今后我国农村仍有数亿人口,发展粮食生产依然是解决农村就业、增加农民收入的重要渠道"。③

需要以提升粮食产能为目的保护耕地,以增强粮食产出能力为目的建设高标准农田,以粮食生产供给为目的建设粮食生产基地。连接这些环节的是现代技术,它在耕地保护、生产技术水平提升、科技服务和抵

---

① 《农业部关于切实抓好粮食生产保障国家粮食安全的通知》,http://www.xinfadi.com.cn/news/policylaws/view/223902.shtml。

② 《加强粮食产能建设 确保国家粮食安全》,http://www.gov.cn/zhengce/2015-08/18/content_2914755.htm。

③ 《加强粮食产能建设 确保国家粮食安全》,http://www.gov.cn/zhengce/2015-08/18/content_2914755.htm。

御自然灾害方面具有不可替代的作用；实现这种连接的关键是政策保障，它在耕地、资本、劳动科学技术等要素投入能力和粮食生产能力转变为实际产量上具有决定作用。

### （二）农业供给侧结构性改革

既然农业是"事关全局的问题"，重大的经济问题、社会问题和政治问题，解决问题的方式就是发展。

它是一种需要，如何满足？这便有了农业发展的供给问题。"对于一个接近十四亿人的人口大国而言，粮食的重要性无论怎么强调都不过分。但由于高度重视粮食生产而导致环境负担、经济负担过重也是一种不经济、不理性的行为。因此，农业供给侧结构改革将会对粮食产业瘦身、强体，打造具有较强国际竞争力的中国粮食产业，进而提高整个农业的现代化水平。"[1] 农业增效、农民增收、农村增绿是底线，激活市场要素和主体是关键。[2]

1. 市场要素

市场构成要素包括商品、卖方和买方，其中，商品是以资金、技术、信息、土地、劳动力等资源要素为基础的有形物质产品和无形服务，卖方是通过市场实现商品经济利益和经济需要者，买方是有需求又具备支付能力的购买者。此三者相互作用形成了以市场为载体的供给和需求的对应关系。

其一，要让农产品具有商品属性，即同时具有使用价值和价值。使用价值指商品能够满足人们某种需要（物质需要、精神需要）的属性，如水果味道是否可口是物质上的需要，颜色和形状等是精神上的需要；价值指凝结在商品中的无差别的人类劳动。农产品要成为商品，要具备基本条件，即根本性质和根本属性；要具有特有的属性，即其他产品没有的；要具有社会属性，即可交换。换而言之，就是具有基本属性、本质属性、共有属性、特有属性和社会属性，这需要现代生产体系来实现。

其二，要让农商品拥有卖方。与传统农业的自给自足的小农经济形

---

[1] 《农业供给侧结构性改革：改什么？》，http://opinion.china.com.cn/opinion_33_143133.html。

[2] 《农业供给侧结构性改革要牢牢守住三条底线》，http://www.xinhuanet.com//fortune/2017-02/07/c_129469649.htm。

式相比，现代农业增加了新型农业经营体系，即以家庭联产承包经营为基础，以专业大户、家庭农场、农民合作社、农业产业化龙头企业为骨干及其他组织形式为补充，以农民土地承包经营权、宅基地使用权、集体收益分配权为保障的集约化、专业化、组织化、社会化相结合的双层经营体制。这是我国农民的创造，需要不断完善。

其三，要让农商品拥有买方。这是一个市场问题，核心是解决信息、通行证和产品竞争力问题。解决信息问题，需要建设品牌体系，使之容易被消费者认识和接受并具备吸引和口碑功能；解决通行证问题，需要建设产品质量体系，让农产品在凝结当地经济、社会、文化等资源的基础上，使产品质量、种植、加工、销售等符合优价标准；解决产品竞争力问题，需要以营养和健康为出发点，通过质量标准、营养含量、包装广告等市场网络营销培养稳定消费群体，通过市场预测、稳定产品价格、降低产品进入市场门槛等实现优质优价。

### 2. 市场主体

相对于传统农户，农业现代化进程正在凸显新型农业经营主体的地位和作用，培育新型农业经营主体因此成为农业供给侧结构性改革的主线，人力资本是其显著特征。

这一群体包括返乡创业的企业主、农业推广人员、曾经的企业管理人员和曾经的外出务工者，他们具有较强的创新意识和获得经济效益的能力，因为见多识广而关注新设备、新技术、新品种，因为前期积累而具有较强偿债能力、资产管理能力和盈利能力，因为较好的业绩而具有一定的辐射带动作用。

但是，如何培育这一主体，从农业供给侧结构性改革的角度看，尚存不少亟待解决的问题。从"三品"认证[①]比例低，农药、化肥和农膜投入高，注册商标或自主品牌少，经济效益预期不明显等现象上看，政策、金融、技术对新型农业经营主体的支持力度明显不足。

需要加大现代技术、农产品质量、农商品经营方面知识和技能的培训力度。明确新型农业经营主体的政策扶持目标，扩大财政、信贷支撑，通过推进标准化生产、健全农产品质量和食品安全监管体制促进规范

---

① 无公害农产品、绿色农产品和有机农产品，2019年底专项合格证制度。

生产。

加大科研投入。削减化肥农药农膜投入、降低绿色生产成本、开发高品质农产品的附加价值。

完善金融服务体系。拓展新型农业经营主体融资方式。

### （三）农业绿色发展

改革开放40年来，以提升"粮食生产能力"为主线的农业供给有效实现了农业增产，但水资源的大量耗费和化肥、农药大量使用与土壤板结和酸化的恶性循环事实上已经形成了农业发展的资源瓶颈，而农药残留物对农产品质量的影响更是形成了农业发展的市场瓶颈。

如何解决？这便有了农业绿色发展的价值取向。更重要的是，胡锦涛在2005年提出了"生态文明"理念，十七大将生态文明建设列为全面建设小康社会的目标之一，十八大报告将建设生态文明定位为关系人民福祉、关乎民族未来的长远大计。站在这个高度，农业绿色发展是生态文明建设的重要组成部分，农产品绿色的"质"和绿色农业是关键点。

#### 1. 绿色的"质"

农产品如何转化为农商品？关键是交换，即为消费者所需要。进入21世纪以来，健康成为人们新的生活理念，大健康产业蓬勃兴起。以此为背景，消费者对农产品的需求也从食"量"向食"质"转变，农产品拥有绿色的"质"是必然要求。

如何体现农产品绿色的"质"？目前，农产品面临的问题是化肥和农药使用过量，不施肥没有产量，不打药没有质量。近年来，我国农产品一直存在农兽药残留超标、产地环境污染等问题，难以满足消费者对绿色的"质"的个性化消费需求。

需要建设免耕播种、秸秆还田、农业"三减"、生物防控等绿色生产技术体系，实施养殖环节兽用抗菌药使用减量化行动。

强化绿色生产资料有效供给，落实农药、兽药、添加剂销售台账制度；实行严格的栽培管理和田间管理，即以有机肥为主，农家肥（包括厩肥、土杂肥等）为辅，鼓励开发天然绿色农产品。

建立种植、养殖、运输、贮藏、加工、销售全过程农产品质量监管体系，按照订单对接生产和市场。

构建精深加工、生态监测预警、金融服务、市场营销、秸秆综合利用体系，实现作物生产环境指标全程监测，提升绿色食品附加值。

发挥财政资金引导作用，统筹政府、金融机构、社会资本，构建绿色发展资金投入体系和机制。

2. 绿色农业

绿色农业是无公害农产品、绿色食品和有机食品的合称，以绿色食品支持人类健康和世代繁衍生息，以改善生态环境提高人们健康水平，以节约能源、节约资源、节约资金、精耕细作、人畜结合、施有机肥减少环境污染，以农工商、产加销、贸工农、运建服等产业链为外延实现多种生态工程元件复式组合。

需要立足建设低碳、低耗、循环、高效的农产品加工体系。即"资源—加工—产品—资源"，加强农产品产地初加工，解决农产品产后损失严重、品质品相下降等问题，减少由于储存不当导致农产品腐败变质而对农村环境的污染及产生的安全隐患。

提升农产品精深加工水平。加大生物、工程、环保、信息等技术集成应用力度，加快绿色高效、节能低碳的农产品精深加工技术升级与集成应用，努力生产营养安全、美味健康、方便实惠的食品和质优、价廉、物美、实用的加工制品。

推动农产品及加工副产物综合利用。重点开展秸秆、稻壳、米糠、麦麸、饼粕、果蔬皮渣、畜禽骨血、水产品皮骨内脏等副产物梯次加工和全值高值利用，不断挖掘农产品加工潜力，提升增值空间。

鼓励支持农产品加工业与休闲、旅游、文化、教育、科普、养生养老等产业深度融合，促进农业增效、农民增收、农村增绿。①

(四) 农业现代化

基于农业与粮食、市场和生态文明建设绿色发展要求的关系，需要解决粮食质量与化肥、农药使用，农产品质量与绿色食品需要，人居环境与生态文明建设需要的关系问题。事实上，这些问题一直存在，只是随着技术、经济和社会的进步在今天凸显出来而已。进入新时代，基于当前的国民经济水平，农业现代化建设，劳动力素质和技术资源是瓶颈

---

① 《农业绿色发展创新机制意义深远！》，https://www.360kuai.com/pc/9609b438c45c5b9d9?cota=4&tj_url=so_rec&sign=360_57c3bbd1&refer_scene=so_1。

性问题。

**1. 劳动力素质**

在农业现代化语境下，随着现代科技与传统农业的不断融合，农业组织化程度不断提升，农业内部纯粹的种植养殖业正在向加工和市场延伸，小农经济正在面临农业革命的挑战。

需要农民认知现代农业优势，让市场经济和竞争意识入脑入心。用现代农业经营理念武装农民，让其学会用市场经济的办法解决增收问题。认识到现代农业的优越性，接受现代农业理念，成为生态、经济和社会效益统一过程的行动主体。

通过现代农业机制促进小农经济转向规模化，通过合作实现加工和市场链条的延伸。激发农民对发展现代农业的自觉行为，走农业结构调整规模化市场化的路子，将生产目标由满足自给性消费转变为商品性生产利润的最大化，由单纯的土地产出率提高向适应市场需求、满足工业化大规模生产需要的方向调整。

实行规模经营，实现农民、龙头企业、合作经济组织间的利益联结，形成规模效益，让农民因承包地入股而获得规模效益。

这些目标的实现离不开农民素质的提高。

需要通过大力发展无公害、绿色、有机食品，强化绿色在农民思维中的地位。让无公害、绿色、有机食品成为生产时尚。

通过承包地流转，强化少数人种多数人的地、扩大人均生产面积和规模化经营理念。

通过大规模的农田水利建设和机械化、标准化生产。提高农民走农业产业化和农村城镇化的路子的积极性，明确农业的工业化、市场化发展方向。

依托资金、品牌、信息、技术、市场和管理优势，引导农民学习现代管理理念和方式，学会先进的工业管理技术，了解标准化的生产要求，懂经营、善管理。

**2. 技术资源**

在传统农业思维中，技术资源与农民相距甚远。然而，传统农业在当代所面临的自然和市场的双重风险的不断增加，催生了农民寻找技术的欲望，到哪里找客观上成为农业现代化必须解决的问题。

在宏观层面，集群化模式正在成为农业现代化的首选。即以农业为特定的产业领域，相关产业联系和合作将让特定产业获得竞争优势。这是一种机制，具有不同产业间的共性和互补性，通常用"产业集群"或"企业集群"来表述，管理技术是关键。

在中观层面，工、农、企联合正在成为跨行业、跨地区、跨所有制的经营方式。具有同一产业内的经济体的共性和互补性，可以将散、小、弱企业整合发展为龙头企业集团，现代企业制度是关键。

在微观层面，民营经济和农村种养大户正在共赢于鲜活产品及其加工产品。农民要成为商人和经纪人，同样离不开技术支持。为了实现这些目标，需要农民掌握市场运营技术，从产品质量控制入手，扩大市场份额；需要农民用先进的商业技术提高经营决策能力和市场分析能力，及时准确了解农产品及其加工品的内外市场状况，避免生产的盲目性，促进大生产，获取高效益；需要农民掌握现代化的组织管理技术，正确把握组织形式变革的方向，建立适应现代农业发展的组织形式。

因此，必须加强现代农业供给侧结构性改革，夯实技术资源基础，建设可持续供给机制，引导农民尽早迈向现代农业进程。

### （五）乡村改革

农业现代化建设的根本目的是为乡村这辆"车"建"路"，"路"与"车"的现代化程度为乡村社会的"质"所制约。只有实现乡村社会现代化，农业现代化这条"路"才有价值。民以食为天，满足乡村社会现代化的第一步就是解决乡村经济价值要素问题，即农民依靠什么生存和生活。土地是主体要素，确权是新型农业经营主体形成的关键。

1. 土地确权

土地是农民的命根子，确权的目的之一是让农民拥有承包经营权、宅基地使用权等权益。

1979年1月，中共中央《关于加快农业发展若干问题的决定（草案）》明确规定："可以在生产队统一核算和分配的前提下，包工到作业组，联系产量计算劳动报酬"；1983年1月2日，中共中央《当前农村经济政策的若干问题》强调：要稳定和完善农业生产责任制，称分户承包的联产承包责任制为"新型家庭经济"；1984年1月1日，《中共中央关于1984年农村工作的通知》规定："延长土地承包期"，"土地承包期一般应在15年以上"。全国在1982年开启了第一轮承包,期限为15年,并实施确权。第二轮承包也称延包,于1997年开始,期限为30年,也实施了确权。2027年,将开始第三轮承包。

确权的意义在于赋予农民更完整的土地权利,即保护农民的承包地、宅基地、房屋等财产权利,为农民通过承包地流转带来财产性收入创造条件。

十九大以来,农村土地确权立足实施乡村振兴战略,保护农民土地承包经营权,保障土地流转交易安全,壮大集体经济,为建设规模化、机械化的现代农业铺路。

2. 新型农业经营体

中华人民共和国成立之后,如何壮大农村经济和实现农民增收,一直是党中央谋求回答的问题。

1958年8月17日,中央政治局扩大会议通过了《关于在农村建立人民公社的决议》,提出了人民公社"一大二公"的特点。1958年9月30日中共中央农村工作部编印的《人民公社化运动简报》第四期报道称:到9月29日止,全国农村基本实现了公社化。1958年11月28日至12月10日,中国共产党第八届中央委员会第六次全体会议通过了由毛泽东主持起草的《关于人民公社若干问题的决议》,认为不能用共产主义的按需分配代替按劳分配,过早否定商品价值、货币、价格的积极作用,纠正了"一大二公"造成的"左"倾错误。

之后,人民公社经历了27年的历程,1984年被终结。人民公社面临的问题是与生产力状况不适应,土地产出率和劳动生产率低下,农产品不能满足人们日益增长的生存和发展的需要。1991年11月25～29日举行的中共十三届八中全会通过了《中共中央关于进一步加强农业和农村工作的决定》,提出把以家庭联产承包为主的责任制、统分结合的双层经营体制作为我国乡村集体经济组织的一项基本制度长期稳定下来,并不断充实完善。

1992年,中共十四大提出发展社会主义市场经济。我国以农村改革和发展为基石不断完善的市场经济体制,逐步使分散化、个体化生产经营的农民从不同角度联合起来,小户做成大户、大户做成企业,逐步形成了统一加工、统一生产、统一价格的利益共同体,种植户、养殖户、加工户因此获得了规模利润。这些便是新型农业经营体，由"公司+农户""农户+大户""农户+合作经济组织""农户+合作经济组织+公司"四种要素组成，为农业产业化夯实了基础。

### （六）村民收入

在农业现代化建设进程中，乡村这辆"车"与农业现代化这条"路"的协调程度通过村民收入来呈现。在一般意义上，村民收入多少除了自身过去与现在相比外，还要将其置于农村居民人均可支配收入、城乡居民收入差距体系中来认知。

如何增加村民收入？首先需要研究如何支撑乡村这辆"车"与农业现代化这条"路"的系统。其中包括扶贫力度、土地流转租金、要素入股分红、农村集体产权制度改革红利、经营净收入结构优化等，在这些体系中，以农业现代化建设为背景，村民增收最理想的途径是成为乡村这辆"汽车"的合格"司机"，长效政策机制和特色农业是关键载体。

1. 政策机制

十九大以来，国家扎实推进乡村振兴战略。

坚持农业农村优先发展。切实抓好农业特别是粮食生产，推动藏粮于地、藏粮于技战略落实落地，合理调整"粮经饲"结构，着力增加优质绿色农产品供给。

重视培育家庭农场、农民合作社等新型经营主体。注重解决小农户生产经营面临的困难，把他们引入现代农业发展大格局。

改善农村人居环境。重点做好垃圾污水处理、厕所革命、村容村貌提升工作。总结农村土地制度改革三项试点经验，巩固改革成果，继续深化农村土地制度改革。[①]

围绕推进"三农"事业发展、保障粮食生产安全、培育新型农业经营主体、改善农村居住环境、深化农村土地制度改革等主题，实施新农合、乡镇医保并轨，取消棚改货币化补偿政策，关注农村公路建设，狠抓土地污染工作，防止脱贫人口返贫。

推出了系列"三农"产业扶持和补贴项目：如一、二、三产业融合、金融支农服务创新、一县一特产业发展、龙头企业带动产业发展试

---

① 2018年12月19~21日中央经济工作会议资料。

点，中小企业技术创新基金现代农业领域、现代种业提升工程农作物种子、农业综合开发存量资金土地治理、耕地保护与质量提升、农业科技成果转化、资源节约与环境保护、生物质能综合利用示范，农产品促销、国家中药材生产扶持、"菜篮子"产品生产、中型灌区节水配套改造、农业产业化示范基地等，2019 年就有近 500 项。①

不难看出农业现代化发展是大格局，一、二、三产业融合是路径，技术引进和开发是平台，小农户生产经营是前提，实现农民增收是目的。

2. 特色农业

在国家产业结构中，农业是第一产业，原因在于它居于基础产业地位。如何巩固农业的基础产业地位？唯一道路就是农业现代化。在这一进程中，最为关键的环节就是实现农产品向农商品的转化，市场是载体也是标准的源泉。

从市场的角度看，随着人们生活水平的不断提高，消费者的需要日益多样化，特别是在健康成为人们普遍追求的今天，质量、天然、特色已经成为人们的重要关注点。以此为背景，农商品如何面对市场？不仅要求农业企业增强质量、现代管理和经营意识，而且还要求依据地缘资源、立足特色，建设研发、种养、加工、营销一体化的特色产业体系。

这便有了特色农业发展问题，即如何依托区域内独特的农业资源，开发出区域内特有的名优产品，转化为特色商品的现代农业。特色农业的关键点在于"特"，"魂"是唯我独存或唯我独尊，"根"是天赋的自然地理环境条件，"本"是传统的种植、养殖或加工习惯。

在推进特色农业发展进程中，除了关注农产品种植规模以外，还需要特别关注特色农商品的附加值和产业链的延长，这是通过农产品深加工实现特色农业可持续发展的关键一环。原因在于，同样的农产品达到一定规模时，市场的供求关系就会发生变化，初级农产品价格将会下跌，农民收益将受损。需要激发农产品的商业价值，需要挖掘农业的高附加值，需要发挥大交通、大数据促进大流通、标准化生产的优势。

要实现这一目标，必须深化农村产业革命。以"龙头企业 + 合作

---

① 《2019 年全国三农最新政策出台》，https://www.360kuai.com/pc/9b3a987edd989d7de?cota = 4&tj_url = so_rec&sign = 360_57c3bbd1&refer_scene = so_1。

社 + 农户"为组织方式,建设规模化、专业化、精细化、特色化的农业产业发展格局,围绕建链、补链、延长产业链的方向,建设现代农业产业体系,建成科技研发、标准化生产、扩大销售、精深加工到品牌创建的全产业链发展格局,加快提档升级,以促进农民增收和产业跨越发展为基础,推动高质量发展。

## 二　实现乡村振兴战略优先原则的实践关键

建设农业现代化这条"路",是国家现代化的必然要求。内容主要包括:生产过程机械化①、生产技术科学化②、增长方式集约化③、经营循环市场化④、生产组织社会化⑤、生产绩效高优化⑥、劳动者智能化⑦等。存在用什么人和由谁负责,怎样建,需要怎样的条件等问题,优先发展农业农村作为国家战略,首先要在体制层面正视和解决这些问题。农业现代化是乡村振兴的载体,也是乡村走向现代化的必由之路。我们要重视农业农村在粮食生产上的重要作用,更要重视乡村、村民在农业现代化这条"路"上的利益获得、发展机会问题。2019年2月,《中共

---

① 运用先进设备代替手工劳动,在产前、产中、产后各环节采用机械化作业,降低体力劳动强度,提高效率。全过程机械化,包括选种、育秧、耕地、播种、施肥、除草、灌溉、收割、脱粒、烘干、仓储、加工、包装、运输等从种植到餐桌所有环节的机械操作。
② 把先进的科学技术广泛应用于农业,即先进科技不断注入农业生产过程,完善农业基础科研、应用科研及推广体系,提高科技对增产贡献的效率、提高农产品产量、降低生产成本、保证食用安全效果。
③ 推广现代的精耕细作技术,在化肥、农药、灌溉等方面递减投入边际效益,把增产基点转到挖掘内部潜力、降低生产成本、提升产品档次、提高综合效益和劳动者素质的轨道上来。
④ 在资源的配置上,发挥市场功能。即在生产的目的上,向纯粹用于商品交换转换,推进产品的商品转化。
⑤ 对微观经济单元的组合布局进行引导、对社会分工进行协调、对专业化生产进行管理的实施过程。立足于整个社会来设计、实施这种过程。要求农业生产与流通活动的各个部门、各个环节,与社会有关部门、市场主体有机地联系起来,扬长避短、优势互补,提高劳动生产率;要求走开放式经营的道路,生产的专业化、生产组织的合理化、流通范畴的洲际化,构成了社会化大生产的"三要素"。
⑥ 生产的绩效如何,对现代化具有一票否决作用,实现农业现代化应该在提高绩效上下功夫。
⑦ 在农业生产经营过程中,先进的生产工具靠人去创造,先进的科学技术靠人去摸索,先进的管理经验靠人去总结,先进的经营体制和运行机制靠人去应用,提高劳动者的文化知识和技能水平,既是农业现代化的目标,同时也是实现目标的可靠保证。

中央 国务院关于坚持农业农村优先发展做好"三农"工作的若干意见》提出了"四个优先",即在干部配备上优先考虑、在要素配置上优先满足、在资金投入上优先保障、在公共服务上优先安排。

### (一) 干部配备优先

实施乡村振兴是我党立足发展为了人民之目的和肩负实现中华民族伟大复兴历史使命而确立的战略,更是党的政治路线。"政治路线确定之后,干部就是决定的因素。"[1]

关于干部的标准,党的十九大报告将其确立为"懂农业、爱农村、爱农民",简称"一懂两爱"。懂农业,方能知轻重;爱农村,方能守初心;爱农民,方能付真情。[2]

如何围绕"一懂两爱"实现干部配备优先,决定着农业现代化这条"路"和乡村这辆"车"的一体化建设质量和进程。

消除干部的城乡二元化观念和建设科学的"三农"干部体系是关键。

#### 1. 消除干部的城乡二元化观念

在实施乡村振兴战略实践进程中,"三农"干部应该是农业现代化这条"路"和乡村这辆"车"的"工程师",其观念及作风直接关系到乡村振兴战略的推进速度和质量。

观念决定作风。它包括客观认识和主观认识两个部分。就前者而言,"三农"干部是社会中的人,生存和发展是正常的需要;就后者而言,他们是解决"三农"问题的"工程师",为国家和农民群众排忧解难的前提是具有国家和农民情怀,境界高于普通百姓是必然要求。

然而,一些"三农"干部的生存和发展客观上处在城乡二元化观念的纠结中,认为乡村晋升空间狭小和生活待遇较低。在对多地乡镇干部的寻访中发现干部提拔的一般路径是副镇长—镇长—党委书记,而长期在镇机关工作的一般干部因为副镇长以上职务的外派,基本没有上升的可能,而乡镇领导上升到县(市、区)领导地位更难。

---

[1] 《毛泽东选集》第 2 卷,人民出版社,1991,第 526 页。
[2] 《推进乡村振兴要把握好"五性"》,http://theory.gmw.cn/2018-05/30/content_29040715.htm。

此外，乡镇领导工资低，千个锤一根钉，下乡补贴几乎不见。研究认为，造成这种结果的主要原因是组织人事体系的城乡二元化观念色彩浓郁，"三农"干部生成了城乡二元化价值观，不愿意或不安心在"三农"战线工作，直接影响"三农"工作效率和质量。

目前，尚存在以下主要问题。

其一，组织人事沿用城乡二元化观念审视"三农"干部，服务明显不到位，如比较浓的"官本位"思想，以管理者自居，责任心不强，服务观念淡薄，工作拖沓。

其二，组织人事系统各部门之间协调不够。如涉及多部门审批时，事事要审批、备案，层层要把关。有的部门人为设置前置条件，层层报批、签字，业务培训不能进行资源优化整合，浪费了"三农"干部的时间。在向"三农"干部宣传相关的政策、法规时，各部门都要求一把手参加，造成了"三农"干部对部门的不满和误解。

其三，缺乏长效、常态化管理机制。管理制度系统性不够、可操作性不强，部门重叠交叉、职责不清，行风评议结果难以反映单位或个人工作的真实情况。

其四，一些"三农"干部淡忘了全心全意为人民服务的宗旨。价值观扭曲，全局意识、责任意识、服务意识淡化，执行政策不坚决，落实政策不到位。"走读"风盛行，时间观念不强，迟到早退现象严重，办事效率低下。

因此，要消除干部的城乡二元化观念，首先就要消除组织人事体系的城乡二元化观念。要求组织人事体系站在实施乡村振兴战略实践需要的高度，深入"三农"一线，认真研究"三农"干部的生活实际，在"水"里而不是在岸上研究和解决"三农"干部生存、发展和配置问题。其次要立足高效、高质视野，把出发点和落脚点放在务实管理和公共服务体系建设上，科学决策、管理，提供优质的公共服务，更好地满足"三农"干部的需求，维护"三农"干部的利益，提高"三农"干部的满意度。最后要强化为人民服务的宗旨意识，不断提高"三农"干部的思想和业务素质，使之成为党和国家政策的坚定贯彻者和执行者，成为最广大农民群众根本利益的实现者和维护者，成为解决"三农"问题的开拓者。

需要做好以下工作。

加强思想政治素质和宗旨教育培训。通过挂职锻炼、轮岗交流、任职竞岗等途径推动城镇机关干部深入基层、深入群众，建立健全科学合理的城乡干部交流机制。

建立健全"三农"干部生活关心机制。健全科学合理可行的行风评议评价标准体系，建立健全制度化、规范化的监督约束机制。

2. 建设科学的"三农"干部体系

以解决"三农"问题为目的，干部是供给侧的主要问题，应有体系思维，懂农业、爱农村、爱农民是三个重要系统。

就懂农业而言，"三农"干部的第一职责是知方向。不仅要深刻揭示乡村振兴战略的科学内涵和精神实质，把握国家的发展方向和基本架构；而且还要实现乡村振兴战略与地域发展思路的有机结合，灵活运用乡村振兴战略统领工作，系统规划现代农业发展方式，推动农业现代化进程。

就爱农村而言，"三农"干部的第一职责是付真情。要把乡村作为自己的家园，把振兴作为第一要务，依据产业振兴、人才振兴、文化振兴、生态振兴、组织振兴的总要求，以推进农业农村现代化为目的，找准定位，因地制宜，安身安心安业，用好国家政策，搞好乡村服务。

就爱农民而言，"三农"干部的第一职责是为农民谋幸福。把农民当成亲人，真心为他们谋利益、办实事，让农民说"心里话"，帮百姓解决"挠头事"，引导农民创新可持续增收机制。

目前，"三农"干部体系面临一些问题。

其一，工作水平有待提升。"单兵作战"现象比较普遍，部门间资源共享度低，对农民生活质量、权益保护等关注不多。

其二，爱农村和爱农民情感难以内化于心。工作形式单一、针对性和实效性不够强，缺少深度的情感氛围，满足于完成规定工作等。需要"规范化"助推乡村振兴，形成工作合力；需要建立"三农"干部爱农村、爱农民状态考核体系，围绕当前农村工作需要，将爱农村、爱农民情感与其工作实践有机结合；需要建立"三农"干部常态化培训体系，培养政策"明白人"，培养一批责任心强、服务意识强的干部队伍。

## （二）要素配置优先

"资源"是一定主体生存、生活、生产的要素和现存质量的决定因素。在国家层面，资源配置水平决定着社会的稳定程度和发展态势，整体性、公平性、主体性和激发社会活力是基本原则。振兴乡村是国家整体性下的政治主题，资源配置优先是实现这一主题的政治原则，如何实施？有两个关键问题必须解决，即消除城乡二元发展观和坚持村民主体原则。

### 1. 城乡二元发展观

中华人民共和国成立后，选择了工业强国之路。那时，除采矿业、纺织业以及简单的加工业外，工业几乎是"一穷二白"。70年后，"我国已成为全世界唯一拥有联合国产业分类中所列全部工业门类的国家，工业增加值从1952年的120亿元增加到2018年的30多万亿元，按不变价计算增长约971倍，年均增长11%"。[①] 为我国迈向现代化奠定了坚实的工业基础。

但是，由于国家集中有限的资源重点投向工业部门，农业基础薄弱，特别需要重视的是因此形成的城乡二元发展观导致农村、农民在经济上对城市的依附以及农业整体发展水平的滞后。

农业农村现代化是国家现代化的前提。"如何处理好工农关系、城乡关系，在一定程度上决定着社会主义现代化进程的成败。40年前，我们通过农村改革拉开了改革开放大幕，我国城乡格局发生翻天覆地的变化，为我国经济实现持续快速增长和城乡居民生活持续改善作出了极为重要的贡献。同时也要看到，在许多领域城乡二元结构问题还较为突出，城乡发展差距仍然较大，特别是破除城乡二元结构，加快建立城乡融合发展体制机制和政策体系尤为迫切。"[②]

在国家现代化这个棋盘上，必须以根除城乡二元发展观为前提，打开乡村振兴的思维天窗，集聚一切资源，加大投入，高效推进乡村振兴战略的全面实施。

---

[①] 《人民日报》2019年9月21日，第4版。
[②] 韩俊：《破除城乡二元结构 走城乡融合发展道路》，http://theory.people.com.cn/n1/2018/1116/c40531-30404210.html。

## 2. 村民主体原则

实施乡村振兴战略既是国家现代化的迫切需要，更是引导农民走上共同富裕的农业现代化道路的一场深刻的革命，激发广大农民的革命激情至关重要，核心是解决农民问题。

乡村振兴作为新时代的一场革命，对象和主体都是农民，必须坚持村民主体原则，即充分了解、尊重村民意愿，政府要通过农村治理保障村民决策权、参与权、监督权，村民要以村集体为载体共谋、共建、共管、共评、共享，村级党组织要以地域生产方式和村规民约为依据，强化村民振兴意识，提升村民参加乡村振兴的自觉性、积极性和主动性。

### （三）资金投入优先

既然"资源"是"一定主体生存、生活、生产的要素和现存质量的决定因素"，那么，乡村要振兴当然离不开对资源这一关键因素的战略思维，其中，财力是核心要素。中华人民共和国成立以来，在工业和城市建设进程中，乡村作出了重大贡献，"剪刀差"政策和"城市优先"战略的实施直接导致了乡村长期"失血"和"贫血"。因此，资源配置优先不能简单地从经济学来理解，而应该立足社会整体性和公平性高度来审视，"输血"和"造血"是两个重要方面。

## 1. 为乡村"输血"

"血液"的成分包括：生存所需的基础设施（生产条件、水路、道路、电路、网路等）、生活所需的公共服务（公共设施、教育、科技、文化、卫生、体育等）。

由于国家长期聚力于工业，加上因此形成的城乡二元体制，乡村在基础设施和公共服务方面得到的国家财政的投入不足。

今天，中国已经进入新时代，农村社会主要矛盾集中呈现为农民群体日益增长的美好生活需要和不平衡不充分的发展之间的矛盾，基础设施和公共服务是最突出的问题。而解决这个问题，是国家在新时代的责任。

## 2. 为乡村"造血"

为乡村"输血"有两个意义：一是从社会公平角度出发补齐作为公民应有的与时代对应的生存、生活条件；二是从社会发展角度激活农村、农民的生活体能，即实现乡村自我"造血"。

应该说，相对于"输血"，"造血"意义重大但更为艰难。在我国一些贫困地区,尚存许多丰富的资源没有被挖掘。

所谓"造血",正是期望乡村能够立足这些自身资源,以合作社为载体,发展对应产业,实现一、二、三产业联动和深度融合;与现代农业园区、城乡一体化、新型城镇化、特色小镇建设联动,延长产业链、价值链、生态链、效益链;与现代科技联动,以发展特色农业为方向,增加特色农产品附加值;与"互联网+"相连,培育经营机制,不断增加收入,增强市场驾驭能力。

### (四) 公共服务优先

中国是发展中国家,地域广阔,农村人口占比较大,与人口少且集中的城市相比,公共服务投入力度不足。

实现城乡公共服务均等化是时代赋予我们的使命。在振兴乡村的语境下,提出公共服务优先的原因恰在于国家公共服务在乡村欠账太多,全体乡村社会成员基本生存权和发展权的保障,是现阶段乡村振兴在基本公共服务方面的主要工作内容,重在补齐短板。

#### 1. 保障生存权

改革开放以后,我国经济规模不断扩大,现代工业体系不断增容,征用农村土地呈增长趋势,特别是1994年以后一些地方政府以地套现和征地脱债,助推了这种趋势。

根据《全国国土规划纲要(2016—2030年)》,2000年到2030年,我国将占用耕地5450万亩,意味着失地农民规模将达到1.1亿人。为保证失地农民原有生活水平不降低,长远生计有保障,国家和地方政府陆续出台了相关政策。但是,依然存在问题。一些地方政府为了节约征地成本,以农业安置替代非农安置,选择对农民一次性象征地给予安置补偿,或"先用后征、少批多征、少征多用、以租代征",不给办理征地社保和农转非等手续,致使被征地农民"种地无田、上班无岗、社保无份、创业无钱、最基本生存难,长期上访、阻拦工程,除了被强制稳控不允许到上级去上访之外,就是无人理睬"。[①] 再加上产业不兴,失地农民无法就近就业。

如何解决这些问题? 需要以"保证失地农民原有生活水平不降低"

---

① 《法院在接受执行强制拆迁申请时 必须首先审查政府征地拆迁的合法性》,http://bbs.tianya.cn/post-law-795591-1.shtml。

为原则，科学合理地确立土地补偿费、安置补助费、青苗补偿标准、其他附着物的补偿标准；需要以"长远生计有保障"为原则，依法办理社保和农转非等手续。

2. 保障发展权

就农民发展权而言，内容主要包括财产权、劳动权和社会保障权。其中财产权是核心，劳动权是基础，社会保障权是关键。其特有的内涵包括：维持自己生命的权利和自由发展、自我实现的权利，经济、政治、社会和文化权利。需要破除城乡二元结构，将农民、农村置于优先发展地位；需要换回农民、农村的公权，保护农民、农村的私权；需要加强"三农"方面的立法，保护农民、农村的发展权。

### 三 实现乡村振兴战略优先原则的实践重点

建设农业现代化这条"路"，本质上是改造传统农业。内容主要包括：改造农业生产技术、管理手段，提高村民素质、建设优质高效生产体系，提高社会和生态效益，提高综合生产能力，增加农产品和农商品有效供给和农民收入。因此，除外部体制建设外，还存在内部机制建设问题。它包括：为什么和依据什么原则生产，用什么样的人和技术生产，在怎样的平台上生产，通过什么方式创新机制等问题，其中隐含着农业现代化绕不过去的一个现实问题，即实现由农产品到农商品再到生态农商品品牌的飞跃。这绝不是一个简单的经济过程，而是一次深刻的社会变革。《中共中央 国务院关于坚持农业农村优先发展做好"三农"工作的若干意见》立足这个视野提出了八个方面的要求。农业现代化这条"路"的建设必须以完成脱贫攻坚任务为前提，把握三个重点，即补齐短板、优化农业结构、激发乡村社会活力。

### （一）脱贫攻坚

贫困是一个世界范围内的普遍问题，也是中华人民共和国成立以后政府一直在谋求解决的重要问题。习近平指出："消除贫困、改善民生、逐步实现共同富裕，是社会主义的本质要求，是我们党的重要使命。"[①]

---

[①] 《脱贫攻坚战冲锋号已经吹响 全党全国咬定目标苦干实干》，http://politics.people.com.cn/n/2015/1129/c1024-27867560.html。

中国是一个人口大国，贫困人口主要集中在乡村，脱贫也因此成为乡村振兴的前提。"2015年，中共中央国务院制定《关于打赢脱贫攻坚战的决定》，明确到2020年要稳定实现农村贫困人口不愁吃、不愁穿，义务教育、基本医疗、住房安全有保障，贫困地区基本公共服务主要领域的指标要接近全国平均水平。"①

1. 两不愁

"两不愁"，即不愁吃、不愁穿。"从结构上看，现有贫困大都是自然条件差、经济基础弱、贫困程度深的地区和群众，是越来越难啃的硬骨头。在群体分布上，主要是残疾人、孤寡老人、长期患病者等'无业可扶、无力脱贫'的贫困人口以及部分教育文化水平低、缺乏技能的贫困群众。"②

2019年4月16日，习近平在解决"两不愁三保障"突出问题座谈会上的讲话指出："2015年11月，在中央召开的扶贫开发工作会议上，我们明确，到2020年，要'确保我国现行标准下农村贫困人口实现脱贫，贫困县全部摘帽，解决区域性整体贫困'。我在会上提出脱贫攻坚要重点解决'扶持谁''谁来扶''怎么扶''如何退'4个问题。"③

2. 三保障

"三保障"即义务教育、基本医疗、住房安全有保障。

习近平指出："到2020年稳定实现农村贫困人口不愁吃、不愁穿，义务教育、基本医疗、住房安全有保障，是贫困人口脱贫的基本要求和核心指标，直接关系攻坚战质量……'三保障'还存在不少薄弱环节。在义务教育保障方面，全国有60多万义务教育阶段孩子辍学。乡镇寄宿制学校建设薄弱，一部分留守儿童上学困难。在基本医疗保障方面，一些贫困人口没有参加基本医疗保险，一些贫困人口常见病、慢性病得不到及时治疗，贫困县乡村医疗设施薄弱，有的贫困村没有卫生室或者没有合格村医。在住房安全保障方面，全国需要进行危房改造的4类重点对象大约160万户，其中建档立卡贫困户约80万户。一些地方农房没有

---

① 《严格按照"两不愁、三保障"标准，每年减贫1000万人以上》，http://sh.qihoo.com/pc/97de1c8258744e051?cota=4&tj_url=so_rec&refer_scene=so_1&sign=360_e39369d1。
② 《习近平在深度贫困地区脱贫攻坚座谈会上的讲话》，http://dangjian.people.com.cn/n1/2017/0901/c117092-29508770.html。
③ 习近平：《在解决"两不愁三保障"突出问题座谈会上的讲话》，http://www.12371.cn/2019/08/15/ARTI1565861322111297.shtml。

进行危房鉴定，或者鉴定不准。在饮水安全方面，还有大约104万贫困人口饮水安全问题没有解决，全国农村有6000万人饮水安全需要巩固提升。如果到了2020年这些问题还没有得到较好解决，就会影响脱贫攻坚成色。"①

### （二）补齐短板

以乡村振兴为主题，以脱贫为前提，相对于城市，乡村还存在基础设施和公共服务领域的短板。

中央提出："按照人人参与、人人尽力、人人享有的要求，坚守底线、突出重点、完善制度、引导预期，注重机会公平，保障基本民生，实现全体人民共同迈入全面小康社会。增加公共服务供给，从解决人民最关心最直接最现实的利益问题入手，提高公共服务共建能力和共享水平，加大对革命老区、民族地区、边疆地区、贫困地区的转移支付。"②

#### 1. 基础设施

农村基础设施问题，主要是城乡差距问题，以城镇化为载体实现城乡一体化是必由之路。2019年，《中共中央 国务院关于建立健全城乡融合发展体制机制和政策体系的意见》提出：建立健全有利于城乡基础设施一体化发展的体制机制，把公共基础设施建设重点放在乡村，坚持先建机制、后建工程，加快推动乡村基础设施提档升级，实现城乡基础设施统一规划、统一建设、统一管护。

统一规划。即以市县域为整体，统筹规划，内容包括：城乡基础设施，道路、供水、供电、信息、广播电视、防洪和垃圾污水处理等设施，重要市政公用设施，加快实现县乡村（户）道路联通、城乡道路客运一体化，完善道路安全防范措施；城乡污染物收运处置体系，因地制宜统筹处理城乡垃圾污水，建立乡村生态环境保护和美丽乡村建设长效机制，统一技术规范、基础数据和数据开放标准。

统一建设。即健全城乡事权清晰、权责一致、中央支持、省级统筹、市县负责的城乡基础设施一体化建设机制，分级分类投入，以政府为主

---

① 习近平：《在解决"两不愁三保障"突出问题座谈会上的讲话》，http://www.12371.cn/2019/08/15/ARTI1565861322111297.shtml。

② 《中共十八届五中全会公报》，http://www.beijingreview.com.cn/special/2015/ssw/201511/t20151102_800041719.html。

建设乡村道路、水利、渡口、公交和邮政等公益性强、经济性差的设施，以政府、社会资本、农民投入为主建设乡村供水、垃圾污水处理和农贸市场等有一定经济收益的设施，以企业投入为主建设乡村供电、电信和物流等经营性为主的设施。

统一管护。即建立城乡基础设施一体化管护机制，明确乡村基础设施产权归属，由产权所有者建立管护制度、落实管护责任。以政府购买服务等方式引入专业化企业，提高管护市场化程度。推进城市基础设施建设运营事业单位改革，建立独立核算、自主经营的企业化管理模式，更好行使城乡基础设施管护责任。[①]

2. 公共服务

农村公共服务问题，除了解决由无到有的问题外，也主要是城乡差距，以城镇化为载体实现城乡均等化是必由之路。《中共中央 国务院关于建立健全城乡融合发展体制机制和政策体系的意见》提出：建立健全有利于城乡基本公共服务普惠共享的体制机制。推动公共服务向农村延伸、社会事业向农村覆盖，健全全民覆盖、普惠共享、城乡一体的基本公共服务体系，推进城乡基本公共服务标准统一、制度并轨。主要关注点包括以下几个。

城乡教育资源均衡配置。建立以城带乡、整体推进、城乡一体、均衡发展的义务教育发展机制，推动教师资源向乡村倾斜，实行义务教育学校教师"县管校聘"，完善教育信息化发展机制，多渠道增加乡村普惠性学前教育资源。

乡村医疗卫生服务体系。加强乡村医疗卫生人才队伍建设，改善乡镇卫生院和村卫生室条件，健全网络化服务运行机制，因地制宜建立完善全民健身服务体系。

城乡公共文化服务体系。推动文化资源重点向乡村倾斜，推行公共文化服务参与式管理模式，支持乡村民间文化团体开展符合乡村特点的文化活动，鼓励社会力量参与，推动文化工作者和志愿者等投身乡村文化建设，推动非物质文化遗产活态传承，发挥风俗习惯、村规民约等优

---

[①] 参见《中共中央 国务院关于建立健全城乡融合发展体制机制和政策体系的意见》，http://www.gov.cn/zhengce/2019-05/05/content_5388880.htm。

秀传统文化基因的重要作用。

城乡统一的社会保险制度。完善统一的城乡居民基本医疗保险、大病保险和基本养老保险制度，巩固医保全国异地就医联网直接结算，建立完善城乡居民基本养老保险待遇确定和基础养老金正常调整机制，建立以国家政务服务平台为统一入口的社会保险公共服务平台，构建多层次农村养老保障体系。

城乡社会救助体系。织密兜牢困难群众基本生活安全网，推进低保制度城乡统筹，全面实施特困人员救助供养制度，做好困难农民重特大疾病救助工作，健全农村留守儿童和妇女、老年人关爱服务体系，健全困境儿童保障工作体系，统一城乡居民赔偿标准。

乡村治理机制。建立健全党组织领导的自治、法治、德治相结合的乡村治理体系，全面推行村党组织书记通过法定程序担任村委会主任和村级集体经济组织、合作经济组织负责人，加强农村新型经济组织和社会组织的党建工作，健全村级议事协商制度，打造一门式办理、一站式服务、线上线下结合的村级综合服务平台。[1]

### （三）优化农业结构

以乡村振兴为主题，以脱贫为前提，以补齐短板为基础，乡村的经济基础和活力主要来源于农业，实现农业现代化是必由之路。"我国农业发展已经到了转型升级的重要节点，进一步调整优化农业结构势在必行……进一步调整优化农业结构正面临着难得机遇，推动农业发展由注重数量增长向数量质量效益并重转变恰逢其时……切实增强紧迫感、责任感和使命感，抢抓机遇、主动入位，积极稳妥推进农业结构调优调精调深，努力实现我国农业发展在高起点上再登新台阶。"[2] 优化农业结构在内涵上包括：确保国家粮食安全的实现路径、区域生产力布局、粮经作物生产结构、种养结构、产业结构、产品结构，政策支撑体系和强大合力生产体系是关键。

---

[1] 《中共中央 国务院关于建立健全城乡融合发展体制机制和政策体系的意见》，http://www.gov.cn/zhengce/2019-05/05/content_5388880.htm。

[2] 《农业部关于进一步调整优化农业结构的指导意见》，http://www.moa.gov.cn/nybgb/2015/san/201711/t20171129_5923389.htm。

1. 政策支撑

依据现代市场要求，必须改变传统农业结构，以城乡要素合理配置为主线的政策支撑必不可少。《中共中央 国务院关于建立健全城乡融合发展体制机制和政策体系的意见》提出：建立健全有利于城乡要素合理配置的体制机制，即坚决破除妨碍城乡要素自由流动和平等交换的体制机制壁垒，促进各类要素更多向乡村流动，在乡村形成人才、土地、资金、产业、信息汇聚的良性循环，为乡村振兴注入新动能。主要关注点包括以下几个。

农业转移人口市民化。放开放宽除个别超大城市外的城市落户限制，加快实现城镇基本公共服务常住人口全覆盖，增强中小城市人口承载力和吸引力，全面落实支持农业转移人口市民化的财政政策、城镇建设用地增加规模与吸纳农业转移人口落户数量挂钩政策以及中央预算内投资安排向吸纳农业转移人口落户数量较多的城镇倾斜政策，支持引导进城落户农民土地承包权、宅基地使用权、集体收益分配权依法自愿有偿转让，推动农民工特别是新生代农民工融入城市。

城市人才入乡激励。吸引各类人才返乡入乡创业，鼓励原籍普通高校和职业院校毕业生、外出农民工及经商人员回乡创业兴业，鼓励引导高校毕业生到村任职、扎根基层、发挥作用，建立选派第一书记工作长效机制，推进城市教科文卫体等工作人员定期服务乡村，推动职称评定、工资待遇等向乡村教师、医生倾斜，优化乡村教师、医生中高级岗位结构比例，引导规划、建筑、园林等设计人员入乡，允许农村集体经济组织探索人才加入机制，吸引人才、留住人才。

农村承包地制度。落实第二轮土地承包到期后再延长30年政策，加快完成农村承包地确权登记颁证，平等保护并进一步放活土地经营权，允许土地经营权入股从事农业产业化经营。

农村宅基地制度。加快完成房地一体的宅基地使用权确权登记颁证，适度放活宅基地和农民房屋使用权，鼓励农村集体经济组织及其成员盘活利用闲置宅基地和闲置房屋，有效利用乡村零星分散存量建设用地，探索对增量宅基地实行集约有奖、对存量宅基地实行退出有偿。

集体经营性建设用地入市。加快完成农村集体建设用地使用权确权登记颁证，允许农村集体经营性建设用地就地入市或异地调整入市，允许村集体在农民自愿前提下依法把有偿收回的闲置宅基地、废弃的集体公益性建设用地转变为集体经营性建设用地入市，推动城中村、城边村、村级工业园等可连片开发区域土地依法合规整治入市，推进集体经营性建设用地使用权和地上建筑物所有权房地一体、分割转让，维护被征地农民和农民集体权益。

财政投入保障。鼓励各级财政支持城乡融合发展及相关平台和载体建设，建立涉农资金统筹整合长效机制，提高农业农村投入比例，支持地方政府在债务风险可控前提下发行政府债券用于城乡融合公益性项目。

乡村金融服务。加大开发性和政策性金融支持力度，依法合规开展农村集体经营性建设用地使用权、农民房屋财产权、集体林权抵押融资，以及承包地经营权、集体资产股权等担保融资，实现已入市集体土地与国有土地在资本市场同地同权，鼓励有条件有需求的地区按市场化方式设立担保机构，推动政策性保险扩面、增品、提标，降低农户生产经营风险，完善农村金融风险防范处置机制。

工商资本入乡促进。引导工商资本为城乡融合发展提供资金、产业、技术等支持，鼓励工商资本投资适合产业化规模化集约化经营的农业领域，支持社会力量进入乡村生活性服务业，探索在政府引导下工商资本与村集体合作共赢模式，发展壮大村级集体经济，防止农村集体产权和农民合法利益受到侵害。

科技成果入乡转化。探索涉农企业技术入股、兼职兼薪机制，赋予科研人员科技成果所有权，建立有利于涉农科研成果转化推广的激励机制与利益分享机制，允许农技人员通过提供增值服务合理取酬。[①]

2. 强大合力

优化农业结构的目的是增强现代农业发展力，需要集聚全社会的力量，需要建设支撑平台。《中共中央 国务院关于建立健全城乡融合发展体制机制和政策体系的意见》提出：建立健全有利于乡村经济多元化发展的体制机制，即围绕发展现代农业、培育新产业新业态，完善农企利益紧密联结机制，实现乡村经济多元化和农业全产业链发展。主要关注

---

[①] 《中共中央 国务院关于建立健全城乡融合发展体制机制和政策体系的意见》，http://www.gov.cn/zhengce/2019-05/05/content_5388880.htm。

点包括以下几个。

农业支持保护制度。不断提高农业综合效益和竞争力，加快构建农业补贴政策体系，健全现代农业产业体系、生产体系、经营体系，加强面向小农户的社会化服务，健全耕地草原森林河流湖泊休养生息制度和轮作休耕制度。

新产业新业态培育机制。构建农村一、二、三产业融合发展体系，实现城乡生产与消费多层次对接，引导乡村新产业改善服务环境、提升品质，探索实行混合用地等方式，严格农业设施用地管理。

生态产品价值实现机制。建立政府主导、企业和社会各界参与、市场化运作、可持续的城乡生态产品价值实现机制，构建更多运用经济杠杆进行生态保护和环境治理的市场体系，维护参与者权益，增强市场活力。

乡村文化保护利用机制。推动乡村优秀传统文化创造性转化、创新性发展，推动优秀农耕文化遗产保护与合理适度利用，发展特色文化产业，发展特色工艺产品和品牌，健全文物保护单位和传统村落整体保护利用机制，强化村庄建筑风貌规划管控，显化乡村文化价值。

城乡产业协同发展平台。推动城乡要素跨界配置和产业有机融合，打造集聚特色产业的创新创业生态圈，优化提升各类农业园区，盘活用好乡村资源资产，创建一批城乡融合典型项目。

城乡统筹规划制度。更好发挥规划对市县发展的指导约束作用，确保"三区三线"在市县层面精准落地，加快培育乡村规划设计、项目建设运营等方面人才，鼓励有条件的地区因地制宜编制村庄规划。[①]

### （四）激发乡村社会活力

以乡村振兴为主题，脱贫、补齐短板和优化农业结构的根本目的是让乡村这辆"车"开动起来和获得加速度。外因通过内因起作用，真正的动力来源于乡村社会活力。在乡村振兴战略的指引下，各级政府正在制定相关政策，各类人力、财力、物力资源正在向乡村倾斜，乡村执政基础不断被强化。然而，如何有效激发乡村活力仍然是一个相当重要的

---

[①] 《中共中央 国务院关于建立健全城乡融合发展体制机制和政策体系的意见》，http://www.gov.cn/zhengce/2019-05/05/content_5388880.htm。

问题，村民自治力和村级党组织战斗力是关键环节。

1. 村民自治力

村民自治最早见于1982年《宪法》第111条。众所周知，立法的目的在于让村民依法办好自己的事。在近40年的历程中，村民自治始终处在完善中，就村民自治力而言，尚存以下主要问题。

其一，村民处在参与地位。缺乏自治主体观，民主意识欠缺，合理的利益表达盲从，致使自主权利虚设。

其二，运行环境复杂。选举过程融进了经济势力和宗族势力，依靠投机等手段富起来的村民为了通过村委会获得更大的利益而贿选，村中的宗族体系为了通过村委会巩固自己的家族地位把村民自治作为工具。

其三，村民自治保障体制尚待完善。村民代表会议体制尚需增加实体功能，村民自治与集体经济的关系尚需进一步明确，村级财务体制、村民民主监督、村委会建设等制度尚需进一步明确和规范。

这些问题的解决，需要从以下方面入手。

建设村民依法自治和依法行使民主权利体系。引导他们形成主体观念和参与观念，明确自身在村民自治中的权利与地位，成为自身利益的合格表达者。

"出重拳"树立村委会和村民大会的权威。引导村民淡化宗族观念、消除唯利是图的思想，树立通过村委会实现自我最大利益的思维。

夯实保障机制。以健全"群众自治"和"基层直接民主"为重点，细化村委会民主选举、村务公开等规程，确保村民真正当家作主。

2. 村级党组织战斗力

十九大报告中指出："党的基层组织是确保党的路线方针政策和决策部署贯彻落实的基础。要以提升组织力为重点，突出政治功能，把企业、农村、机关、学校、科研院所、街道社区、社会组织等基层党组织建设成为宣传党的主张、贯彻党的决定、领导基层治理、团结动员群众、推动改革发展的坚强战斗堡垒。"村级党组织是党在农村全部工作和战斗力的基础，是农村基层各种组织和各项工作的领导核心[①]，是国家治理的

---

① 《夯实党的执政根基　加强村级党组织建设》，https://www.360kuai.com/pc/9643485937fff931c? cota = 4&kuai_ so = 1&tj_ url = so_ rec&sign = 360_ 57c3bbd1&refer_ scene = so_ 1。

基础环节，一方面肩负着"上情下达"和"下情上达"的职责，另一方面肩负着壮大村集体经济、实现村民增收和建设文化乡村的使命。

目前，村级党组织建设面临的主要问题就是村级党组织是干什么的？正是因为这个问题搞不清，才有了村党组织的领导与村民自治"两张皮"的问题，也才有了村党组织"软弱涣散"的例子。解决这个问题要从以下几方面入手。

其一，上级党委要负总责。要准确定位村级党组织的功能，即党的基础和乡村的领导核心，选准对党负责、对村民负责、富有创新品质和能力的书记；要加大对村级党组织的法律支援、政策支持和资金扶持；要支持村级党组织成员通过法律程序进入村集体经济组织，承担重任。

其二，村级党组织要负主责。一方面，要担起上级党组织赋予的"上情下达"和"下情上达"职责，做党和村民的代言人，提高农村党组织凝聚力、战斗力，巩固党在乡村的基础地位，团结广大村民，增强党的凝聚力；另一方面，要通过发展壮大村级集体经济，夯实党组织的群众基础，提高党组织的执政能力，巩固农村基层政权，要始终把实现农民增收和推进农民、农村现代化作为主攻方向，引导农户以土地经营权入股，培育种养大户、合作社、农业龙头企业，创新驱动、找准路子，让村民有奔头、有盼头。

## 第二节　乡村振兴战略实践的主体

乡村要振兴，除外部条件外，说到底还是需要开动起乡村这辆"汽车"，它的"司机"就是村民。要按照国家现代化的生产方式、社会形态、社会结构要求建设乡村新时代需要的生产方式、社会形态、社会结构，使其拥有高起点的认知乡村发展的视角、自觉和发展活力；要通过农业现代化这条"路"使其拥有职业"驾照"，使其认知、遵循和驾驭国际市场、国家发展、乡村发展规则和规律，拥有高起点的发展平台和把握发展机遇；要通过乡村供给侧结构性改革，逐渐缩小城乡差别，提高公共服务质量，扩大服务范围，推进乡村治理体系和治理能力现代化，使其获得高质量的生活和精神家园。村民成为经济、治理、文化主体是关键环节。

## 一 乡村振兴战略实践的经济主体

乡村富裕是乡村振兴的第一目标，经济发展能力是关键，包括发展能力形成和结果两个主要方面，呈现的是产生乡村这辆"汽车"动力的"能源"。乡村要振兴就要开动乡村这辆"汽车"，村民能否成为"司机"和动力的"能源"从哪儿来？目前，在乡村经济领域存在三大问题：一是农产品生产如何与商品市场对接，二是农产品生产如何与现代科技对接，三是农业发展如何与环保红线对接。做到需求侧和供给侧的良性互动至关重要。如今，围绕乡村振兴，国家正在加强供给侧结构性改革，而瓶颈恰在于对需求侧的研究与实践，村民成为经济活动和经济利益的主体是关键点。

### （一）活动主体

经济主体类别上通常划分为宏观经济主体和微观经济主体两种，农户在我国实行家庭联产承包责任制后，因为有了生产经营自主权而被定义为微观经济主体。这是法律意义上的，但在实践层面，在经济规律制约下，村民能否以农户的形式成为经济活动的主体，事实上是当前乡村经济活动的焦点问题，核心是村民在经济活动中的主观能动性。有两个方面的问题值得重视，即乡村经济目的和村民经济能力培育。

1. 乡村经济目的培育

乡村在市场经济环境中的目的是清晰的，即壮大集体经济和实现农民可持续增收，需要通过集聚各种价值要素实现价值最大化来实现。因此，所谓乡村经济目的培育的出发点有两个，即价值要素的挖掘和合理组合。

就价值要素的挖掘而言，"空心村"问题的根源是没有产业。任何产业都不是先天就有的，外因是存在需要，内因则是具备满足对应需要的能力。所以，价值要素的挖掘是有主题的，即以满足对应需要为目的。

2019年7月，因有会议在阿拉善左旗召开，笔者了解了一些关于阿拉善盟的农牧民生存生活情况。在沙漠中，两个多小时的车程见不到一湾水，然而，农牧民靠着茫茫大漠戈壁，却能因地制宜，扬长补短，依沙发展沙地经济，沙变绿，绿生金，沙漠里"长"出新产业，赚足了沙漠金。①

就价值要素的合理组合而言，要素集聚力是解决"空心村"问题的关键。阿拉善生态环境极其脆弱：27万平方公里的土地上，沙漠、戈壁、荒漠化草原各占1/3，生态脆弱区占到整体面积的94%。近年来，阿拉善盟也逐渐明确了"打造国家重要的沙产业示范基地"的产业定位，为了实现这一目标，阿拉善盟坚持"沙生植物产业生态化、生态产业化"的发展思路，加强政策引导和支持，以"梭梭"-肉苁蓉为主的"三个百万亩"产业基地建设为重点推进沙产业的总体规划发展。现在，多个沙产业基地都已分布在阿拉善大地上。②

由此不难发现：乡村经济目的培育需要实现各种价值要素的聚能。

### 2. 村民经济能力培育

经济能力在本书的含义是"价值要素的挖掘和合理组合"能力，在"乡村经济目的"清晰的前提下，它是农民成为乡村这辆"车"的"司机"的关键，需要"教练"来指导，这便有了村民经济能力培育问题。

在传统农业向现代农业转化的过程中，农民们不懂或不熟悉市场经济应是常态，关键是不能停留在各层面，要在引导乡村造好自己这辆"车"的同时，将农民培育成合格的"司机"。内容包括：农村新技术、新品种开发，用敏锐的眼光探索致富路子，通过多种经营创造就业机会，尝试"公司＋基地＋农户"模式，根据实际情况经营种植业、养殖业、服务业，充分调动和激活农户市场积极性，实现生活、生产、生态共赢，实现订单绿色农业等。

需要引导培育。以设立农民实用技能专项培训基金为基础，采取"请进来""走出去""传帮带"等方法，帮助农民逐步从"经验型"向"知识型""技术型"转变，通过建立基地"菜单式"培训机制让每家每户都掌握实用技能。

加强组织引导，通过培育农村致富带头人和支持学有所长的优秀外出务工人员回乡创业，带动一片、富裕一方。

---

① 《阿拉善盟沙漠里"长"出新产业，赚的就是沙漠金!》，https://www.sohu.com/a/247374072_99914199。

② 《阿拉善盟沙漠里"长"出新产业，赚的就是沙漠金!》，https://www.sohu.com/a/247374072_99914199。

## （二）利益主体

经济主体和经济利益主体在理论上是对应关系，但在实践层面上，村民能否真正成为经济利益主体依然是一个一直在探索和不断解决的问题。我国在先后进行的土地、集体土地家庭承包经营、农产品流通体制、农村税费和农村综合改革之后，村民成为经济利益主体的外在管理体制和运行机制已经趋于完善。但是，内管理体制和监督机制依然是村民真正成为经济利益主体的现实瓶颈。

1. 内管理体制

乡村振兴作为国家战略，最基本和最基础的工作在乡村，维护村民利益和实现村民可持续增收是激发乡村振兴活力的关键一环，内管理体制至关重要。近年来，这个问题一直为各级党委政府所重视，但许多地方将重点放于"两推一选""公推直选"等选举形式上，而对乡村内管理体制的建设关注不够。

事实上，虽然自治已经成为村民维护自身利益的有效途径，但围绕利益生成的问题与日俱增，逐渐暴露出乡村经济快速发展过程中亟待加强乡村内管理体制建设的必要性。

笔者在一个村调研时听到了村民对村主任的评价：他很好，原是村会计，会精打细算，手不长，我们信任他。"手不长"隐含着现有的村内管理体制具有"手长"的机会，和前任村主任曾经"手长"的事实。

目前，一些乡村的内管理体制存在随意性、人为性空间，加上部分村民文化素质偏低、思想观念滞后、民主自治的积极性不高，漠视或不知自身利益被侵占。

2. 监督机制

目前，我国的村民自治机制包括村民代表会议、村民委员会和村务监督小组，理论上已经是一种权力相互制衡的机制。

但是，在具体实践中，村民委员会通常被看作村里的"最高权力机关"。它在遇到与全体村民利益密切相关的重大且复杂的村级事务时，通常也很少召开村民会议或村民代表会议。这样，村民代表会议、村务监督小组的职能往往流于形式，决策因此不能充分反映出村民的意见。

这是一个大问题，也是近些年来关于村级党组织与村委会关系的焦点问题，直接挑战的是村级党组织的地位。

如何解决？研究认为应从以下方面入手。

必须坚持党管农村工作原则。健全党组织领导下的村民自治机制，确保党在农村工作中始终总揽全局、协调各方。

必须坚持农民主体地位原则。充分尊重农民的意愿，真正做到让农民当家作主。

此两者共存的基础是巩固村民的共同利益，这也是村级党组织监督职责的关键之处。需要村级党组织紧密结合村集体经济形式，既实施过程监督，又实施结果监督，更要实施利益去向监督，切实起到村民利益保护者的作用。

## 二 乡村振兴战略实践的治理主体

乡村现代化是乡村振兴的第二目标，社会治理是关键，包括能力形成和功能发挥两个主要方面。社会治理能力可以比作乡村对自身这辆"汽车"的制造能力，社会治理功能发挥可以比作乡村这辆"汽车"的性能保障。由此不难看出：社会治理在实施乡村振兴战略实践中的重要意义。如何实现？村民成为治理主体和共享治理利益是关键点。

### （一）治理主体

乡村社会是国家的重要组成部分，说到底是村民生存生活的社会，是一个村民共同体，具有自己的特色。进入新时代，乡村要振兴，构建乡村治理体系迫在眉睫。如何构建？乡村治理目的和村民治理能力培育是关键。

1. 乡村治理目的培育

乡村在国家现代化语境中的目的是清晰的，即乡村社会现代化和村民成为乡村治理主体，需要以乡村社会治理社会化、法治化、智能化、专业化为载体。因此，所谓乡村治理目的培育的出发点有两个，即治理意识和"三治"功能组合。

就治理意识而言，几千年的封建宗法制度已经在村民的思想中烙下印记，自我治理还只是一个奢侈的名词；多数农民满足于基本生存和物质需要的解决，对乡村治理不够重视。

就"三治"功能组合而言，处在社会转型期的多数乡村，传统文化正在为多元文化相互激荡的喧嚣所湮没，市场经济氛围中的利益维护意识正在增强，乡村自治的视野正在开启，发挥德治、法治、自治各自功能尚存修复阶段，"三治"功能组合还仅是开始。

迫切需要乡村治理目的培育。如何解决？需要建设乡村治理长效引导教育机制，加大文化传承、法律援助力度，健全农民的心声倾听机制，完善农村"三治"功能组合工作运行机制；加大对农村现代化图书室、网络信息查询室、法律咨询室设施的投入和建设，大力发展乡村学校教育，通过思想政治教育提高农民关心民主政治和积极参与民主政治的热情，依据《宪法》和《村民自治法》健全村规民约，引导村民依据法律行使当家作主的权利，依法处理本村各项事务。

2. 村民治理能力培育

乡村治理作为国家治理体系的重要组成部分，以建设善治环境为前提，最终要实现的是以村民为主体的自治，自治、法治、德治相结合是基本格局，村民成为主体是关键环节，这便有了村民治理能力的培育问题。

目前，我国乡村治理理念滞后，城镇化、工业化和现代化让农村地区精英流失、利益异质化，村干部以家长自居、凭经验做事；治理权力异化，村干部治理权力偏离本有的公共性，沦为为个人谋利的工具，侵害了农民群众的根本利益和乡村治理生态；村民自治素质较低，缺乏学习意识，难以认知乡村治理与自己利益的关系，乡村治理责任、担当意识弱化。村民自治是社会主义民主在农村最为广泛而深刻的实践。因此需要通过自治、法治与德治"三治合一"来完成。即以自治为前提与基础，以实现村民根本利益为目的，以民主为保障，以村民参与到乡村治理实践为前提，培育村民参与村庄公共事务的能力。需要以法治为保障底线。让法成为体现村民意志并推崇、敬畏的精神指向，规范村民及其自治组织的行为，形成遇事找法、办事依法的文化氛围。

以德治为文化支撑。让村规民约成为村民利益的代言人，以自觉履行法定义务、社会责任以及家庭责任为荣，遵循优良家训家规，培育明礼守信的文明乡风，涵养社会治理良好氛围。

**（二）治理利益主体**

造成我国乡村治理力量弱化和高度复杂化的原因是多方面的，在形式上涉及资金、治理结构、管理体制、决策与运行管理、监管与绩效管理等方面，而在本质上则体现为村民并没有成为治理利益的主体。

要解决现有的村民成为治理利益主体的问题，原理与国家治国理政一样，必须以坚持人民当家作主原则为前提，以建立科学的工作平台为载体，破解重点和难点问题，让乡村社会治理成果惠及村民，村民自觉性和村民共享机制培育是关键环节。

1. 村民自觉性培育

国家现代化是工业、城市、农业、农村的现代化，人的现代化是核心。

目前，我国整体上已经进入了一个较高的发展阶段，人均国内生产总值在1万美元左右。但是，就内部结构而言，城乡差距持续扩大，乡村"老龄化""空心化""生态""生产""生活"等问题终究是国家发展绕不开的课题，也是村民正在面对的困境，需要国家与村民共同克难。其中，从村民角度看，自觉性至关重要。以乡村治理为例，治理是破解满足需要的瓶颈性问题的重要途径，村民自觉性培育是基础环节。

然而，在很长一个时期，政府对乡村"保姆"式治理，让许多村民把政府作为乡村治理"主体"，认为与自己无关，结果是政府在"唱戏"，群众在"看戏"，虽然热闹，但解决不了实际问题。

需要明确村民满足需要与乡村治理的逻辑关系。引导村民正确认识满足需要与自治、法治、德治的关系，品读乡风与经济、德行与品牌、法治底线与自治境界的关系，专注于村规民约和自己精神世界的建设，自己的事自己办。

2. 村民共享机制培育

村民满足需要与乡村治理始终存在明确的逻辑关系，只是这种关系所决定或直接支持的成果与村民的关系没有建立直接的联系。在许多时候，村民也没有体验到乡村治理成效的共享，这便有了村民共享机制培育的意义。

这种机制存在的价值在于让村民在共同治理中满足自己的需要。例如人居环境整治，2018年2月，中共中央办公厅、国务院办公厅印发了《农村人居环境整治三年行动方案》。改善农村人居环境，在国家层面，是全面建成小康社会和实施乡村振兴战略的一项重要任务；在村民层面，是实现村庄环境干净整洁有序的重要目标。原因是如果把村民健康需要与人居环境整治相连接，村民的自觉性就会高涨，村民就会成为人居环境整治的主体。

目前，在实践层面的问题是一些基层政府为绩效而不是为村民，许多农民为利益而不是为环境，此两者均与人居环境整治目的相左。如何改变？要求建设突出村民共享的机制。一方面，要通过组织考核、网络、讲座等多种形式实现政府和村民社会治理目的的一致性，使之回归本位。另一方面，要以产业为纽带，引导村民在满足物质需要的过程中感受到社会治理的价值所在。

### 三 乡村振兴战略实践的文化主体

乡村文化现代化是乡村振兴的第三目标，文化创新能力是关键，包括创新能力形成和功能两个主要方面，呈现的是乡村这辆"汽车"行驶的方向。人类区别于其他动物群体的关键点是文明，现代乡村区别于传统的标识是文明的底色：文化本质的不同。乡村的底色决定着乡村这辆"汽车"往哪里开？这是乡村振兴最关键的问题。目前，在乡村文化领域存在三大问题：一是传统文化日渐淡化，二是现代文化体系没有成型，三是物欲正在占据乡村文化空间。如何解决？需求侧和供给侧的良性互动至关重要，瓶颈主要是对需求侧的研究与实践，村民成为文化活动和文化利益的主体是关键点。

#### （一）文化活动主体

乡村社会的特色来源于文化，它是村民生存、生活形式的表征，也是村民灵魂的归属，更是乡村这辆"汽车"的内动力。从这个角度看，村民不能没有文化活动，也只有在属于自己的文化活动中才能彰显生活的意义。

当前乡村文化生活比较贫乏，许多村民的文化自觉为经济利益愿望所替代，乡村为许多地方政府的文化活动所遗忘，形成了村民在物欲横流的经济圈中寻找不到存在感的现实。如何解决？乡村文化目的和村民文化能力培育是关键环节。

1. 乡村文化目的的培育

乡村文化是村民们在满足需要过程中所积累的生活经验，脱离村民生活需要的乡村文化是不存在的。因此，乡村文化的目的就是满足村民物质和精神需要。

就满足物质（生理）需要而言，可以从自然需要和社会物质对象需要两个角度看。一方面，生于自然就要依据自然规律获得生存机会；另一方面，作为社会中的人就要依据社会规律获得生存、生活机会。自然和社会规律因此成为人们以满足需要为目的规范自己行为的必然依据，特殊的自然和社会环境因此培育出了具有一定文化特质的文化群体，乡村文化则是其中的一类。

就满足精神需要而言，人以满足物质（生理）需要为基础，基于一定的自然和社会平台，有着以欲望和追求为形式的心理需要，包括友情、亲情、爱情、尊重、审美、道德、求知、理想等方面，自然和社会平台以及环境的特色性决定了特定群体精神需要的特定性，乡村文化就是与城市文化相对应的特定文化。目前，不得不承认的事实是家庭联产承包责任制实施以来乡村文化目的逐渐为一些地方政府的形式主义所替代，培育乡村文化目的因此成为十分紧迫的任务。需要在实施乡村振兴进程中建设紧密结合村民需要的活动机制，引导村民成为事实上的文化主体。

2. 村民文化能力培育

在村民成为事实上的文化主体的实践进程中，由于村民日渐老龄化，培养乡村文化新生代面临诸多瓶颈性问题，这便有了村民文化能力培育问题，文化主体的人和文化能力是两个焦点问题。

就文化主体的人而言，一方面，要重视教育，即在通识教育基础上增加乡土文化教育，引导学生热爱家乡，为学生注入乡土文化血液；另一方面，要注重乡土文化建设与产业发展的有机结合，即充分挖掘独具特色的地域资源，发展具有地域特色的产业，筑巢引凤，通过彰显地域文化特色打造特色品牌，吸引乡村文化新人。

就文化能力而言，以原住居民和乡村文化新生代为对象，建设资源丰富、技术先进、服务便捷的以数字文化服务网络为主要形式的公共文化服务体系，用社会主义核心价值体系引领乡村社会思潮、凝聚乡村社会共识，引导村民自觉履行法定义务、社会责任、家庭责任，引导村民在文化建设中自我表现、自我教育、自我服务，造就一批乡村文化代表人物。

## (二) 文化利益主体

乡村文化从来都是存在的，其贫乏既体现为村民对优秀传统文化的遗弃，也呈现为时代先进文化元素注入之艰难，更体现为村民没有或较少在文化活动中获得利益。它特指文化利益，具有整体性、稳定性、共享性、动态性和积累性[①]等鲜明特征，文化生产力是关键环节，社会文化利益共享是重要途径。

如今，我们所看到的乡村的凋敝，形式上是经济的，本质上是文化的。一些村民自认为低城里人一等就是很好的例证。事实上，村民从来都是以自己的方式在生存生活，如今缺失的就是对乡村文化的自信。如何解决？村民成为文化利益主体是关键，村民文化自觉性和村民文化共享机制培育是重要环节。

1. 村民文化自觉性培育

在中国几千年的农耕文明历程中，乡村文化的发展史事实上就是村民的文化自觉史。今天，生活在同样的土地上，乡村文化的发展自然离不开村民的文化自觉。所不同的是与自觉互动的文化环境已经发生了深刻的变化，人民主体的文化原则和为人民谋幸福的文化目的，更有益于激发村民的文化自觉。

乡村文化在今天的低迷，主要是村民为生存所累，难以提升自己的文化境界。需要集中精力首先解决村民的生存问题，并以此为基础，积极引导村民参加多种多样的文化活动，感受生活的文化氛围，成为文化的活动主体，成为乡村文化的决策者。

2. 村民文化共享机制培育

村民成为乡村文化活动主体和决策者的前提是文化成为需要，这便有了村民文化共享机制建设问题。如前文所述，人为满足需要而文化自身，村民为满足需要而需要文化，能否供给所需文化是利益的体现。

今天，人类社会已经进入智能时代。世界各民族文化相互激荡，文明的精华也会像大浪淘沙一样不断为人们发现，它们对于丰富人们的生活内涵具有一定的借鉴和影响作用。在城乡之间，由于基础设施建设上的差异，乡村文化信息滞后，村民文化视野狭小。

---

① 吕健：《文化利益理论与实践》，经济管理出版社，2012。

在新时代，应该上升到文化利益均等化的高度来认识村民文化共享机制培育问题。一方面，要加强互联网等基础设施建设；另一方面，要加强对村民文化共享机制建设的领导。

在具体培育过程中，需要积极挖掘和保护乡村文化资源。扶持村内文化名人、骨干，开展有特色的文化活动。

注重集聚城乡融合过程中的相关价值要素。发展乡村文化产业，为乡村文化注入新鲜血液。

注重文化方向主导。以社会主义核心价值观为主线，以建设村民精神家园为目的，紧密结合现代生产、生活方式，创新文化活动方式，拓展文化视野。

## 第三节 乡村振兴战略实践的问题

开动乡村这辆"汽车"是为了解决乡村问题，更是为了振兴乡村。振兴什么？乡村振兴战略实践内涵在国家层面明确回答了这个问题。如何实践？实质上是乡村社会与国家如何互动的另一种问法。在战略视野中，它是一个系统化、科学化的理论与实践有机结合的过程，有两个非常关键的问题需要回答。一是谁来振兴。乡村社会可以理解为行驶在农业现代化这条"路"上的"汽车"，需要村民成为"司机"；可以理解为一艘航行在人类社会海洋中的"船"，需要"舵手"和"船员"。如何正确处理"路"与"汽车"、"舵手"与"船员"之间的互动关系是回答这个问题的关键。二是怎么振兴。乡村振兴的重要性已众所周知，如何通过实践将其准确呈现在国家的发展进程和村民的现实生活中，其实质是在回答，如何按照国家现代化的生产方式、社会形态、社会结构要求建设乡村新时代需要的生产方式、社会形态、社会结构。

### 一 谁来实施乡村振兴战略

在当代人类社会的"海洋"中，中国如一个庞大的奔向现代化的"航母"，在新时代，"七大战略"可以比作七个护航性质的"航母"，乡村振兴战略是其中的一个。它联动着党中央国务院、各级党委政府、基层党员干部和广大村民，根本目的是占位国家现代化高度，开动这艘护航性质的"航母",如何开、谁来开是一个系统工程。如同前文关于农业现代化这条"路"和乡村这辆"汽车"的比喻一样,既需要总舵手和地方掌舵人,又需要基层领航人和船员。

### (一) 总舵手和地方掌舵人

乡村振兴战略作为七个护航性质的"航母"之一,由中枢、护卫、协助、支持、补给等功能系统组成,从国家到地方分层存在。

在国家层面,党中央是中枢或言总舵手,中央政府各部门承担护卫、协助、支持、补给等职责。

在地方层面,各级党委是党中央这个中枢下的地域中枢或言地方掌舵人,各级政府的各部门承担区域护卫、协助、支持、补给等职责。

党的领导贯穿全过程,依法治国提供全方位保障,乡村全面振兴是目标,"航母作战群"的力量来自中央与地方党委、政府各部门间的高度统一。

### (二) 领航人和船员

地方实施乡村振兴战略可以视为特定的"航船",由领航人和船员组成。

在领航人层面,各级党委和政府要深刻领会乡村振兴战略,要准确把握辖区自然和社会密码,通过战略规划领航。

在船员层面,各级党委和政府要在战略规划语境中通过观念、技能培训,推进村民融入农业现代化进程并逐渐成为合格船员。

党的领导贯穿全过程,法治是全方位保障的条件,因地制宜,实现乡村全面振兴是目标,船的力量来自党委与政府、村民与村组织间的高度统一。

## 二 怎么实施乡村振兴战略

在国家现代化构架中,实施乡村振兴战略是一个漫长而艰难的实践历程,既负有国家赋予的总责,又要承担起"破冰"的自我航行任务。前者要求作为"航母作战群"必须与国家"航母作战群"的速度协同,要求有紧迫感;后者要求作为"航母作战群"必须实现内在各系统运行的一致性,要求高效率。紧迫感与高效率的实现与问题相对应,既需要置于国家"航母作战群"的运行系统中认知和解决,也需要与地区特色相结合。由此不难发现需求侧和供给侧的良性互动是乡村振兴战略这艘"航母"的动力系统,破解制度性难题和建立健全政策体系是关键。

### (一) 破解制度性难题

"三农"问题表征着乡村的当前状态,但它绝不是乡村自己的问题,而是中国社会问题在乡村的表现形式,根源是制度。

在保障层面,如何扶老、助残、救孤、济贫、就医、就业、就教,关涉城乡公共服务均等化;在资源供给层面,如何改变乡村的地位,关涉建立城乡统一的土地市场、市场要素在城乡之间自由流动等。

在发展层面,如何改变农户的地位、提高农民的组织化程度和实现农民增收,关涉农业产业结构、城乡和区域、产业与产业、城市和农村、粮食主产区与主销区协调发展等。没有哪一个不是社会制度体系供给问题,没有哪一个不需要通过改革来破解和创新,需求侧和供给侧研究是关键。

1. 需求侧研究

立足国家视野,"三农"是相对于城市的另一部分文化体。在国家谋求发展的进程中,也是一个需求体。因此,实施乡村振兴战略必须重视"三农"这一需求侧的研究。

从"三农"角度看,发展权是基本需要。中华人民共和国成立以来的国家工业化战略,工业化先于农业现代化、农产品统购统销、集体化与人民公社制度让农业成为资本形成与积累的贡献者,农村服务于工业发展的制度剥夺了乡村参与工业化的权利并处于从属地位,城乡分割的户籍制度剥夺了农民的城市权利。20世纪80年代以来,国家开放了农村的发展权,但是,由于城乡二元体制已经形成,在城市工业化思维主导下,大量农村土地被征,乡村工业纷纷下马,农业功能萎缩,城乡差距拉大,青壮年农民为生存而外出打工,乡村衰败。

从"三农"内结构需要看,平等发展权是基本需要。就农民而言,始于20世纪50年代中期严格限制农民进城的户籍制度,除招工、招兵、上学等以外,农民几乎被排除在城市之外,90年代中期以后,农民工虽然可以进城,却无法享有与市民同等的权利和公共服务。

就乡村而言，始于 1998 年的《土地管理法》规定"农民集体所有的土地的使用权不得出让、转让或者出租用于非农业建设"，征地转用因此成为唯一的合法方式，多数乡村地区非农经济活动萎缩、产业单一，形成了乡村与城市在空间上的非平等发展权。

就农业而言，农产品向农商品的转化让现代技术、规模化生产、劳动力素质、绿色发展等成为农业必须应对的挑战，关涉到集体所有资产股权、集体和农民土地流转、农民权利保障、经营权、宅基地制度等多个方面。① 由此派生的许多问题是实施乡村振兴战略实践必须面对的，需要进行系统研究（见图 3-1）。

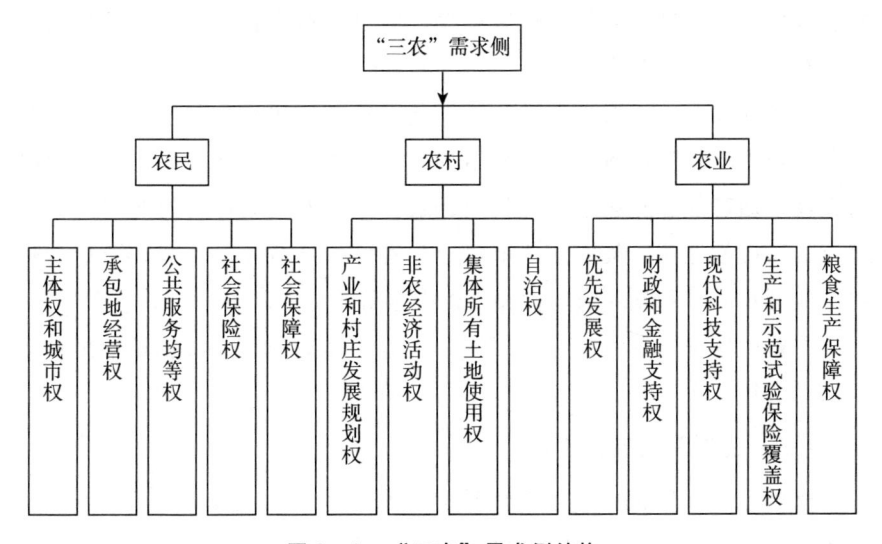

图 3-1 "三农"需求侧结构

2. 供给侧研究

需求侧研究是服务于供给侧制度或政策设计的，是供给侧研究的基础。从供给侧的角度看，需要确立两条主线。

一是"三农"作为国家文化体的发展制度。中国的现代化缺失了"三农"的发展将不可能实现。基于对历史经验的总结和"三农"发展现状，"坚持农业农村优先发展"成为当前"三农"工作的总方针。

坚持农业农村优先发展是解决不平衡不充分的根本之策。这是十八

---

① 刘守英、熊雪锋：《乡村振兴仍面临哪些制度性难题？》，http://news.wugu.com.cn/article/1387221.html。

大以来,"三农"政策的构架性延展,也是一个系统工程,迫切需要各系统、各地区落到实处。

二是"三农"内动力驱动制度。解决"三农"问题需要"发动机",政策体系建设是关键。

目前,在"三农"内部存在许多问题需要政策来解决,就村集体而言,如新出生人口或减少人口土地权利、集体成员从事或不再从事土地的承包经营权、集体未界定到农户的资源产权以及利益归属等。

就农民而言,如农民的土地财产权与用益物权、农民承包土地与集体之间关系、人地分离与农民的分化、宅基地使用权与流转权、政府的宅基地使用权、城乡分割的体制壁垒、新型农村合作医疗、最低生活保障和社会养老保险制度等。

就农业而言,如保障农民经济利益与尊重农民民主权利、农村税费改革、农业支持保护体系、城乡格局、农业人口城镇化、一二三产业融合发展、新产业和新业态农民就业、农村土地农民集体所有与坚持家庭经营的基础性地位、集体土地承包权与集体资产收益分配权、股份合作制与实现小农户和现代农业发展有机衔接等。

这些问题都是实践中亟待回答的,需要加速研究进程,尽早出台政策给予支撑。

## (二) 建立健全支持体系

既然"三农"问题是"中国社会问题在乡村的表现形式,问题产生的根源是制度",那么,乡村振兴的支持体系本质上就是制度。

基础保障和发展权维护是关键。

### 1. 基础保障

什么是乡村振兴的基础保障,为什么要加强乡村振兴的基础保障,是在总结新中国成立70年,特别是改革开放40年的工业化、城镇化发展过程以及借鉴国外经验基础上提出来的。

从世界范围来看,村落衰败是世界各国工业化、城市化、城镇化的产物,如何认识和解决?研究认为,问题的本质是工农城乡关系。

为此,党中央立足于粮食生产为农业第一要务、农村约有6亿人口、农村占全国土地总面积94%以上的基本事实,将坚持农业农村优先发展定位为新时代处理城乡关系的"牛鼻子",强调要"在干部配备上优先考虑，在要素配置上优先满足，在资金投入上优先保障，在公共服务上优先安排，加快补齐农业农村短板"。①

要求配备精兵强将，精准选配。

强化制度供给。推动人才、资本、项目、土地、技术等资源向深度贫困地区倾斜，加快补齐农村基础设施和人居环境建设短板；要求加大资金投入，破解上学难、就医难、养老难等问题，加快补齐农村公共服务短板，全面提升农村教育、医疗卫生、养老、文化体育等公共服务水平，逐步实现城乡公共服务并轨，加快推进城乡基本公共服务均等化。

在措施上，立足社会发展全局，以建立健全五级书记抓乡村振兴的制度保障为前提，以深入调查研究为基础，要求各地围绕干部配备、要素配置、资金投入、公共服务等制定具体管用的政策措施。

2. 发展权维护

以夯实基础保障为前提，维护发展权的核心问题是在政治、经济、社会和文化发展维度上，凸显公平享有发展利益的权利。

在解决"三农"问题上，党的十八大以来，国家立足提高土地资源配置效率，深入推进农村土地制度改革，以农地确权登记颁证和"三权"分置为基础，建设土地适度规模经营新格局，融合产业性土地资源，为实现城乡人才、资金、技术等要素流动提供土地保障。

国家立足激活农村集体经济活力。深入推进农村集体产权制度改革，以建设集体经济组织成员资格认定、成员权界定、清产核资摸清家底、股份权能量化、集体资产监督管理平台为基础，实现农村集体经济组织成员与农村集体经济相关资源及利益间的科学对接，激发劳动、知识、土地等资源要素活力，保障农民集体利益。

农业现代化高度。深入推进质量兴农战略，以绿色生态为导向，完善和落实农业功能区制度，推行绿色生产方式，实施"一控两减三基本"，培育新型职业农民、家庭农场、合作社等经营主体，培养质量兴农生产经营队伍。

乡村现代化高度。着力增强农村改革的系统性、整体性、协同性，

---

① 《中共中央 国务院关于实施乡村振兴战略的意见》，http://www.cdaee.com/jj/article/zcfg/zcxywj/201806/20180600001431.shtml。

以实现农村、农业现代化为目的，科学把握农民农村利益与发展、解放思想与实事求是、整体推进与重点突破、顶层设计与创新、总揽全局与协调各方、凝聚改革共识与改革合力的关系，准确把握改革方向，陆续推出了一系列保障措施。

下篇 乡村振兴战略实践技术路径

在 70 年的民族复兴道路上，面对经济全球化、文化多元化、国际政治复杂化和能源资源枯竭、生态恶化、强国林立的国际环境，中国正在建设奔向国家现代化的"航母作战群"，十九大报告提出乡村振兴战略，与科教兴国战略、人才强国战略、创新驱动发展战略、区域协调发展战略、可持续发展战略、军民融合发展战略一起成为党和国家未来发展的"七大战略"。其中，乡村振兴战略肩负着指导农业农村农民现代化的使命。作为战略，其指导作用是宏观的，因地制宜存在操作上的技术问题，必须给予特别重视。笛卡儿说：我的努力求学没有得到别的好处，只不过是愈来愈发觉自己的无知。不要认为在农村工作过就掌握了实施乡村振兴战略的实践技术，技术要与"战略"思想融为一体，更要与地域问题特征有机结合，在实践思维路径清晰的前提下，实践技术的水平体现在因地制宜解决问题的实效上。如前文所言，实施乡村振兴战略，本质是在筑农业现代化这条"路"、制造乡村这辆"汽车"和培养现代农民这群"驾驶员"。如何实践？需要"工程师"、"教练员"、"建筑师"和"交通警察"，需要注入"路"和"汽车"存在和发挥作用的外部能量，需要集聚、激活"路"和"汽车"的内能量以及推动内部系统高效率、高质量运行，"产业兴旺、生态宜居、乡风文明、治理有效、生活富裕"是总要求，"建立健全城乡融合发展体制机制和政策体系，加快推进农业农村现代化"是基本技术路径。

# 第四章 乡村振兴战略实践的城乡融合路径

筑农业现代化这条"路"和制造乡村这辆"汽车",必须面对国家现代化过程中两个最为重要的问题。一是现代化与工业化、城市化、城镇化、乡村的关系。以工业化为特征的社会化大生产需要城市化、城镇化载体,它必须适应工业化发展要求;社会化大生产需要集聚乡村富余劳动力,他们必须适应城市化、城镇化发展要求;工业化、城市化、城镇化需要首先解决粮食生产和副食品供应问题,它必须适应乡村发展要求。不难发现:乡村发展事实上是工业化、城市化的现实瓶颈。二是国家现代化与乡村的关系。中国是农业大国,农业农村现代化同样是现实瓶颈。如何破除这两个瓶颈?关键是实现城乡融合发展,即破解城乡二元结构,实现城乡价值要素与需要相结合。

## 第一节 乡村振兴的城乡融合需要

筑农业现代化这条"路"和制造乡村这辆"汽车"以经济融合为先导。现代化是人类社会不可逆转的发展趋势,工业化是其中的一个阶段,是从手工劳动到社会化大生产的飞跃。就中国而言,实现的是农业国向先进的工农并重的国家形态的飞跃。在这一进程中,有四个值得重视的问题:一是乡村富余劳动力的城市、城镇集聚产生了公共资源的紧缺或匮乏;二是资源向城市、城镇的过度倾斜加速了乡村的凋敝;三是城市、城镇分化的加剧日渐弱化了经济领域扩张的空间与能力;四是农业农村现代化越来越缺失工业化成果的支撑。然而,我们必须承认的事实是工业化前提下的城市化(包括城镇化)与农业农村现代化是国家现代化的"两翼",不能顾此失彼,共生和共荣是关键点。

## 一 共生之需

筑农业现代化这条"路"和制造乡村这辆"汽车"开启的是城乡经济一体化进程。在人类发展历程中，农业与畜牧业的分工形成了一部分人定居的需要，商业、手工业与农牧业的分离形成了一部分人对聚集地的需要，以现代化为目的的工业化实质性地推动了城市的形成和发展。在人类社会的现代化过程中，"'物质劳动和精神劳动的最大的一次分工，就是城市和乡村的分离。'这次分离也是人类进入文明时代的标志，但城乡之间的对立却是文明社会不能容忍的缺陷，是对人类自由、平等的极大伤害"。[①] "城乡之间的对立是个人屈从于分工、屈从于他被迫从事的某种活动的最鲜明的反映，这种屈从把一部分人变为受局限的城市动物，把另一部分人变为受局限的乡村动物，并且每天都重新产生二者利益之间的对立。"[②] "'把农业和工业结合起来，促使城乡对立逐步消灭'为共产主义社会的十个主要特征之一。"[③] 原因在于，具体社会的现代化是社会整体的，城市和乡村是这一进程相互依存的两个文化体，始终存在彼此需要和满足需要的共生性，工业现代化基础与农业现代化前提是基本支持点。

### （一）工业现代化基础

城乡经济一体化的第一基础是工业现代化。在人类社会的发展历程中，社会生产力是经济、政治、文化发展最重要、最活跃、最关键的要素，工业现代化最直接的价值点在于推动生产力的进步，这也是中华人民共和国成立初期走工业化道路最直接的原因，更是中国由经济大国迈向经济强国的伟大征程的现实需要。就国家现代化而言，其基础性在于它是财富创造的根本源泉和国家强盛的重要支柱。

1. 财富创造的根本源

中华人民共和国成立之初，可谓"一穷二白"。1952年2月1日，毛泽东指出："同志们要知道，中国民族和人民要彻底解放，必须实现国

---

[①] 《关于新时代城乡融合的几点思考》，http://www.rmlt.com.cn/2018/0625/521758.shtml。
[②] 《关于新时代城乡融合的几点思考》，http://www.rmlt.com.cn/2018/0625/521758.shtml。
[③] 《关于新时代城乡融合的几点思考》，http://www.rmlt.com.cn/2018/0625/521758.shtml。

家工业化，而我们已作了的工作，还只是向这个方向刚才开步走。"①1956年，中共八大明确提出："基本上建成一个完整的工业体系。"1962年，中央工作会议（即"七千人大会"）提出："基本上建成一个独立的完整的经济体系。"在全国人民的共同努力下，国家财富和社会生产力获得喜人增长和提升。1952～2018年，我国GDP从679.1亿元跃升至90.03万亿元，实际增长174倍；人均GDP从119元提高到6.46万元，实际增长70倍。

我国已成为世界经济第二大国、货物贸易第一大国、外汇储备第一大国、服务贸易第二大国、使用外资第二大国、对外投资第二大国。移动通信、现代核电、载人航天、量子科学、深海探测、超级计算等领域取得重大科技成果。2018年我国居民人均可支配收入比1949年实际增长59.2倍，居民人均消费支出比1956年实际增长28.5倍。2018年末，我国铁路营业里程13.2万公里，其中高速铁路3万公里，分别居世界第二和世界第一；公路里程485万公里，其中高速公路14.3万公里，居世界第一。森林覆盖率从1976年的12.7%提高到2018年的22.96%。第一、二、三产业增加值比例从1952年的50.5∶20.8∶28.7变化为2018年的7.2∶40.7∶52.2。1949～2018年，常住人口城镇化率从10.6%提升至59.6%，农业机械总动力从约10万千瓦增长为10亿千瓦。②

**2. 国家强盛的重要支柱**

中国从"工业体系"到"经济体系"再到独立的比较完整的工业体系和国民经济体系，用了20年。

改革开放以来，我国已逐渐成为工业门类齐全、多种工业品产量居世界第一、制造业增加值稳居世界首位的国家。在70年的历程中，人口由5.4亿上升至14亿，人均预期寿命由35岁增长至77岁，我国已经基本完成了发达国家用几百年时间才完成的从"高出生率、高死亡率"向"低出生率、低死亡率"的转型。③

---

① 《毛泽东文集》第6卷，人民出版社，1999，第223页。
② 《新中国70年经济社会发展成就辉煌　实现经济社会跨越式发展》，http://finance.sina.com.cn/china/2019-09-24/doc-iicezueu8015477.shtml。
③ 《用70年完成发达国家几百年转型，中国在卫生健康领域是如何做到的》，http://www.sohu.com/a/345178367_115479。

进入新时代，新一轮科技革命和产业变革浪潮已经到来。数字经济、共享经济、产业协作正在蓬勃兴起，互联网、大数据、人工智能正在同国家经济深度融合，这意味着我国现有的"工业体系"和"经济体系"正在面临挑战和机遇，工业现代化依然是国家强盛的重要支柱。

### （二）农业现代化前提

城乡经济一体化的第二基础是农业现代化。众所周知，没有粮食，一切将归于空谈；没有高质量和高产量的粮食，社会将难以满足世人对健康的追求和人口持续增长的生存需要。这便有了实现农业现代化的前提问题，基础设施和科学技术是核心要素。

#### 1. 基础设施

新中国成立70年来，我国用不到世界9%的耕地养活了世界近20%的人口。

基础设施明显改善。2018年，据水利部统计，我国耕地灌溉面积10.2亿亩，比1952年增长2.4倍，年均增长1.9%。据农业农村部统计，全国累计建成高标准农田6.4亿亩，完成9.7亿亩粮食生产功能区和重要农产品生产保护区划定任务。2018年，全国农业机械总动力达到10.0亿千瓦，拖拉机2240万台，联合收获机206万台，全国农作物耕种收综合机械化率超过67%，其中主要粮食作物耕种收综合机械化率超过80%。[①]

但是，由于农业基础设施建设欠账太多，落后和老化陈旧始终是普遍现象。在许多地方事实上已经成为农业发展的瓶颈。此外，随着新业态的不断出现，农业设施亟待改善。如拖拉机、插秧机、育苗设施，灌溉施肥设施，农产品加工贮藏、蔬菜垃圾集中处理设施等，客观上也成为农业发展瓶颈的重要内容。

#### 2. 科学技术

《农业科技发展纲要（2001—2010年）》指出："我国农业和农村经济的发展已进入新阶段，调整农业结构、提高农业效益、增加农民收入、改善农村生态环境、实现农业和农村经济的持续稳定发展，必然要推进

---

[①] 《建国七十年农业农村发展成就　农业生产跃上新台阶》，http://www.cfsn.cn/front/web/mobile.newshow? hyid=21&newsid=10849。

新的农业科技革命。"①

在这条道路上,农业经济的发展离不开先进基础工艺、产业技术基础、大数据、互联网等新型技术,这也是制约我国农业创新发展和质量提升的症结所在。但是,由于无法让政策、资金、技术、人才等要素汇聚,农业经济发展质量、效率、动力变革无法推动,农业新型经济、科技、金融、人力、资源无法协同。

此外,就农业实体经济而言,职业农民培养、良种繁育、精准农业、高效栽培、健康养殖、工厂化育苗以及企业、基地、合作社、农户参与产品的"三品一标"认证,与环境有关的国际认证,生产管理体系认证等都要突破技术壁垒,建立城乡技术供求关系至关重要。

### 二 共荣之需

筑农业现代化这条"路"和制造乡村这辆"汽车"的现实目标是城乡经济共同发展。城市和乡村是社会内部相互依存的两个文化体,"城市最终的任务是促进人们自觉地参加宇宙和历史进程……这一直是历史上城市的最高职责。它将成为城市连续存在的主要理由"。② 然而,城市并不能承担自身和全社会的粮食以及副食品原料的生产职责,也不可能解决所有人的生存发展问题;与此相对应的乡村,并不能完全承担农业现代化进程中现代技术和工业基础的职责,也不可能解决所有乡村人的文化生活问题。"消灭城乡之间的对立,是共同体的首要条件之一,这个条件又取决于许多物质前提,而且任何人一看就知道,这个条件单靠意志是不能实现的"③,共荣是唯一道路,社会保障同质和发展机会均等是关键问题。

#### (一) 社会保障同质

城乡经济共同发展的第一基础是社会保障。国民,即拥有同一国国籍的人。在城乡二元体制作用下,我国国民事实上被划分为城市人和农村人,在社会保障上存在差异,客观上已经是新时代社会主要矛盾的诱

---

① 《国务院关于印发〈农业科技发展纲要 (2001—2010 年)〉的通知》, http://pkulaw.cn/fulltext_form.aspx? Db = chl&EncodingName&Gid = 35601。
② 《城市形成的原因是什么?》, https://www.zhihu.com/question/35595016。
③ 《关于新时代城乡融合的几点思考》, http://www.rmlt.com.cn/2018/0625/521758.shtml。

因之一。如何解决？社会保障同质是必由之路，社会保障项目和社会保障标准是关键环节。

1. 社会保障项目

社会保障项目是社会保障体系的基本要素和组成部分，内容包括：社会保险、社会救助、福利补贴、家庭补贴以及储蓄基金等。我国确立的社会保障体系构成包括：社会保险、社会救助、社会福利和社会优抚。

社会保险是最基本的社会保障项目，涉及面广、覆盖对象多，处于核心地位，主要内容包括：养老保险、失业保险、医疗保险、工伤保险和生育保险等。社会救助属于社会保障体系中最低层次的社会保障，保障全体社会成员的最低生活标准。社会福利属于社会保障体系中较高层次的社会保障，保障全体社会成员的生活福利待遇。社会优抚属于社会保障体系中特殊性质的社会保障，保障特定社会成员（如军人及其眷属）的基本生活。

在我国70年的发展历程中，城市已经建立起来了比较完善的社会保障项目体系，而农村在生育、住房等多个方面尚存在不足。补齐这些短板迫切需要以城乡融合为载体，实现项目全覆盖。

2. 社会保障标准

查阅全国部分地区人力资源和社会保障官网不难发现，目前，社会保障标准主要指标体现在社保缴费上。

就城市而言，社会保险缴纳比例模式大体相近。养老保险：单位20%、个人8%；医疗保险：单位8%、个人2%；失业保险：单位2%、个人1%；工伤和生育保险：各1%左右（由单位承担）。缴费基数按个人工资水平（在当地社会平均工资的30%~60%范围）来确定，不得低于最低缴费标准。缴费金额＝缴费基数×缴费比例，如缴费基数2000，个人出2000×8%＝160，单位出2000×20%＝400，其他照此计算。

就农村而言，在宏观上，我国目前城市社会保障支出远高于农村。在微观上，城乡居民更有着明显的区别，除险种和主体外，最重要的是缴费方式不同，城市社保是按照工资的一定比例缴纳的，单位缴纳大部分，职工只交一小部分。而乡村居民则是个人全额缴纳。补齐这些短板迫切需要以城乡融合为载体，实现社会保障标准的统一。

## （二）发展机会均等

城乡经济共同发展的第二基础是社会发展机会均等。

立足宏观视野，城乡发展有过不同的机会。就农村而言，最明显的机会就是改革开放以来，特别是十八届五中全会首次提出：创新、协调、绿色、开放、共享的新发展理念。2018年中央一号文件指出："必须坚持质量兴农、绿色兴农，以农业供给侧结构性改革为主线，加快构建现代农业产业体系、生产体系、经营体系，提高农业创新力、竞争力和全要素生产率，加快实现由农业大国向农业强国转变。"

立足微观视域，关于乡村发展机遇，宏观上的战略思想需要通过"以工促农、以城带乡，促进城乡融合发展"[①]的途径来实现。

新时代赋予了城乡共同发展机会，如何让这个机会成为现实？平等是保证，能力和条件是关键环节。

### 1. 能力

乡村振兴的关键在人，培育和以产业为载体的人才引进是必由之路。

就培育而言，2017年，农业部出台《"十三五"全国新型职业农民培育发展规划》，提出以提高农民、扶持农民、富裕农民为方向，以吸引年轻人务农、培养职业农民为重点，通过培训提高一批、吸引发展一批、培育储备一批，加快构建一支有文化、懂技术、善经营、会管理的新型职业农民队伍的发展思路。

农民只有具备相应能力才能把握住发展机遇。

就人才引进而言，由于乡村产业规模和质量远远不能适应相关人才的需要，加上人才政策改革速度缓慢，引进趋于空想。在城乡融合发展进程中，迫切需要建立健全适宜农民发展能力提高的政策体系。

### 2. 条件

乡村振兴除了人这个必要条件之外，还要具备补齐乡村发展短板和促进各类要素更多向乡村流动的条件。

就补齐乡村发展短板而言，当前，城乡在公共服务、基础设施、产业发展水平、居民收入等方面差距较大。迫切需要建设城乡一体化发展

---

[①] 《〈中共中央 国务院关于建立健全城乡融合发展体制机制和政策体系的意见〉四大看点》，http://www.sohu.com/a/312010819_120044571。

的体制机制，立足整体，补齐农村公共服务、基础设施等短板，实现制度并轨、标准统一。以此为基础，实施规划、建设、管护一体化。

就促进各类要素更多向乡村流动而言，要立足城乡整体，以激活土地动能和消除户籍差别为起点。以财政、金融、社会保障等激励政策为保障，以实现城乡要素合理配置为目的，建立科学的城乡统筹发展的体制机制。

因此，在城乡融合发展进程中，迫切需要建立健全适宜城乡共同发展的条件体系，政策是决定因素。

## 第二节 满足乡村振兴城乡融合需要的关键

筑农业现代化这条"路"和制造乡村这辆"汽车"以城乡政策融合为保障。在新时代的中国，城乡融合发展是一个新课题和必须完成的时代使命。一方面，必须正视成就。"我国城镇化率由1978年的17.9%提高到2017年的58.5%，城镇常住人口达到8.1亿人，城市数量由193个增加到657个，在推动经济发展、社会进步等方面发挥了重要的作用——中国GDP占世界经济总量的比重从1978年的2%左右上升到2017年的15%。"[①] 另一方面，必须重视问题。就问题而言，城乡二元结构将是我国现代化推进到更高层次和乡村振兴达到更高水平绕不开的课题，纠正政策偏差，将乡村纳入现代化进程是必由之路。

### 一 纠正城乡二元政策偏差

筑农业现代化这条"路"和制造乡村这辆"汽车"的起点是破除城乡二元政策壁垒。城市和乡村是同一社会制度下的两类文化体，为一定社会制度所规范和政策所滋养。其中，制度是社会对为谁和为什么的回答，通过规则来表现，是基于客观存在（如社会生产条件）而形成的对社会存在发展需要的认知，根据作用领域，可以划分为总体（根本）、领域（基本）和具体行为模式及程序（具体规章）三个层次；政策是具

---

[①] 徐匡迪：《从单纯城镇化走向城乡融合发展是必然之路》，http://www.sohu.com/a/234868308_732804。

体社会进程围绕"为谁和为什么的回答"在一定时期的奋斗方向。两者的形成需要一个过程，就具体社会而言，根本制度确立后，其他制度和政策需要依据实践中的障碍和问题来完善与扩充，或需要依据社会环境的变迁而创新。我国的根本制度是社会主义制度，据此，中华人民共和国成立后，为人民和怎样为人民的基本制度、具体规章和政策，始终处在与社会存在发展需要的对接进程中，城乡制度自然如此。因此，在新时代纠正城乡制度和政策偏差是一种必然要求，公正和共享是关键点。

## （一）公正

破除城乡二元政策壁垒的第一基础是社会公正。国家现代化是国家整体的现代化，在中华人民共和国成立后的70年中，必须承认的事实是："我国工业发展取得令人骄傲的成就，建成了全球最为完整的工业体系，生产能力大幅度提升，主要产品产量跃居世界前列，国际竞争力不断增强，出口贸易规模多年创世界第一，工业结构逐步优化，技术水平和创新能力稳步提升，成为世界第一大工业国。工业的跨越发展，奠定了我国强国之基、富国之路。"[1]

以此为基础，建立起来了比较完整的国民经济体系，也为农业现代化奠定了科技和经济基础。但由此形成的城乡二元体制仍然影响着农业的发展，农业在国民经济体系中的地位仍然滞后。

在新时代，乡村要振兴，就必须破除二元体制，将农村农业发展置于与城市同等地位上来，消除城乡融合障碍，提供均衡发展平台。

### 1. 消除城乡融合障碍

在新时代，如何解决城乡关系的不平衡和乡村发展的不充分问题？如何解决发展潜力和后劲问题？答案是推动城乡融合发展和乡村振兴。

《中共中央 国务院关于建立健全城乡融合发展体制机制和政策体系的意见》（以下称《意见》）指出："坚决破除妨碍城乡要素自由流动和平等交换的体制机制壁垒，促进各类要素更多向乡村流动，在乡村形成人才、土地、资金、产业、信息汇聚的良性循环，为乡村振兴注入新动能。"[2]

---

[1] 史丹：《中国工业70年发展与战略演进》，http://www.ce.cn/xwzx/gnsz/gdxw/201910/09/t20191009_33286794.shtml。

[2] 《中共中央 国务院关于建立健全城乡融合发展体制机制和政策体系的意见》，http://www.gov.cn/zhengce/2019-05/05/content_5388880.htm。

这些壁垒包括：教育、乡村基础设施建设、居民生活水平和增收渠道、土地和人才、财政、金融和保险等方面。其中，土地和人才的二元制度影响最大，原因在于它们直接制约着农民收入的增长和城乡差距的缩小。

只有建立健全科学的农村承包地"三权"分置制度、宅基地制度、集体经营性建设用地入市制度体系，农村土地生产力才能得到发展。

只有解决好农业转移人口市民化和城市人才入乡问题，农村剩余劳动力和入村人才才能安身立命。

破除这些壁垒的方法就是改革，目的是通过重塑新型城乡关系实现城乡要素自由流动和平等交换。

2. 提供均衡发展平台

在城乡融合的语境下，城市和乡村好比富人和穷人，如何将穷人变成富人？路径自然是提升"穷人"的发展平台。就乡村这个"穷人"而言，除破解土地和人才的二元制度外，国家必须在产业化水平上下功夫，建立健全有利于乡村经济多元化发展的体制机制。

为此，《意见》提出："完善农业支持保护制度。以市场需求为导向，深化农业供给侧结构性改革，走质量兴农之路，不断提高农业综合效益和竞争力……建立新产业新业态培育机制……探索生态产品价值实现机制……建立乡村文化保护利用机制。立足乡村文明，吸取城市文明及外来文化优秀成果，推动乡村优秀传统文化创造性转化、创新性发展……搭建城乡产业协同发展平台……健全城乡统筹规划制度。"[①]

### （二）共享

破除城乡二元政策壁垒的第二基础是政策共享。进入新时代，党的十九大报告明确指出："要坚持农业农村优先发展，按照产业兴旺、生态宜居、乡风文明、治理有效、生活富裕的总要求，建立健全城乡融合发展体制机制和政策体系，加快推进农业农村现代化。"2019年5月5日，《意见》公开发布。让城乡融合发展、共享成果由理论层面上升到了制度层面，共享因此成为基本价值指向，核心内涵是均享待遇和利益。

---

① 《中共中央 国务院关于建立健全城乡融合发展体制机制和政策体系的意见》，http://www.gov.cn/zhengce/2019－05/05/content_5388880.htm。

### 1. 待遇

既然城乡是平等的发展主体,平等的第一前提是待遇平等。

除上文提到的公共服务、社会保障、基础设施等方面外,在城乡融合进程中,尚存农民工资性收入上的问题,如创业就业、农民工劳动权益保护、新生代农民工职业技能培训、农民工输出输入地劳务对接。尚存农民经营性收入上的问题,如公用品牌、产品档次和附加值、入股企业、利润返还、保底分红、股份合作、农民合作社和家庭农场等方面的不平等体制。尚存农民财产性收入上的歧视,如在资源变资产、资金变股金、农民变股东进程中的经营性资产股份合作制、财政资金投入、农村集体产权权能等方面的不平等体制。尚存农民转移性收入的歧视,如农民直接补贴政策、生产者补贴制度、普惠性农民补贴、涉农财政性建设资金使用、农业产业化规模化项目等方面的不平等体制。

需要聚焦待遇。以解决突出制约平等问题为重点,以帮扶为抓手,加大政策倾斜,增加扶贫资金,着力改善平等待遇条件,增强农民发展能力。

### 2. 利益

既然城乡是平等的发展主体,平等的第二前提是利益平等。除上文提到的待遇方面外,在城乡融合进程中,尚存发展利益平等问题。

需要聚焦利益,以解决突出制约利益平等问题为重点,以保障为抓手,加大政策倾斜,增加扶贫资金,着力改善平等待遇条件,增强农民发展能力。

## 二 将乡村实质性纳入国家现代化进程

筑农业现代化这条"路"和制造乡村这辆"汽车"的终极目的是实现农村农业现代化。众所周知,现代化是人类走向高度文明的必然历程,需要实现农业社会向工业、知识社会的转型,是一个社会长期的全方位革新的过程,工业化居于关键地位。在新中国的现代化进程中,工业化形成了一批新的工业城市,吸纳了一大批农村人口;工业化也形成了"城乡二元结构",乡村因此居于国家现代化的从属地位,城乡差距不断拉大,乡村问题因此成为新时代国家现代化的"心梗"。针对这些问题,必须综合考虑如何将乡村实质性纳入现代化进程这一问题,体制和机制创新是关键。

### (一) 体制创新

实现农村农业现代化的第一基础是体制创新。在国家现代化进程中，农村农业为国家体制所规范，当我们清醒地认识到实现农村农业现代化必须走城乡融合道路时，业已存在的城乡二元政策壁垒让我们体验到城乡融合的艰难，"包括户籍、住宅、粮食供给、副食品供应、教育、医疗、就业、保险、劳动保障、婚姻、征兵等10余种制度，成为判断农民与市民阶层的依据"。[①] 也直接形成了城乡二元经济政策结构。因而，形成了城乡生产和组织的不对称性体制，创新的重点是生产体制和产业组织体制。

1. 生产体制创新

在中国农业发展历程中，传统农业以自然经济为条件。依靠传统经验，采用传统耕作方法和农业技术，以自给自足为目的，主要功能是粮食生产，生产结构单一、规模小、经营管理和生产技术落后、抗御自然灾害能力差。

现代农业以市场经济为条件。依靠现代科学技术，以植物学、动物学、化学、物理学等学科高度发展为基础，运用现代生产和管理工具，以农产品商品化、社会化为目的，主要功能是通过降低对土地等生产资料的依赖度、降低农业资源消耗和生产成本，提高粮食产量和农产品质量，生产结构复杂、规模大、经营管理和生产技术先进、抗御自然灾害能力强。

由两者的比较不难发现：在市场经济条件下，生产与经营密不可分。原因在于以下几点。

市场经济的持续深化倒逼农业生产依靠科技进步提高自身的综合生产和可持续发展能力。

"谁来种地"的问题倒逼农业生产加快培育新型农业经营主体。

实现农业集约化、专业化、组织化、社会化的迫切要求倒逼农业生产完善农业经营体制。

---

① 刘宁：《我国城乡二元结构存在的主要问题及立法建议》，《法制日报》2004年2月26日。

实现农业高产、优质、高效、生态和安全的迫切要求倒逼农业生产加快完善土地流转市场、劳动力流转市场、金融市场。

农业发展突破资源环境约束的迫切要求倒逼农业生产构建新型农业经营体系、推进农业资源的集约节约利用、发展循环式生态农业。

2. 产业组织体制创新

在现代农业产业体系建构中，集约化以增加农民收入为目的。要求农户通过增加科技和装备投入提高家庭生产经营集约化水平。

规模化以促进土地规范有序流转为条件。发展多种形式的适度规模经营，重在培育专业大户、家庭农场。

组织化以增强产业组织功能为目的。以引领农民进入市场为途径，要求大力发展农民专业合作社。

社会化以增强产业组织社会服务功能为目的。以合作组织和龙头企业为基础，以农业公共服务为内涵，要求构建专业化、市场化的农业社会化服务体系。

一体化以增强产业组织集聚和集中功能为目的。以完善与农户的利益联结机制为路径，要求加快形成现代农业产业体系。

"五化"事实上已经给出了产业组织体制创新的路径。

## （二）机制创新

实现农村农业现代化的第二基础是机制创新。在农村农业现代化进程中，关于机制，从农业生产及其发展变化的角度可以理解为农业，从整个社会经济发展角度可以理解为农村，本书将其界定为农村。以此为前提，内涵包括农民、农业、经济、社会和文化等方面，其机制即是这些方面的组合方式。在国家现代化语境中，所谓机制创新，就是要实现农村诸内涵要素或方面的最优组合，新型农业经营体和龙头企业培育是重点。

1. 新型农业经营体机制创新

当前，农村农业现代化面临农民依靠农业的收入日渐下降和老人、妇女、儿童成为乡村主体的现实问题，延伸出来的问题就是"谁来种地"。

围绕这个问题，不难发现近年来全国各地许多村民将自己的承包地流转，尽管收入少，但必竟是稳定的，这便有了以规模经营为特征的新型农业经营体的诞生，如家庭农场、专业大户、土地股份合作社等。新型农业经营体，既是"谁来种地"的解决办法，也是解决农村一家一户小生产与市场对接的良好途径，目前尚处在创新发展阶段。

作为一种经济体，如何培育？

第一，土地流转基础。它是实现规模化经营的前提，需要立足"三权"分置原则，明确政策边界，完善相关法律法规，编制农业产业发展规划，建设土地流转服务平台。

第二，完善机制。以小农户股份化为导向，以"企业、基地、合作社+农户"等形式为抓手，以鼓励村民流转土地入股为途径，建设新型经营主体与农户间的权益与责任及利益联结机制，实现小农户持续增收。

第三，社会服务体系。以政府引导为前提，支持新型农业经营主体承担对应项目，加大财政资金项目支持力度，按规定减免相关税费，建立农业生产电价、水价精准补贴机制，拓宽融资渠道，支持新型经营主体与高等院校、科研院所共建科研与生产基地。

2. 龙头企业机制创新

当前，新型农业经营体发展面临人才、技术的现实瓶颈，延伸出来的问题就是"怎么种地"。

从一些地方的"土地托管+植保飞防""品牌农业+粮食银行""金融服务+全产业链""农机作业+智慧农业""市场营销+订单农业""电子商务+五优基地""技术服务+全产业链""种养结合+循环发展"等实践看，培育农业龙头企业对于延长新型农业经营体农业产业链和推动优势产业集群发展具有明显的示范、辐射、联动作用。龙头企业既是"怎么种地"的先行者，也是提高农产品质量和打造农商品品牌的良好主体，目前，"龙头企业+一、二、三产业融合发展"正处在创新发展阶段。

作为一种新型农业经营体的领头羊，如何培育？

第一，加大资金扶持力度。以政府引导为前提，加大财政资金、基础设施建设和项目投入，加大金融、保险业的扶持力度，优化龙头企业硬件环境。

第二，强化龙头企业与新型农业经营体的技术联结机制。夯实农村集体经济组织、农民合作组织等与龙头企业的社会资本合作模式，鼓励新型农业经营主体与龙头企业共建仓储烘干、晾晒场、保鲜库、农机库棚等农业设施，依法依规鼓励龙头企业盘活发展新产业所需的现有农村集体建设用地，支持龙头企业引进推广对新型农业经营体具有引领作用的新品种、新技术和新业态。

第三，强化龙头企业标准化、规模化占位。支持龙头企业上市融资，拓宽融资渠道，鼓励商业性保险公司扩大保险覆盖面，加大国家政策支持力度，增强龙头企业对新型农业经营主体聚能程度。

## 第三节　满足乡村振兴城乡融合需要的技术路径

筑农业现代化这条"路"和制造乡村这辆"汽车"以城乡文化融合为途径。在新时代中国走向现代化进程中，城市和乡村是两驾并驱的马车，城乡融合是一种必然。如何在实践层面上驱动或促进其融合？必须抓住城市和乡村需要和满足需要这两个关键点。从需要对象看，价值是共同点。换而言之，城乡融合的动因在于追求彼此需要的价值。因此，城乡融合要立足满足需要，审视城市和乡村需要结构中的价值要素。与此同时，在国家层面还必须正视乡村资源匮乏和生产能力问题，在政策、资金、技术上予以扶持，使城乡在共同理想、共同富裕、寻找精神家园语境下实现深度融合。

### 一　构筑共同理想

筑农业现代化这条"路"和制造乡村这辆"汽车"的共鸣点是实现国家现代化。社会主义制度作为我国的根本制度，为人民是根本目的。让村民与城市人共享国家现代化发展成果，绝不仅是简单的经济过程，而且是社会政治过程。在这一过程中，一方面，没有乡村社会的现代化就不可能实现国家全面的现代化；另一方面，乡村社会只有现代化才能共享国家现代化的发展成果。因此，国家现代化是城市和乡村共同的政治价值要素和理想，相互融合以满足各自需要为根本目的，从战略高度审视"三农"问题和立足共同政治理想驱动城乡融合是关键。

#### （一）从战略高度审视"三农"问题

实现国家现代化的第一基础是从政治战略高度审视"三农"问题。

"'三农'问题不仅仅是经济问题,更重要的是社会问题和政治问题。'三农'问题是由诸多原因造成的,其中既有历史原因又有现实原因,既有经济和技术原因又有制度原因。'三农'问题是一个系统的综合性的问题,必须用系统工程方法来解决,其中最关键的问题是要创造一个良好的制度、法制和文化环境。'三农'问题的核心是农业问题,必须以实现农业现代化为突破口来带动农民和农村问题的解决。'三农'问题解决与否的主要标志是是否实现农村现代化,必须采取综合性的措施来加速农村现代化的实现。"① 系统性和法治思维是审视的重点所在。

1. 系统性

实施乡村振兴战略所推进的是一场深刻的社会整体的革命,国家现代化是总目标,社会发展现状是大背景和起点,农民增收、农村建设、农业发展是社会一体化下的三个具体工作方向,产业兴旺、生态宜居、乡风文明、治理有效、生活富裕是总要求,建立健全城乡融合发展体制机制和政策体系和加快推进农业农村现代化是实现途径。

在社会宏观结构上,社会各系统和部门聚力不强,许多领域动作缓慢;一些地方虽设置了农业农村办公室,但人员配置远远不能满足工作需要,党管农业的职能形同虚设;一些领导干部官僚主义和形式主义倾向明显,乡村振兴工作被工业强省、市、县主旨所淡化。

在社会微观结构上,一些地方政府,优先发展农业意识淡薄,为实现工业化、城市化、城镇化而大量占用农用地现象严重;一些官员把精力放在短平快的个人业绩积累上,对"三农"问题的性质、发展规律、解决思路知之甚少,更不去深化对农业多重功能、农民多重属性、农村多重价值的认知;一些组织部门考核地方政府政绩时重视工业、城市、城市居民、经济总量,而淡化"三农"领域必须完成的硬任务。

如何解决?需要坚持农业农村优先发展总方针,更新发展理念,推进制度创新,突出政策导向,强化保障措施。

2. 法治思维

在围绕实施乡村振兴战略所进行的社会整体革命进程中,依法治国

---

① 窦祥胜:《关于"三农"问题的战略性思考》,http://www.qikanchina.net/thesis/detail/803714。

与依法解决"三农"问题是关键，途径是改革，法治思维是核心环节。在城乡融合语境下，坚持农业农村优先发展总方针，从根本上破除城乡二元结构，一系列的实践都需要"有法可依"。

在农民、农村、农业方面，包括农村土地集体所有权、农户承包权、土地经营权之间的权利关系，农业市场规范运行，农业资源使用，农村生态系统保护，依法保障农民增收、农业增长、农村稳定。

在城市方面，包括将农业农村优先发展置于城乡融合发展整体架构中，推进农业供给侧结构性改革，一、二、三产业融合发展，农村基础设施条件改善，农村基本公共服务水平提升，产权制度和要素市场化配置，培育农业农村发展新动能，持续缩小城乡居民收入差距，实现小农户与现代农业的有机衔接等。

因此，在推进城乡融合发展进程中，需要运用法治思维和法治方式来工作。依法界定农村土地集体所有权、农户承包权、土地经营权间的权利关系，依法规范市场秩序、完善农产品市场调控制度，依法推进自然资源开发保护，依法完善生态补偿，依法明确商业性金融支农责任，依法维权和化解纠纷机制，依法加强各项"三农"政策落实的督促检查。

### （二）立足共同政治理想驱动城乡融合

实现国家现代化的第二基础是立足共同政治理想驱动城乡融合。中国正处于实现中华民族伟大复兴的关键时期，国家现代化是标志，农村农业现代化是重要组成部分，解决"三农"问题是一项重大战略任务，它的有效途径就是城乡融合。

立足这个高度，不难发现共同政治理想强化了城乡解决"三农"问题的责任，也成为理念层面的城乡融合的动力源，统一思想和统一行动是关键环节。

1. 统一思想

新中国成立70年来，我们取得了举世瞩目的成就，但国家现代化的短板和难点都在农村。

一方面，农村剩余劳动力因城乡二元体制市民化之路困难较多。农业劳动生产率提升缓慢，农业经营规模难以扩大。

另一方面，乡村因城乡二元体制基本公共服务和基础设施不够完善。

人、资源、财政和金融等单向流向城市,导致乡村涉农二、三产业发展基础薄弱,新型农业经济体发展缓慢,乡村活力得不到释放。

为此,《意见》指出:"建立健全城乡融合发展体制机制和政策体系,是党的十九大作出的重大决策部署。改革开放特别是党的十八大以来,我国在统筹城乡发展、推进新型城镇化方面取得了显著进展,但城乡要素流动不顺畅、公共资源配置不合理等问题依然突出,影响城乡融合发展的体制机制障碍尚未根本消除。"①

破除城乡二元经济结构,才能以城市智慧赋能乡村多元产业,才能让农民工成为推进城乡融合发展的一支重要力量,才能推动城乡双向高质量发展,才能实现城乡统筹、一体,才能实现产业互动、节约集约,才能真正实现产业兴旺、生态宜居、乡风文明、治理有效和生活富裕。

2. 统一行动

城乡融合需要站在一体化高度谋划和规划,并在规划引领下统一行动,改革是规定动作。

改革的第一任务是破除城乡二元经济结构。重点是城乡居民基本权益平等化、城乡公共服务均等化、城乡居民收入均衡化、城乡要素配置合理化,以及城乡产业发展融合化,加快形成以工促农、以城带乡、工农互惠、城乡一体的新型工农、城乡关系。推动城乡要素有序自由流动、平等交换,积极引导城市人才、资本、技术下乡,汇聚乡村建设强大合力。把有志于农业农村发展的各类人才"引回来",让城里想为振兴乡村出钱出力的人在农村有为有位、成就事业,让那些想为家乡作贡献的各界人士能够找到参与乡村建设的渠道和平台,在振兴乡村中大展身手。②

改革的第二任务是强化产业支撑。以深化农村产权制度改革为突破口,通过保障土地经营权有序流转全面盘活农村土地,让绿水青山"活起来",引导社会资本流向农村;以农业供给侧结构性改革为主线,借势借力实现现代农业全环节升级、全链条增值;积极推进农业转型,通过

---

① 《中共中央 国务院关于建立健全城乡融合发展体制机制和政策体系的意见》,http://www.gov.cn/zhengce/2019-05/05/content_5388880.htm。

② 韩俊:《破除城乡二元结构 走城乡融合发展道路》,http://theory.people.com.cn/n1/2018/1116/c40531-30404210.html。

发展电商推动农村的特色产品、特色产业出口，通过政府、企业、村民的合作，因地制宜探索新的发展模式。

## 二 实现共同富裕

筑农业现代化这条"路"和制造乡村这辆"汽车"的依据是城乡共同富裕。共同富裕是中国特色社会主义制度的本质要求。在经济层面，谈城乡共同富裕尚需正视一个历史事实，即如今的城乡并不是站在同一起跑线上，原因是多方面的，有始于20世纪50年代后期迫于国际国内形势的政策倾斜导致的农业和农村资本积累向工业和城市的转移，有突出工业化特征的现代化进程所致的农业和农村发展能力的不足，有"城乡二元结构"带来的整个社会资源分配对乡村社会的不合理。因此，共同富裕是城市和乡村共同的经济价值要素和理想，在新时代，要实现城乡共同富裕，"输血"与"造血"是必由之路。

### （一）"输血"

实现城乡共同富裕的第一基础是"输血"。从2004年开始，"三农"成为连续16年的中央一号文件的主题。特别是党的十八大以来，农村土地"三权"分置、农业补贴政策体系、农业经营体系改革、农村集体产权制度改革……不断增强了农村社会的发展活力。

但是，"城乡二元结构"形成的农村社会人力、资源、资本、基础设施、公共服务、社会保障等方面的欠账是必须承认的事实，迫切需要在国家保民生的基础上以城乡融合为载体进行"输血"，重点是技术和资本。

1. 技术

实现农业现代化，宏观上是用现代工业、现代科学技术和现代经济管理方法提高农业生产力，微观上是用技术和科学管理方法实现种植、养殖、农产品深加工与营销在质量标准上的一体化，核心环节是技术。

与乡村相对应，新中国成立70年来，现代工业、现代科学技术以城市为载体获得了快速发展，尤其是植物学、动物学、生物化学、土壤学、信息学等现代技术已经达到世界中等水平，相关技术人才多数集聚于城市。

实现技术与农业现代化实践需要的对接城乡融合是必由之路。为此，

《意见》要求："建立城市人才入乡激励机制。制定财政、金融、社会保障等激励政策，吸引各类人才返乡入乡创业。鼓励原籍普通高校和职业院校毕业生、外出农民工及经商人员回乡创业兴业。推进大学生村官与选调生工作衔接，鼓励引导高校毕业生到村任职、扎根基层、发挥作用。建立选派第一书记工作长效机制。建立城乡人才合作交流机制，探索通过岗编适度分离等多种方式，推进城市教科文卫体等工作人员定期服务乡村。推动职称评定、工资待遇等向乡村教师、医生倾斜，优化乡村教师、医生中高级岗位结构比例。引导规划、建筑、园林等设计人员入乡。允许农村集体经济组织探索人才加入机制，吸引人才、留住人才。"[①]

2. 资本

实现农业现代化，需要农产品市场快速转变发展模式，更需要农产品市场逐步开放与国际化。要满足这些需要，不仅要实现农业资产配置理念的转变，即向标准化、净值型产品转变，更要实现多种金融工具组合的农村、农业大类资产配置性、波动率型的策略转型。

由此不难发现，中国农产品资本市场正在迎来服务农商品实体经济多层次、全面发展的机遇。为农村、农业带去产业将是城市发展的后劲所在，向农村投进农业产业发展资本，不仅是解决"三农"问题和农村发展的需要，更是城市可持续发展的需要。

为此，《意见》要求："建立工商资本入乡促进机制。深化'放管服'改革，强化法律规划政策指导和诚信建设，打造法治化便利化基层营商环境，稳定市场主体预期，引导工商资本为城乡融合发展提供资金、产业、技术等支持。完善融资贷款和配套设施建设补助等政策，鼓励工商资本投资适合产业化规模化集约化经营的农业领域。通过政府购买服务等方式，支持社会力量进入乡村生活性服务业。支持城市搭建城中村改造合作平台，探索在政府引导下工商资本与村集体合作共赢模式，发展壮大村级集体经济。建立工商资本租赁农地监管和风险防范机制，严守耕地保护红线，确保农地农用，防止农村集体产权和农民合法利益受

---

[①] 《中共中央 国务院关于建立健全城乡融合发展体制机制和政策体系的意见》，http://www.gov.cn/zhengce/2019-05/05/content_5388880.htm。

到侵害。"①

### （二）"造血"

实现城乡共同富裕的第二基础是"造血"。乡村振兴战略以产业兴旺、生态宜居、乡风文明、治理有效、生活富裕为蓝图，《意见》对城乡融合发展作出了具体规划安排，给出了城乡共同富裕的具体路径。就农村社会而言，振兴最终要通过内因来起作用。

因此，以国家保民生和以城乡融合为载体的"输血"为前提，"造血"是农村社会应有的责任，集体经济基础和农村集体资源是关键点。

#### 1. 集体经济基础

新中国70年的乡村发展历程充分证明：发展壮大村级集体经济是乡村获得健康发展的基石，夯实乡村集体经济基础的出路是产业。

乡村产业获得充分发展的条件是城乡融合。即立足城乡一体高度，改善农业生产基础条件，普及推广实用科技知识，组织农民依靠科技生产，引导乡村集体经济体拓宽产业和经营渠道，走市场化道路，打破分散经营模式，建设专业合作社，做成大产业，壮大村集体经济实力。

为此，《意见》要求："建立科技成果入乡转化机制。健全涉农技术创新市场导向机制和产学研用合作机制，鼓励创建技术转移机构和技术服务网络，建立科研人员到乡村兼职和离岗创业制度，探索其在涉农企业技术入股、兼职兼薪机制。建立健全农业科研成果产权制度，赋予科研人员科技成果所有权。发挥政府引导推动作用，建立有利于涉农科研成果转化推广的激励机制与利益分享机制。探索公益性和经营性农技推广融合发展机制，允许农技人员通过提供增值服务合理取酬。"②

#### 2. 农村集体资源

农村集体资源，即法律法规规定，属于集体所有的土地、林地、山岭、草地、荒地、滩涂、水面等自然资源。实施乡村振兴战略以来，产业成为重中之重，但是，许多地方受传统的自然经济影响，二、三产业发展相对于第一产业滞后，如何推进三大产业融合发展一直是重大课题。

---

① 《中共中央 国务院关于建立健全城乡融合发展体制机制和政策体系的意见》，http://www.gov.cn/zhengce/2019-05/05/content_5388880.htm。

② 《中共中央 国务院关于建立健全城乡融合发展体制机制和政策体系的意见》，http://www.gov.cn/zhengce/2019-05/05/content_5388880.htm。

事实上，二、三产业的基点应该放在农村集体资源上，它是优势，也是特色。如何彰显？城乡融合是载体，即立足城乡一体高度，集聚城乡人、财、物，实现技术、人才入股，立足农村集体资源禀赋，抓住和突出市场变化这个重点，加强市场研判，选准和培育主导产业，建构产销对路、优势互补、各具特色、良性循环的产业格局。

为此，《意见》要求："建立新产业新业态培育机制。构建农村一二三产业融合发展体系，依托'互联网+'和'双创'推动农业生产经营模式转变，健全乡村旅游、休闲农业、民宿经济、农耕文化体验、健康养老等新业态培育机制，探索农产品个性化定制服务、会展农业和农业众筹等新模式，完善农村电子商务支持政策，实现城乡生产与消费多层次对接。适应居民消费升级趋势，制定便利市场准入、加强事中事后监管政策，制定相关标准，引导乡村新产业改善服务环境、提升品质。在年度新增建设用地计划指标中安排一定比例支持乡村新产业新业态发展，探索实行混合用地等方式。严格农业设施用地管理，满足合理需求。"①

## 三　建设共同精神家园

筑农业现代化这条"路"和制造乡村这辆"汽车"的终极目的是建设城乡共同精神家园。"文化是一个国家、一个民族的灵魂。"② 城市和乡村作为人类社会进程中的两种文化体，"城市是人类人化自然和自身的产物，以文化为形式，表现人类的文明程度。城市的文化本质是城市精神，城市精神是城市的灵魂，表现为城市共同需要对象化过程中至真至善至美的思维活跃状态"。③ 与城市相对应，乡村是村民世居的地方，积淀着丰厚的历史文化底蕴，表征着村民独有的精神状态和行为特征，乡愁是村民心灵的家园。在中国特色社会主义文化世界中，寻找精神家园是城市人和乡村人共同的文化价值要素和理想，传统文化和先进的现代供给是城市和乡村寻找精神家园的共同需要。

---

① 《中共中央　国务院关于建立健全城乡融合发展体制机制和政策体系的意见》，http://www.gov.cn/zhengce/2019-05/05/content_5388880.htm。
② 习近平：《决胜全面建成小康社会　夺取新时代中国特色社会主义伟大胜利——在中国共产党第十九次全国代表大会上的报告》，人民出版社，2017，第40页。
③ 孙鹤：《文化视域中的城市精神问题研究》，《辽东学院学报》（社会科学版）2011年第1期。

## （一）先进的传统文化供给

建设城乡共同精神家园的第一基础是先进的传统文化供给。人是有"根"的，谓之生理 DNA 和文化 DNA，其中，文化 DNA 是一代又一代人的文化之根。它成长于民族文化的土壤中，决定着人们对生活的自信和憧憬。

中国是一个农业大国，以农耕文明为主要形式的传统文化影响根深蒂固，并在经历了否定之否定辩证认识的发展历程后，早已融入我们的血脉之中。尽管我国工业取得了突出成就，城市发展速度和规模远远超越于乡村，但城市文化之根仍然在乡村。所以，优秀传统文化供给是城乡共同精神家园建设的共同主题，文化传承和文化共享是关键环节。

1. 文化传承

文化 DNA 作为"遗传基因"，规定着文明的形态，尽管文化需要产生的时代平台不同，但业已形成的文明始终具有约束或规范满足需要行为的功能。在这一进程中，这种约束或规范性是文化之根，也是文化获得进步形成文明的依据，失去了根的文化也就失去了自身的存在意义，而维护这个"根"的行为就是文化传承。

在以科技为引领的当代人类文化进程中，各民族为了获得自身文化发展，不断借鉴新的异域文明元素，但如果失去了自身文化之根，也就不可能建立起尊重自己需要且能够满足自己需要的文化体系。

事实上，任何社会系统的演化都离不开文化与文明的交互作用。即进步与传承的碰撞，有着各自的规律，两者的方向一致会相互协调、促进，两者的方向相背并达到一定临界点，会发生摩擦或冲突，或引起文化变迁，或引起两者掣肘。前者容易形成与传承相适应的新的文化价值范式，后者容易造成迷茫。

因此，我们追求的文化发展应是文化与文明形成新的发展合力的发展。立足这个视点，审视城乡融合进程中的文化与文明关系，不难发现城乡有共同的文化传承才有共同的文化基础，也只有立足这个基础，城乡才可能共同创新符合一体化发展要求的新的文化发展合力和方向。

2. 文化共享

中华文化之所以能够源远流长，除体系上的"海纳百川"功能外，还有一个重要的功能，即滋养民生，或言文化即民生。它通过吃饭、穿衣、住房、交通、医疗等基本的物质生活来表现，呈现为经济生活、政治生活、文化生活、社会生活等多种形态，启蒙着人们的心智和认识社会的思想方向，具有愉悦身心、陶冶性情和获得精神满足的现实功能。

城乡融合本质上是文化和文明的融合。需要站在文化也是民生的高度，审视和布局城乡文化一体化发展。

目前，许多村落日渐淡化了文化传承与创新，碎片化的文化意识尚不能支撑起精神上的内在需求，物欲正在替代人们的精神需求；与之相对应的城市，虽是人类社会多元文化的激荡地，但城市人终究要找到自己的文化之根。围绕这两方面问题，不难发现城乡的共同需要是文化之根和满足文化需要，或言建立精神家园，共同的即是共享的对象。

因此，立足城乡一体化，建设共同的精神根基和凝聚人心的精神纽带，是一种民生追求。需要从维护城乡人民基本文化权益着手，统一布局，实现公共文化建设和服务均等化，促进文化传承以及文明信息资源共享，消除文化数字鸿沟，形成人人参与文化传承和共享文化成果的新局面。

### （二）先进的现代文化供给

建设城乡共同精神家园的第二基础是先进的现代文化供给。《中共中央 国务院关于支持深圳建设中国特色社会主义先行示范区的意见》要求："全面推进城市精神文明建设。进一步弘扬开放多元、兼容并蓄的城市文化和敢闯敢试、敢为人先、埋头苦干的特区精神，大力弘扬粤港澳大湾区人文精神，把社会主义核心价值观融入社会发展各方面，加快建设区域文化中心城市和彰显国家文化软实力的现代文明之城。推进公共文化服务创新发展，率先建成普惠性、高质量、可持续的城市公共文化服务体系。"[①]

这对当下与未来城乡文化一体化道路的探索是一种启发。中国的城市在70年的高速发展中已经积淀了丰富的先进文化要素，以优秀传统文化供给为前提，向乡村供给先进的现代文化是城乡融合的关键环节，文化自觉和实现文化自信是主要目的。

---

① 《中共中央 国务院关于支持深圳建设中国特色社会主义先行示范区的意见》，http://www.gov.cn/xinwen/2019-08/18/content_5422183.htm。

### 1. 文化自觉

改革开放以来，随着经济全球化的全领域深入和市场经济体系的逐步完善，如何认识自己的文化一直是一个焦点问题，其答案无时无刻不在影响人们开创新文化的历史根据和现实基础，本质上是文化自觉问题。

具体表现为：文化在社会进步中的地位为经济和财富指标所暗淡，明星、大腕、富豪日渐成为社会文明的标识，经济活动日渐替代文化活动；文化发展规律被漠视，文化宗法化、形式化、业绩化现象严重，文化建设超越现实的经济社会条件、急功近利，长官意志代替民众意志；文化历史责任被漠视，感官愉悦替代自己的文化旗帜，以新奇为标尺。这些表现在乡村尤为突出，文化传承因为带不来经济效益而很少有人去做，一些在做的人也处在内容对象不清晰、基本内涵阐释和界定不清状态。

原因在于社会引领和激发力不足，缺失村民文化自觉的内动力。部分地区虽然重视激发村民文化自觉，但对传统文化元素挖掘不够、利用不足，文化遗产保护与经济社会发展相结合的自觉性不够，与文化产业对接不到位。

如何解决？应该立足城乡文化融合的高度。以文化即民生为原则，加强城乡公共文化一体化建设，因地制宜，实现乡村文化之根维护与城市文化资源开发的有机结合，打造共同文化环境，为实现城乡文化自觉奠定坚实基础。

### 2. 文化自信

乡村凋敝其实只是一种外在风貌的描述，内在原因应是文化自信的丧失。具体表现为：对既有优良传统文化的否定与放弃，为生存需要和利益而无视自我文化之根；对外来文化来者不拒，凭感官吸纳并为我所用；对自己的发展前景不能用文化表述清楚，缺失认识文化体系转型的能力。

改革开放以来，乡村的物质生活水平有了明显提升，但处在全面深化改革进程中的村民，为拜物逻辑所纠缠，重视物质生产的优先性，在不同民族间的文化碰撞进程中，盲目追求物质的丰盈，并以此替代精神家园的地位，焦虑与空寂并存。与此同时，由于城乡二元文化体制的作用，文化被条块化、区域化，缺失城市对乡村系统、有效的文化供给机制，加上乡村文化设施薄弱，文化活动匮乏，以至于留在乡村的人不安心，回报乡村的人没信心。

如何解决？应该立足城乡文化融合的高度，以促进村民文化自觉为前提，因地制宜、因时制宜，把文化建设贯穿于城乡融合的各领域、全过程，形成城乡相互配合、齐抓共管的文化民生工作机制。以文化乐民、文化富民为原则，建设集普惠性、公益性、服务性、共享性、均等性、全覆盖性于一体的城乡公共文化服务体系，以实现城乡居民在精神层面的共建共享为目标，建设广泛的城乡居民文化互动平台，提升城乡居民的民主素养、科学素质、法治意识、道德水平，引导城乡居民在不断获得文化参与感、获得感、幸福感的过程中，形成文化自信。

# 第五章　乡村振兴战略实践的共同富裕路径

社会为何物？曰：人与人关系的总和。人与人为什么要建立关系？曰：实现自身满足需要力量的最大化。这种关系怎样建立起来？曰：合作与协作。筑农业现代化这条"路"和制造乡村这辆"汽车"，必须明确人类社会现代化是最大限度满足所有人需要的必要途径这一事实。然而，在人类现代化历程中，随着现代化程度的不断提高，社会发展成果并没有惠及绝大多数人的事实，引领着人们拷问社会制度和政策属性，于是，有了社会主义和资本主义的社会制度分野，有了马克思对共产主义制度的构想和人民对共产主义社会的向往和追求。当代中国是社会主义国家，中国特色社会主义现代化谋求的是共同发展基础上的共同富裕，缩小贫富差距一直是新中国深化制度和政策改革的根本目的。就乡村而言，实施乡村振兴战略的基本目的就是要实现城乡共同发展基础上的共同富裕，这是社会主义本质的必然要求，消除两极分化是关键，共建共享是驱动环节。

## 第一节　乡村振兴的共同富裕需要

筑农业现代化这条"路"和制造乡村这辆"汽车"的宗旨是实现共同富裕。社会主义以共产主义为追求，世界社会主义国家虽然所走的道路和模式各有特征，但共同富裕的本质追求是相同的。如何实现共同富裕？进入社会主义阶段以后，毛泽东指出："人们在劳动生产和分配中的相互关系，总要不断地改进，这方面很难说有什么底。"[①] 邓小平指出："社会主义的本质，是解放生产力，发展生产力，消灭剥削，消除两极分

---

[①] 《毛泽东文集》第8卷，人民出版社，1999，第136页。

化,最终达到共同富裕。"① 进入新时代,习近平指出:"人民当家作主是社会主义民主政治的本质和核心。"② 村民是人民的重要组成部分,解放和发展乡村生产力与村民当家作主应是实现共同富裕的必由之路。

## 一 生产力发展之需

实现共同富裕的第一基础是解放和发展乡村生产力。乡村为什么会凋敝?原因固然很复杂,但从年轻人背井离乡、村民收入低下、环境污染和土地撂荒等现实看,乡村生产力的衰竭是一个关键要素。换而言之,就是乡村这辆"车"没有产生动力的机制和"油"。如何解决?应从体制上下功夫,原因在于城乡二元治理让村民失去了对农业、乡村发展的信心,"去农化"乡村治理体系让乡村由"空心化"走向消失,城市资本下乡壁垒让资本继续由乡村输向城市、让现代科技难以有偿服务"三农",乡村二、三产业的空白或微弱直接导致农产品缺失价值体现或增值的载体。问题来源于社会体制,通过体制改革解放和发展农业及乡村是解放和发展乡村生产力的关键点。

### (一) 通过体制改革解放和发展农业

体制改革的第一对象是农业,农业科技创新和农业社会化服务体系是改革的重点。

1. 农业科技创新体制

目前,有许多问题亟待通过农业现代化来解决,如粮食要增产、农民要增收、村集体经济要增长、农商品要品牌化、农业产业要可持续发展、绿水青山要转化为金山银山、生态环境要符合人与自然和谐发展要求等。

当前的农业科技尚不能高效解决资源消耗和化肥农药的超标使用问题,如喷灌技术落后、水资源浪费严重、农药化肥污染严重等。农产品科技含量低,农商品附加值低等问题依然突出,必须解决农业科技创新体制机制僵化的问题。

拓展农业科技企业功能,建设企业间信息共享、利益关联机制。

---

① 《邓小平文选》第3卷,人民出版社,1993,第373页。
② 《十八大以来重要文献选编》(中),中央文献出版社,2016,第54页。

建设适应当代要求的供需结构对应的利益相互联结的高效的与农业发展需求相适应的农业科技科研体系。增加科研经费投入，加强基础性研究，协调攻关重大科研项目设置，建设激励机制，重视推广先进农业技术。

如何解决这些问题？

目标：新型农业科技创新体系建设和能力开发。

对象：农业和农村经济结构优化、农业效益提高、农民收入增加、农村生态环境改善等。

主要任务：保障农产品增产特别是粮食安全，为提高农业整体效益、增加农民收入提供支撑，为生态环境建设提供技术服务，为提高农业国际竞争力提供技术基础。

农业科技创新体制改革，需要以农业供给侧结构性改革为途径。

提高科研经费投入和使用效率。注重顶层设计，增强政策灵活性和精准性，增强农业科技创新资源集成，创新链上各要素间的衔接和互动，建设资源共享平台。

建立科技激励机制，破除体制机制障碍。以驱动为目的，建立健全管理制度，厘清政府和市场关系，实现农业实用技术、科技成果示范、农技人员培训、技术需求采集传输等一体化。

深化科研机构改革，赋予科研自主权。强化企业创新主体地位，促进科技资源市场化运营和服务，扶持和培育现代农业科技型龙头企业。

增强科技协同创新，建立农业行政管理部门、高校科研院所、技术推广机构、科技型企业一体化协调机构。密切科技与生产、技术研发与区域产业发展、中央与地方科研资源的衔接，建成部门、区域、学科间协作的产学研用一体的创新体系。

2. 农业社会化服务体系体制

农业社会化服务体系是农业分工体系与市场体系对接的需要。

通过专业化、规模化、高效率的社会化服务带动农业生产适度规模经营，有益于通过集聚科技、信息、资金、人才等现代生产要素、先进生产工具、技术和方法为农业生产经营主体提供现代化服务。

通过农资、农技、农机、生产性服务等方面的规模化供给减少农业生产成本和劳动力投入、提高农业经济收益、促进农业技术创新和应用、提高农产品质量、增加产品附加值、推动农业与其他产业的融合发展。

提升农产品附加值、拓展农业产业链价值空间。主要着力点是培育新型农业服务主体，推进农业社会化服务能力建设，创新服务内容和方式。①

以此作为满足"构建现代农业产业体系、生产体系、经营体系，完善农业支持保护制度，发展多种形式适度规模经营，培育新型农业经营主体，健全农业社会化服务体系，实现小农户和现代农业发展有机衔接"②需要的重要途径。

需要进一步提高认识。把建设农业社会化服务体系纳入重要章程，落实扶持政策，凝聚全社会力量，统筹推进。

既加强顶层设计，又科学理顺政府和市场的关系。建立以市场为导向，以农业社会化服务企业为主体，以科研院所和服务型政府为支撑的，重点突破、整体推进、职责分明、结构合理、开放共享的管理体制。

推进农村经济结构由分散向企业化以及一、二、三产业融合方向发展。发展农民合作经济组织，完善农业支持服务体系，建立农业重大灾害保险机制。

### （二）通过体制改革解放和发展乡村

体制改革的第二对象是乡村。农村现代化是一个十分广阔而深刻的概念，依据乡村振兴战略总要求，应包括农村产业现代化、农村生态现代化、农村文化现代化、乡村治理现代化和农民生活现代化，是一个有机整体。

需要依靠科技进步和制度创新。实现农业生产方式转变、小农户与现代农业有机衔接和农村一、二、三产业融合发展，形成兴旺发达、绿色安全、优质高效、具有竞争力的现代乡村产业体系。

坚持生态保护优先。全面实现农业农村绿色发展，推进农村生态文明全面进步，促进人与自然和谐共生，建设一个山清水秀、环境优美、生态宜居的美丽新乡村需要以社会主义核心价值观为引领，积极倡导科

---

① 赵然芬：《健全农业社会化服务体系》，http://theory.gmw.cn/2019-03/23/content_32671944.htm。
② 《权威发布：十九大报告全文》，http://sh.people.com.cn/n2/2018/0313/c134768-31338145.html。

学文明健康的生活方式，大力传承和弘扬农村优秀传统文化，促进农耕文明与现代文明相融共生，需要坚持以人民为中心的发展思想，立足于实现公共利益的最大化，加快推进治理方式和手段的多元化，因地制宜探索各具特色的治理模式。

以农民生活富裕为基本准则。全面推进城乡融合发展，加快建立主要依靠本地产业支撑的农业农村导向型农民持续增收长效机制，实现城乡基本公共服务均等化和城乡居民生活质量的等值化。[①] 需要通过体制改革来实现，市场机制配置和文化机制配置是重点。

1. 市场机制配置

应该说，在新中国70年的历程中，市场这个概念一直与农产品转化为农商品的进程同步，许多农民往往是在经历市场风险后才知道市场的存在。

关于市场机制，许多村干部也只是近几年才有所感知。当我们思考农民怎样才能富，村集体怎样才能强时，市场机制是一个绕不开的问题。在市场经济条件下，乡村的发展无法离开市场，需要按照市场机制来科学配置乡村生产要素。这些要素包括土地、劳动力、资金、科学技术、地域禀赋等，乡村的发展总是通过它们在农业领域合理流动、优化组合来实现的，需要一种机制来支撑，包括"放活农村"和"放活市场"。

"放活农村"，即通过精简乡镇机构激发农民自主性和创造性，通过调整国民收入分配格局扩大对农业和农村的投入份额，通过城乡统筹实现城乡一体化，通过农村环境治理实现农村生产力可持续发展。

"放活市场"，即通过加大转移支付力度对农业进行补贴（按商品量征税、直接补贴、小型基础设施建设由国家和地方投资、国家和地方政府安排专项基金培训农民），通过创新农村金融体制保证资本要素的投入（服务农村工业、农业企业的专业金融机构，服务农户的小额信贷机构，服务企业投资和开发的农业项目）。

有了这两个条件，小农户与村集体以及其他企业才能以"三权"分置为前提，实现产业语境下的劳动力、土地等乡村生产要素的深度融合

---

[①] 肖伟：《如何理解农业农村现代化》，https://baijiahao.baidu.com/s?id=1626571305772370130。

和合理配置。

2. 文化机制配置

文化机制,即乡村文化体的构造和工作原理。就构造而言,其要素包括:文化的历史、文化的村民、文化氛围、文化的活动和平台;就工作原理而言,要素包括:内部文化互动和外部文化互动。

乡村文化机制配置,主要是适用于乡村文化体内外部高质量互动的条件配置。这是一个十分前卫且紧迫的课题。原因在于处在网络信息高度发达的当代,文化话语权一直是乡村全部问题中较为关键的问题。进入新时代,宣示中国特色社会主义文化正能量,确保文化导向主导权、话语权是重要使命。

然而,文化是有规律的。文化互动起因于需要和满足需要,科学配置乡村文化体内外部高质量互动条件至关重要。

需要通过增加资金投入实现城乡文化基础设施均等化和强化农民文化骨干培养。尊重农民的文化主体地位和提升乡村文化的乡土性、地方性,需要系统研究并把握农民个性化、差别化的文化需求,通过培育乡村文化社团传承优良乡风、文化技艺以及拓展其多元化生存发展空间。

投入人力和物力系统发掘、整理乡土文化和培养文化传承人。推进引领乡村以建筑、礼俗、工艺、服饰、典籍等为基础的文化产业发展,促进乡村文化与农业、生态、旅游、科技等深度融合的富民、强村新业态,培育乡村文化与中国特色社会主义文化的契合点,提升农民文化消费能力。

## 二 村民当家作主之需

实现共同富裕的第二基础是人民当家作主。人民当家作主是社会主义民主政治的本质和核心,包括权为民所授、法为民所制、执政为了民、人民国家人民管、人民生活有尊严等内涵。"我们要坚持国家一切权力属于人民的宪法理念,最广泛地动员和组织人民依照宪法和法律规定,通过各级人民代表大会行使国家权力,通过各种途径和形式管理国家和社会事务、管理经济和文化事业,共同建设,共同享有,共同发展,成为国家、社会和自己命运的主人。"[①] 在我国乡村,村民作为人民的一部

---

① 《十八大以来重要文献选编》(上),中央文献出版社,2014,第89页。

分，如何才能当家作主？当前，一些地方出现"村霸"，一些村委会成员截留私吞村民的农业补贴、贪污集体共有财产、私卖村民土地、公然藐视民意、"独裁"和欺骗村民、贿选等，致使村民苦不堪言。诸如此类的问题，不能不让我们看到乡村政治生态建设的重要性和紧迫性，提升村民当家作主能力和加强村民自治制度的建设是关键点。

### （一）提升村民当家作主能力

村民当家作主的第一基础是提升村民当家作主能力。在近代中国的历史进程中，历史和人民选择了能够让人民当家作主的中国共产党和社会主义制度，人民当家作主因此成为社会主义民主政治的本质要求和政治文明建设的根本出发点和归宿。在我国当代乡村，如何实现村民当家作主是一项系统工程，也是一个重大现实课题，村民当家作主能力是最基础的问题，自主推选自己的领头人、行使民主权和监督权是重点。

1. 自主推选自己的领头人

在乡村社会建设中，有两个关键词，即"自主"和"领头人"。众所周知，乡村是一个命运共同体，尽管近年来有所弱化，但以集体经济和乡土文化为纽带的机制依然存在，即合作与协作关系。它以村民生存、生活利益最大化为目的，是法律底线上的村民自觉建构并接受的体系，即村民自治组织，自觉通过自主来体现。

在这个体系中，领头人应是能为全体村民遮风挡雨和谋取利益最大化的人。我国在法律上确立村民自治地位以来，推进和保证了乡村由传统向现代的转化进程，但仍然存在许多问题，"自主"的意志呈现和"领头人"的产生就是其中最为核心的。

除前文有述外，关于"自主"，许多村民尚没有珍惜自己的意志。为眼前利益或暂时的诱惑所左右，甚至屈服于权贵，不为未来打算，吃亏了不问自己的选择，而去找政府。

关于"领头人"，现实中的许多乡村很难发现村民满意、道德水准高、政策和市场把握准、公正且能力强的理想化的，而当选村主任的多是有富裕背景的，有的家住在城里，立足村集体平台谋私者不少。

这两个问题的焦点是农民主体地位的确立和培育，它是推进我国农村基层民主建设中的关键问题。

## 2. 行使民主权和监督权

第九届全国人民代表大会常务委员会第五次会议1998年11月4日修订通过的《中华人民共和国村民委员会组织法》总则第二条指出："村民委员会是村民自我管理、自我教育、自我服务的基层群众性自治组织，实行民主选举、民主决策、民主管理、民主监督。村民委员会办理本村的公共事务和公益事业，调解民间纠纷，协助维护社会治安，向人民政府反映村民的意见、要求和提出建议。村民委员会向村民会议、村民代表会议负责并报告工作。"①

赋予村民的核心权利是民主权和监督权。它是处在工业化、城市化、市场化进程中的农民，在国家政治生活和社会生活具有主体地位的表征，也是村民运用民主权利来保障自己合法权益的工具，更是"自主"意志呈现和"领头人"产生的必要条件。

《中华人民共和国村民委员会组织法》第三十条规定"村民委员会实行村务公开制度"，依据此法，村民委员会应当及时公布下列事项："（一）本法第二十三条、第二十四条规定的由村民会议、村民代表会议讨论决定的事项及其实施情况；（二）国家计划生育政策的落实方案；（三）政府拨付和接受社会捐赠的救灾救助、补贴补助等资金、物资的管理使用情况；（四）村民委员会协助人民政府开展工作的情况；（五）涉及本村村民利益，村民普遍关心的其他事项。"一般事项至少每季度公布一次，集体财务收支较多的应当每月公布一次，涉及村民的重大事项应当随时公布。事实上，笔者在对1000多个村的寻访中发现许多村做不到，许多村民也很少履行民主监督权利，致使一些地方村干部胡作非为。需要加强村民自治和民主监督意识培育，需要建立通达的言路，需要加强对村民自治状态的有效监督。

### （二）依法加强村民自治制度建设

村民当家作主的第二基础是依法加强村民自治制度建设。村民自治制度是村民当家作主的保障，制度依据是1982年12月五届全国人大第五次会议通过的宪法和1998年11月九届全国人大常务委员会第五次会

---

① 《中华人民共和国村民委员会组织法》，https://baike.so.com/doc/5376224-5612339.html。

议通过的《中华人民共和国村民委员会组织法》。

村民自治实行以来，取得了很大的成绩，但也存在许多问题。如民主意识不足所致的被动参与，运行环境不佳所致的经济势力、宗族势力对选举权的践踏，保障体制不健全所致的村民代表会议体制落实不到位和制度形同虚设等。需要依法加强村民自治制度建设，重点是政治核心和经济核心。

1. 政治核心

也是在寻访中笔者发现许多村的"村两委"间的矛盾比较突出，甚至有的村委会主任公开挑战村党组织的存在价值，一些地方村党组织形同虚设。这是一个很严重的问题，解决的瓶颈是村党组织的政治功能。

在国家现代化进程中，国家和党的意志是至高无上的，任何乡村的发展都必须以此为条件，村党组织对村一切工作的领导因此成为必然。

需要抓基础和强自身。深化从严治党，构建作风建设长效机制，不断巩固村民的主人翁地位，依法、民主、科学执政，从完善民主制度入手，有序扩大村民的政治参与。

党组织把握方向和确立战略。强化党对村的战略引领、绘制发展蓝图，打造村有资本运作、村企重组整合、村有资产经营管理、村企改革及投融资格局。

抓治理和强管控。把党的领导融入乡村治理各个环节，把党建纳入村民自治章程和村规民约中，明确党组织在乡村治理结构中的地位以及具体权责和工作方式，构建适应乡村资本运营的制度体系和防风险监督体系，全面提升现代治理能力。

2. 经济核心

党组织政治权和村民自治权的价值点主要是贯彻党和国家的发展意志，以实现共同富裕为目的，以经济发展为前提，实现农民增收和村集体经济可持续增长，维护的是广大村民的共同利益，保护的是广大村民的共同发展权，党组织对村民自治的领导还要体现在经济核心地位的奠定上。

在执政理念上，一切从村民利益出发。始终从以村民为本的本体上来树立执政权威，问政于村民，问计于村民，问需于村民，绝不让村民共同利益旁落于官僚和富豪手中。

需要抓改革和促发展。要聚焦主业,以党对村各级、各类组织的领导统领改革创新、重塑发展架构,形成有核心、重点和支撑的战略架构,形成战略投资引领、资本运作核心、资产经营手段融于一体的财务、法律、审计、纪检监察保障体系。

需要抓经营、提效益。构建责任目标体系、明确村有资产经营责任、盘活村有资源资产。需要抓项目和促转型,拓展资产经营、股权管理、资本运作、投融资等功能,突出产业引领,优化产业结构,拓宽发展的空间,促进转型升级。

## 第二节　满足乡村振兴共同富裕需要的关键

筑农业现代化这条"路"和制造乡村这辆"汽车"的前提是缩小城乡区域差距。子曰:"富与贵,是人之所欲也,不以其道得之,不处也;贫与贱,是人之所恶也,不以其道得之,不去也。"[1] 其中,"道"在今天可以从导致人的贫富贵贱的社会体制机制来理解。就贫富"两极"而言的,指的是产生贫富两极变化趋势的体制机制因素。自1956年中国正式进入社会主义轨道以来,特别是1978年启动的改革开放以来,我们在生活巨变的同时,也不得不看到阶层、区域、城乡之间的贫富差距日渐增大。原因在哪?答案是市场经济体制不完善以及户口和土地制度等。就城乡之间的贫富差距而言,根子在城乡二元经济结构。它形成了居于低效率的传统农业的村民和居于现代产业的城市劳动者之间的收入差距,赋予乡村平等发展地位和机遇,完善城乡基本经济和分配制度,是缩小城乡区域差距的必由之路。

### 一　赋予时代机遇

缩小城乡区域差距的第一基础是赋予乡村平等发展地位和机遇。城乡区域差距的原因是多方面的,但"城乡二元治理"是直接原因。与城市相比,以乡村为对象,资金投入少直接影响村民生产生活条件和增产增收,经营体制改革滞后直接导致农产品与市场衔接、提高规模效益、

---

[1]　程石泉:《论语读训》,上海古籍出版社,2005。

减轻农民负担难，科技投入少直接导致科研、政策落实和农技推广能力的弱化，以城为主的乡村政策不足直接导致村民收入不能快速增长。用一个直观的描述就是乡村成长的"鱼塘"既缺"氧气"又缺"饵料"。

(一) 政策送"氧"

赋予乡村平等发展地位和机遇的第一基础是政策送"氧"。关于政策扶持，2004年中共中央、国务院《关于进一步加强农村工作提高农业综合生产能力若干政策的意见》就提出农业发展环境（农村小型基础设施、农产品流通和检验检测设施、农业发展综合配套体系）、农业竞争力（粮食生产、特色农业、畜牧业、粮食主产区农产品加工业、农业产业化经营）、农业投入机制（农业投资管理体制、农村小型基础设施产权制度改革、农村金融改革和创新）、农民和农村社会全面发展（农民职业技能培训、农村社会事业）等政策。

党的十八大以来陆续出台一系列惠民政策。如扶持农业发展（"两减免三补贴"、粮食主产区支持、稳定增长的支农资金）、提高耕地质量（保护耕地、农村土地承包、培肥地力）和农田水利和生态建设（农业科技创新能力、良种良法推广、农业技术推广）等政策。

但是，从效果上看，由于几十年的"城乡二元治理"，强大的惯性仍然是村民吸到政策"氧气"的瓶颈。因此，提高政策送"氧"效率的关键在于从源头上根除"城乡二元治理"政策，内容包括平等发展地位和机遇。

1. 送平等发展地位的"氧"

在国家视野中，与城市相对应，乡村也是一个文化体，满足其存在和发展需要是实施乡村振兴战略的首要目的，也是一个输"氧"的过程。为什么要有这个过程，乡村因缺乏产业支持而衰败了，而国家发展的根本目的就是要实现共同富裕。

它所需要的"氧"首先是平等的发展地位。

对此，中共中央、国务院印发的《乡村振兴战略规划（2018—2022年）》提出重塑城乡关系，强调通过推动城乡要素自由流动、平等交换，构建乡村振兴新格局，改变了"以城统乡"的传统思路。在实践层面，城乡融合的前提是城乡发展地位平等，地位平等是实现城乡要素自由流动、城乡主体共生共荣的关键。

确立城乡平等发展地位，首先要破除城乡二元的制度屏障。如教育科技、医疗卫生、农民就业创业领域的限制、不平等的硬性规定，农村金融领域投资融资的桎梏，公共服务领域的养老、金融保险、住房保障等的不平等性，土地利用领域的土地增值收益上的不平等性等。

所以，在向乡村输"氧"的过程中，首先要输入的是确立其平等发展地位的法律、制度、政策之"氧"，这是一项系统工程，需要扎实推进、系统落实。

2. 送平等发展机遇的"氧"

实施乡村振兴战略对城乡发展都是一种机遇，城乡融合思路正在让许多城市人或企业关心乡村，这是一件好事，关键要突出乡村的主体性，简单地说就是不能因为外界的关心而失去了乡村的自我，这便有了平等发展机遇问题。

立足这个视角，以建设平等发展地位的法律、制度、政策体系为前提，乡村发展所需要的机遇主要是挖掘、集聚、科学配置生产要素，造好乡村这辆"车"，筑好农业现代化这条"路"，让农产品走进市场，城乡一体化发展是载体。

以此为基点，送平等发展机遇的"氧"包括以法律、制度、政策为主导的乡村的劳动力、土地、地域禀赋、集体经济要素与城市人才、技术、资本、产业、工业等要素的深度融合，两者的交会点是新型城镇化[①]。没有这一交会点，富余劳动力就没有归处，乡村土地等资源就不能合理流动，乡村产业与市场就不会科学对接，城市要素也无法流入乡村。《乡村振兴战略规划（2018—2022年）》所提出的乡村振兴新格局是指乡村振兴和新型城镇化的双轮驱动，即把乡村振兴纳入整个城镇化体系，在整体规划中体现新型城乡关系，以城带乡，以乡促城。

（二）市场填"料"

赋予乡村平等发展地位和机遇的第二基础是为乡村进入市场填"料"。中国多数乡村事实上是在毫无准备的情况下面对市场的，也是在"城乡二元治理"背景下进入传统农业向现代农业转化进程中的。于是，

---

① 以城乡统筹、城乡一体、产业互动、节约集约、生态宜居、和谐发展为基本特征的城镇化，是大中小城市、小城镇、新型农村社区协调发展、互促共进的城镇化。

有了如何让农产品转化为农商品和品牌的新课题。在这一进程中，乡村发展的主要瓶颈是市场环境和技术市场，它们也是政府通过政策为乡村进入市场所必须填的"料"。

1. 市场环境

通常，农产品是需要通过农业企业与市场对接的。农业企业与市场的关系是传统农业向现代农业转化过程中的关键环节，既是一个认识过程，又是一个政策和技术体系建构的过程。其中，政策体系建构最为重要，建构的正是市场环境。改革开放以来，我国十分重视工业企业市场环境建设，而农业企业与市场的关系也只是近些年才被广泛重视。

相对于工业企业，农业企业具有企业的共性也具有自身的特殊性。其特殊性是由农业发展规律决定的，如农产品的"生命"属性，包括生长节奏、自然环境、季节和周期、区域类别等方面；粮食产品的"国民"性，包括国民经济所需，出售所需，种子、饲料、口粮和工业用原料所需，农民消费所需等；生产资料的"专有"性，包括土地、自然禀赋、生产操作空间等。

农业企业市场环境建设要充分尊重其特殊性，需要将农业保险区别于其他财产保险。由保险标的、风险性质、商品性质、经营方式和组织形式等方面入手，建立健全政策性农业保险制度体系。

深化金融支持农业的供给侧结构性改革。聚焦农业生产方式转型、新型农业经营主体、农村中小微企业的金融需求，创新"农业产业链金融"模式、金融产品、抵押担保方式，精准扶贫，建设分工合理、相互补充的农村政策性、商业性、合作性、开发性金融供给体系。

建立健全财政惠农体系。

以促进农业生产发展与流通为目的。实施耕地地力保护、农机购置、优势特色主导产业、国家现代农业产业园、农业产业强镇示范、信息进村入户整省推进示范、奶业振兴、畜牧良种推广、重点作物绿色高质高效行动、农业生产社会化服务、农机深松整地、耕地轮作休耕制度试点、产粮大县、生猪（牛羊）调出大县、稻谷生产、草原生态保护、渔业增殖放流、果菜茶有机肥替代化肥行动、农作物秸秆综合利用试点、畜禽粪污资源化处理、地膜回收利用、重金属污染耕地综合治理等方面补贴。

以农田建设为方向。支持高标准农田建设、东北黑土地保护利用、农业科技人才、农业信贷担保服务、新型职业农民培育、基层农技推广体系改革与建设等，以农业防灾减灾为主线实施农业生产救灾、动物疫病防控、农业保险保费补贴。

以乡村建设为主线。支持农村人居环境整治整体推进、农村"厕所革命"整村推进。①

2. 技术市场

农业企业与市场对接的最关键环节是技术。换而言之，从农产品生产、存储、加工到营销，再从农商品进入市场到成为品牌，技术是贯穿于全部过程的关键。

我国农业的发展历史悠久，已经积淀了许多农业技术，但要让产品质量更加符合当代社会要求，现有的农业技术水平已经无法适应现代化农业发展的新要求，需要农业与技术市场有效对接。尚面临以下问题。

资金投入数量不够。农民生产得不到先进技术，手工依旧是主要方式；由于相关制度体系不够完善，技术创新、引进、推广缺少政策扶持，农业生产技术水平长期较低，无法保证科学的体系支撑。

农业生产技术长期与技术市场脱节。技术革新缺乏实际意义，无法转换为农业生产力。农民群众科技素质水平低、缺乏专业的技术能力，农业技术有效推广难度大。

因此，需要以加大资金投入数量为基础完善技术创新、引进、推广体系，提高农民对农业技术的认识，依据地域条件、生产问题、人员数量等构建具体的技术体系；需要依据技术市场与农业技术有效应用的关系，进行技术市场调研，根据农业生产的技术市场的需求进行科技投入，结合实际在市场中寻找技术项目；需要技术创新、引进、推广体系，确立多元、普惠、实用的技术创新、引进、推广战略，构建农业产业化经营体系。

## 二　完善现代制度

缩小城乡区域差距的第二基础是完善城乡基本经济和分配制度。在

---

① 《农业农村部　财政部发布2019年重点强农惠农政策》，https://finance.jrj.com.cn/2019/04/17084727414127.shtml。

改革开放的40年中,"城乡二元结构"直接导致村民去农意识的深化,改变身份、跳出农门一度成为时尚。但是,青年人进城后,前20年为住房、后20年为子女住房;部分村民抛弃了家园和土地,奋斗了十几年却仍然是"农民工"。这些问题,除体制外,还有一个值得思考的问题,如何让村民成为乡村生产力诸要素中最重要的因素?城乡基本经济政策和分配制度是关键环节。

### (一) 城乡基本经济政策

完善城乡基本经济和分配制度的第一基础是城乡基本经济政策。20世纪90年代以来,中国宏观经济政策经历了1988年的"治理整顿"、1993~1996年的适度从紧、1997年的财政金融"双紧"、1998~2002年的有限度扩张、2003年以来围绕粮食和投资问题的政策调整等过程。

在这个过程中,虽然"三农"一直被重视,但城市经济与农村经济两条轨道发展的格局并未改变。如何让农产品转化为农商品和品牌的问题并未得到解决,需要进一步完善城乡基本经济公共政策,目标和评估是重点。

1. 城乡基本经济公共政策目标

在实施乡村振兴战略进程中,国家提出要重塑城乡关系,走城乡融合之路,实现一体化发展。它以破除城乡二元体制为前提,谋求建立的是城乡共同的目标体系。

就基本经济公共政策目标而言,《意见》要求:"维护进城落户农民土地承包权、宅基地使用权、集体收益分配权,支持引导其依法自愿有偿转让上述权益。提升城市包容性,推动农民工特别是新生代农民工融入城市。""建立城乡人才合作交流机制,探索通过岗编适度分离等多种方式,推进城市教科文卫体等工作人员定期服务乡村。""按照国家统一部署,在符合国土空间规划、用途管制和依法取得前提下,允许农村集体经营性建设用地入市,允许就地入市或异地调整入市;允许村集体在农民自愿前提下,依法把有偿收回的闲置宅基地、废弃的集体公益性建设用地转变为集体经营性建设用地入市;推动城中村、城边村、村级工业园等可连片开发区域土地依法合规整治入市;推进集体经营性建设用地使用权和地上建筑物所有权房地一体、分割转让。完善农村土地征收制度,缩小征地范围,规范征地程序,维护被征地农民和农民集体权益。""鼓励各级财政支持城乡融合发展及相关平台和载体建设，发挥财政资金四两拨千斤作用，撬动更多社会资金投入。""依法合规开展农村集体经营性建设用地使用权、农民房屋财产权、集体林权抵押融资，以及承包地经营权、集体资产股权等担保融资。实现已入市集体土地与国有土地在资本市场同地同权。""统筹城乡公共文化设施布局、服务提供、队伍建设，推动文化资源重点向乡村倾斜，提高服务的覆盖面和适用性。""科学编制市县发展规划，强化城乡一体设计，统筹安排市县农田保护、生态涵养、城镇建设、村落分布等空间布局，统筹推进产业发展和基础设施、公共服务等建设，更好发挥规划对市县发展的指导约束作用。按照'多规合一'要求编制市县空间规划，实现土地利用规划、城乡规划等有机融合，确保'三区三线'在市县层面精准落地。"①

迫切需要城乡转变观念，因地制宜，建设城乡基本经济公共政策目标体系。

2. 城乡基本经济公共政策评估

《意见》提出的目标是："到2022年，城乡融合发展体制机制初步建立。城乡要素自由流动制度性通道基本打通，城市落户限制逐步消除，城乡统一建设用地市场基本建成，金融服务乡村振兴的能力明显提升，农村产权保护交易制度框架基本形成，基本公共服务均等化水平稳步提高，乡村治理体系不断健全，经济发达地区、都市圈和城市郊区在体制机制改革上率先取得突破。——到2035年，城乡融合发展体制机制更加完善。城镇化进入成熟期，城乡发展差距和居民生活水平差距显著缩小。城乡有序流动的人口迁徙制度基本建立，城乡统一建设用地市场全面形成，城乡普惠金融服务体系全面建成，基本公共服务均等化基本实现，乡村治理体系更加完善，农业农村现代化基本实现。——到本世纪中叶，城乡融合发展体制机制成熟定型。城乡全面融合，乡村全面振兴，全体人民共同富裕基本实现。"②

实现这个目标不仅要建设城乡基本经济公共政策目标体系，更要立

---

① 《中共中央 国务院关于建立健全城乡融合发展体制机制和政策体系的意见》，https://sy.focus.cn/zixun/cd267e5588ebc9c8.html。

② 《中共中央 国务院关于建立健全城乡融合发展体制机制和政策体系的意见》，https://sy.focus.cn/zixun/cd267e5588ebc9c8.html。

足乡村振兴高度，建设好城乡基本经济公共政策评估体系，推进各项政策落地和具体目标的实现。

### （二）城乡分配制度

完善城乡基本经济和分配制度的第二基础是城乡分配制度。城市和乡村是社会中的两个部分，被中华人民共和国成立以来形成的城乡二元制度分割为两个主体，因而有了城乡分配制度问题，焦点问题是城乡收入差距的拉大。

十八大报告指出："实现发展成果由人民共享，必须深化收入分配制度改革。"

十九大报告、2018年《乡村振兴战略规划（2018—2022年）》及2019年出台的《中共中央 国务院关于建立健全城乡融合发展体制机制和政策体系的意见》明确了"城乡融合"这一道路，破除体制机制障碍，改革城乡分配制度已经成为迫切需要完成的任务，重点是工农互促和城乡互补的双向融合。

#### 1. 工农互促

新中国成立70年来，工农关系一直是社会最基本的关系，决定着社会发展方向和质量，分配制度是焦点，工农互促是新时代的新提法。

新中国成立之初，我国的城镇化水平为10%左右，农村人口占90%，国家通过人民公社制度、农产品统购统销制度、城乡二元户籍制度汲取农业剩余发展工业。

改革开放后，无论是国家的投资重点、公共基础设施的布局，还是社会保障和福利制度的投入，城镇获得的都超过乡村，城乡发展差距逐步扩大，大量的农村由于资本缺乏、人口流失而衰败。[1] 解决"三农"问题也只是立足城乡二元视野的以城带乡、以工业带动农业，终究没能解决城乡发展差距和乡村发展的问题。

2017年底中央农村工作会议，以建立健全全民覆盖、普惠共享、城乡一体的公共服务体系为前提，提出了工农互促。给出了要素、产业、居民、社会和生态等的融合路径。强调工农互促、城乡互补、全面融合、

---

[1] 《70年，中国城乡关系从二元分割到融合发展 | 70年·中国策（第五期）》，http://www.sohu.com/a/331399706_616821。

共同繁荣的新型工农城乡关系载体,明确了新型工业化、信息化、城镇化、农业现代化同步的城乡共建共享目标指向。

2. 城乡互补

城乡互补也是 2017 年底中央农村工作会议提出的,其思维平台、前提、路径、载体和目标皆指向工农互促原则。

在城乡二元体制下,城市规模与乡村发展成反相关,城市人口扩张与乡村群体外流成正相关,城市资源积累与乡村资源破坏程度成正相关,城乡收入差距扩大与村民幸福感下滑和乡村经济低迷成正相关。

十八大以来,城乡互补发展成为农业优先发展的重要手段。在产业发展进程中,城乡互补发展成为中小型民营企业安置就业、转移农村富余劳动力的主渠道,成为国家、地方、集体、企业和个人融资的目的指向,成为应对农产品成本、质量、安全和生态等方面国内外市场竞争的能力集聚体,成为农村劳动力和进城务工者提高素质和获得机会的机遇。

## 第三节 满足乡村振兴共同富裕需要的技术路径

筑农业现代化这条"路"和制造乡村这辆"汽车"的路径是城乡共建共享。城市和乡村作为社会文化体,虽有各自不同的需要和满足需要的方式,但"共享是中国特色社会主义的本质要求。必须坚持发展为了人民、发展依靠人民、发展成果由人民共享,作出更有效的制度安排,使全体人民在共建共享发展中有更多获得感,增强发展动力,增进人民团结,朝着共同富裕方向稳步前进"。[①] 最终实现城乡共同富裕,实现城乡融合发展的驱动机制是共建共享。

### 一 城乡共建

城乡共建共享的第一基础是共建。产业兴旺是乡村与城市共建的重点。目标是"让农业成为有奔头的产业,让农民成为有吸引力的职业,

---

① 《习近平:2016 年这样干》,http://www.china.com.cn/news/2016 - 01/19/content_37609783.htm。

让农村成为安居乐业的美丽家园"。① 在此过程中，"一定要处理好培育新型农业经营主体和扶持小农户的关系"。② 需要建立健全财政、金融、保险支持体系，保证乡村成为经济海洋中熟练的"游泳者"，财政体制和社会保障管理体制建设是重要方面。

**（一）财政体制建设**

共建的第一基础是财政体制建设。财政体制的职责是正确处理中央和地方、国家与企业之间财权财力的划分问题，即解决集权与分权的关系问题。

进入新时代，为全面实施乡村振兴战略，财政体制建设要立足城乡融合。运用资金杠杆，破解"人才、土地、资金"等各种要素单向由农村流入城市、公共资源配置不合理、乡村基础设施短板等问题，把握住"融合"这一重点，破除财政体制机制障碍，改革城乡分配制度，重点是健全完善土地增值收益分配使用机制以及农业信贷担保体系。

1. 健全完善土地增值收益分配使用机制

土地增值收益③是实现城乡融合绕不开的问题，以破除城乡二元化土地管理体制为前提，农村集体农业用地、农民承包地向商业用途转化的界限将被解禁，商业产生的土地价值增益部分与村集体、农民的关系是什么？

在城乡一体化语境下，共同分享是必由之路。

当前，土地增值收益分配存在许多问题。如政府参与分配方式的非规范所形成的"土地财政"对村集体和农民土地增值收益的盘剥，货币补偿对村集体和农民土地增值收益可持续性权利的剥夺，对规划范围内农民土地增值收益的限制，对范围外农民收益分配权利的剥夺等。

中共中央办公厅、国务院办公厅印发的《深化农村改革综合性实施方案》提出了农村土地征收制度改革的基本思路："缩小土地征收范围，

---

① 《中共中央国务院关于实施乡村振兴战略的意见》，http://finance.sina.com.cn/china/2018-02-04/doc-ifyreyvz9007544.shtml。
② 《农业农村部：财政、金融政策双支持 确保小农户不掉队》，https://news.sina.com.cn/o/2019-03-01/doc-ihrfqzkc0265445.shtml。
③ 农业用地转为建设用地并进行相应开发后，达到建设用地的某种利用条件而发生的增值。

规范土地征收程序,完善对被征地农民合理、规范、多元保障机制,建立兼顾国家、集体、个人的土地增值收益分配机制,合理提高个人收益。集体经营性建设用地制度改革的基本思路是:允许土地利用总体规划和城乡规划确定为工矿仓储、商服等经营性用途的存量农村集体建设用地,与国有建设用地享有同等权利,在符合规划、用途管制和依法取得的前提下,可以出让、租赁、入股,完善入市交易规则、服务监管制度和土地增值收益的合理分配机制。宅基地制度改革的基本思路是:在保障农户依法取得的宅基地用益物权基础上,改革完善农村宅基地制度,探索农民住房保障新机制,对农民住房财产权作出明确界定,探索宅基地有偿使用制度和自愿有偿退出机制,探索农民住房财产权抵押、担保、转让的有效途径。"①

2. 健全农业信贷担保体系

在我国,农业信贷是吸收和集中暂存于农业生产、经营单位和农民手中的资金用于农业生产,补齐农业生产周期长、资金周转慢、自然灾害影响大的资金短板,实现农业扩大再生产投资,调节贷款的范围、数量、利息率以及偿还期限等要求的客观需要。

2017年,财政部、农业部、银监会印发的《关于做好全国农业信贷担保工作的通知》指出:"在全国范围内建立政策性支持、市场化运作、专注农业、独立运营的农业信贷担保体系,是财政撬动金融支农的一项重大机制创新,省级农担公司要紧紧围绕推进农业供给侧结构性改革、加快转变农业发展方式、促进多种形式农业适度规模经营开展业务。在推进省级农担公司组建和运营过程中,各省要准确把握农业信贷担保专注服务农业、专注服务农业适度规模经营主体的政策性定位,确保农业信贷担保贴农、为农、惠农,不脱农。"②

## (二) 社会保障管理体制建设

共建的第二基础是社会保障管理体制建设。社会保障管理体制是我国社会保障事业的基石,社会保障政策、法规管理以及社保基金、社保

---

① 《中共中央办公厅、国务院办公厅印发〈深化农村改革综合性实施方案〉》,http://www.gov.cn/zhengce/2015-11/02/content_2958781.htm。
② 《〈关于做好全国农业信贷担保工作的通知〉财农〔2017〕40号》,https://www.tu-liu.com/read-56223.html。

对象的管理覆盖面大、责任重大，管理体制创新是永恒的话题。

十八大以来，我国社会保障管理体制在统筹城乡发展方面取得了重大进展，但城乡发展差距依然很大，与农业农村优先发展和加快推进农业农村现代化的要求相距甚远。迫切需要通过社会保障管理体制建设，促进城乡资源合理配置、促进城乡人力资源合理流动、支持城乡劳动力创业就业、引领城乡创新驱动发展、完善城乡融合配套政策，重点是制度性供给和聚才体制建设。

1. 强化制度性供给

制度性供给是社会保障管理体制建设的活力所在，体制创新是重点。立足城乡一体化，统筹城乡发展，将面临许多问题，很多问题将是以前从未出现的，迫切需要强化制度性供给。

十八大以来，随着城乡二元体制的逐渐破解，产生了如何让农村的资源要素活起来、如何激发农民积极性和创造性、如何汇聚全社会强农惠农力量等问题。涉及如何巩固和完善农村基本经营制度，如何加快构建现代农业产业体系、生产体系、经营体系，如何提升农业质量效益和竞争力，如何强化绿色生态导向，如何支持保护新型农业，如何深化农产品收储制度和价格形成机制改革，如何创新完善农民收益保障机制，如何利用收储农村闲置建设用地发展农村新产业新业态等问题。

回答这些问题需要明确土地用途管制，完善农民闲置宅基地和闲置农房政策，加快推进集体经营性资产股份合作制改革，推进农村集体产权制度改革，维护进城落户农民土地承包权、宅基地使用权、集体收益分配权等。

2. 聚才体制

立足城乡一体化，聚才是社会保障管理体制建设的重要任务。

当前，实施乡村振兴迫切需要人才，而许多人的城乡二元观念依然根深蒂固，业已形成的党委领导、组织部门抓总、相关部门各司其职、协调配合的人才工作格局涉农作用不到位，涉农领域的高层次、高技能、高素质的人才引进、激励、保障机制不完善、不到位，多数地区本地涉农人才的开发、使用、培养机制尚未建立，城市医疗、教育、科技等人才支持乡村建设计划推进艰难。

如何改变？建设聚才体制势在必行。

需要改革人才管理体制。实现行政审批放权和用人自主权与编制核定和岗位核准同步，招聘或解聘条件和标准与评价、流动同步。改革事业单位编制管理模式，实现总量调剂与编制使用核准、备案制管理高效统一。改革事业单位人才收入分配制度。依据人力资本市场价格定薪酬，核定绩效工资总量与实行年薪、协议工资、项目工资制等分配形式相结合。

改革职称制度。下放职称评审权限，坚持品德、能力、业绩一体化评价导向，对工作在农村农林水、医疗卫生、教育等系统的人员实行职称评聘定向评价和使用。促进人才合理有序流动，支持党政机关、企事业单位、社会各方面人才向农村流动，支持高校、科研院所等事业单位科研人员到农村兼职兼薪或离岗到农村创业，支持老乡回故乡创新创业。

为夯实这一制度基础，财政投入要与乡村聚才目标任务相适应，农村金融机构要把更多金融资源配置到适合农业人才创业需要的平台建设上来，土地收益要更多用于人才在农村的创新创业。

## 二　城乡共享

城乡共建共享的第二基础是共享。乡村与城市共享，社会保障同质化和生态宜居是重点。

就前者而言，城乡差距太大。十八大提出要"'加快形成政府主导、覆盖城乡、可持续的基本公共服务体系'，到 2020 年'基本公共服务均等化总体实现'。十八届三中全会提出要'推进城乡基本公共服务均等化''城镇基本公共服务常住人口全覆盖'等重大改革。十八届五中全会《建议》首次将'增加公共服务供给'纳入共享发展的开篇阐述。'十三五'规划《纲要》进一步明确要'加快健全国家基本公共服务制度''建立国家基本公共服务清单'"。[①] "推动公共服务向农村延伸、社会事业向农村覆盖，健全全民覆盖、普惠共享、城乡一体的基本公共服务体系，推进城乡基本公共服务标准统一、制度并轨。"[②] 就后者而言，

---

[①]《"十三五"推进基本公共服务均等化规划》，https://baike.so.com/doc/25766977-26901876.html。

[②]《中共中央　国务院关于建立健全城乡融合发展体制机制和政策体系的意见》，http://sh.qihoo.com/pc/951ff14d3f5018860?cota=4&tj_url=so_rec&sign=360_e39369d1&refer_scene=so_1。

生态是城乡一体的。宜居的内容应包括社会文明度、经济富裕度、环境优美度、资源承载度、生活便宜度、公共安全度等。上述两个方面相辅相成、互为条件，技术与乡村自然环境、城市经济发展与乡村生活质量的深度融合是重点。

### （一）技术与乡村自然环境深度融合

共享的第一基础是技术与乡村自然环境深度融合。在我国的工业化道路上，工业革命推动了科技革命，实现了由"经验—技术成果（工具革新）—生产力"向"科学知识—技术成果—生产力"的飞跃，催生了以微电子技术、生物工程技术、新型材料技术为标志的新技术革命，合成生物学与系统生物技术又带来了生物信息技术、个性化医学技术、生物芯片技术、生物太阳能技术、生物计算机技术等，人工智能在机器人、经济政治决策、控制系统、仿真系统中得到应用。

这一变化对乡村进一步实现自然环境的产业挖掘和生态保护具有重要意义，迫切需要实现技术与乡村自然环境深度融合，关键点是技术与乡村自然资源利用和生态资源保护。

#### 1. 技术与乡村自然资源利用

乡村有着丰富的自然资源，它们是财富，如何开发国家有着严格的规定。2019年，中共中央、国务院《关于建立国土空间规划体系并监督实施的若干意见》，中办、国办《关于建立以国家公园为主体的自然保护地体系指导意见》等文件提出科学划定"三区三线"①，区划生产、生活、生态"三生"空间。

国家将对自然资源的产权主体重新进行明确的界定，规定出资源的价格，引导资源作为投资参与利益分配，建立和完善资源与环境的经济补偿机制。

以此为背景，如何有效利用资源不仅是政策运用问题，更是技术问题。

要求实现技术与乡村自然资源利用的高度融合，即明确政策，在技术指导下将资源转化为财富。

---

① "三区"，即城镇、农业、生态空间；"三线"，即生态保护红线、永久基本农田保护红线和城镇开发边界。

## 2. 技术与乡村生态资源保护

自然资源铸就了人类得以生存的生态环境，生态环境作为自然资源的一部分，由生物群落及非生物自然因素组成，影响着人类的生存和发展。

关于生态资源保护与财富增长的关系。习近平同志于 2005 年 8 月在浙江湖州安吉考察时提出了"绿水青山就是金山银山"的科学论断。

乡村有着丰富的生态资源，它们是自然资源中的财富，保护即是开发。

国家高度重视生态资源保护工作。十七大提出建设生态文明，十八大把生态文明建设纳入了中国特色社会主义事业总体布局，十九大提出了生态文明体制改革。2019 年 8 月 26 日，根据中共中央办公厅、国务院办公厅《关于划定并严守生态保护红线的若干意见》（以下简称《若干意见》）要求，生态环境部、自然资源部制定了《生态保护红线勘界定标技术规程》。

如何保护生态资源？要立足依法治国的高度，不仅需要政策指导，更需要技术支持。这是村民自身无法做到的，迫切需要城市技术与乡村生态资源保护的有机结合，这既是国家的战略，更是城乡融合的重要任务。

## （二）城市经济发展与乡村生活质量深度融合

共享的第二基础是城市经济发展与乡村生活质量深度融合。随着新中国工业的蓬勃发展，城市正在向集群和智能方向发展。

在这一历程中，城市化和城镇化面临的最大瓶颈就是质量，主要内涵包括绿色和空间。与城市、城镇相比，乡村虽然在就业结构、产业发展、生态保护、社区治理、基础设施、公共服务、生活水平等方面存在明显差距，但绿色和空间是优势。

实现两者的有机结合需要实现城乡"一体设计、一并推进"，即加快补齐农业农村发展短板，推进城市、城镇、乡村的高质量发展，这便有了城市经济发展与乡村生活质量深度融合的问题，共享绿色和现代化成果是重点。

### 1. 共享绿色

绿色作为一种生存、生活理念，包括绿色增长、绿色消费、绿色出行、绿色居住等方面，要求人们按自然、环保、节俭、健康的方式生活。

新中国成立 70 年来，随着人口的不断增长和工业的快速发展，城市绿色逐渐为钢筋水泥的高楼所屏蔽，农村为发展经济大量减少绿色面积。立足城乡一体化的高度，城市需要增绿，农村需要扩绿，城乡需要绿色生产的氧气，这已是共同的需要，也是共享的缘由。

十九大报告提出："坚定不移贯彻创新、协调、绿色、开放、共享的发展理念。"

2. 共享现代化成果

十九大报告提出：坚持和发展中国特色社会主义，在本世纪中叶建成富强民主文明和谐美丽的社会主义现代化强国，实现中华民族伟大复兴的中国梦。在这一进程中，要"坚持共享发展，着力增进人民福祉"。① 要"持续增进民生福祉，使全体人民共享发展成果。坚持以人民为中心的发展思想，努力补齐基本民生保障的短板，朝着共同富裕方向稳步前进"。②

在国家现代化语境中，解决好"三农"问题是城乡融合发展的重中之重，必须始终坚持农业农村优先发展，按照"产业兴旺、生态宜居、乡风文明、治理有效、生活富裕"的总要求，实现城市经济发展与乡村生活质量的深度融合。

第一步：完善农业农村基本公共服务体系。提高农村民生工程投入力度，建立健全农村水、电、路、气等基本公共基础设施，加强农村饮水安全、农村道路、电网改造、危房改造等建设，推进城乡基本公共服务均等化，让农民安居乐业。

第二步：培育农业现代产业体系。因地制宜，集聚市场、企业、基地、农户等资源要素，培育龙头加工企业，建立龙头加工企业与农产品生产基地、农户利益联结机制，健全龙头企业与基地、农户风险共担、利益共享的法律体系。

第三步：健全完善农民基本生活生存保障体系。推进城乡基本生活生存保障均等化，实现病有所医、老有所养、幼有所教。

第四步：建设"司机""教练""交警"队伍。让新型职业农民开上乡村这辆"车"，行驶在农业现代化这条"路"上。

---

① 《中共中央关于制定国民经济和社会发展第十三个五年规划的建议》，http://news.cnr.cn/native/gd/20151103/t20151103_520379989.shtml。

② 《2016年中央人民政府工作报告》，https://www.sohu.com/a/62521715_387145。

# 第六章　乡村振兴战略实践的质量兴农路径

在人类社会现代化进程中，乡村的地位不可动摇，融入现代化进程是乡村巩固自身地位的客观需要，即筑农业现代化这条"路"和制造乡村这辆"汽车"。在这一进程中，乡村生产、生活的灵魂和思维为传统的农耕文明所滋养，农业商品市场为现代生产力所支持，以生态、健康为内涵的严格的农产品准入标准为生态文化发展所催生，形成了传统农业、乡村、农民生存和发展的瓶颈。新时代农村农业价值如何呈现？乡村民族特色如何彰显？核心问题是如何提高农产品的文化和生态质量，包括：农产品如何转化为农商品，农商品如何形成市场文化品牌等。如何回答这些问题是农业现代化这条"路"能否成为乡村这辆"汽车"的载体和村民能否成为"司机"的关键，优化结构和农业科技创新是关键环节。

## 第一节　乡村振兴的质量兴农需要

筑农业现代化这条"路"和制造乡村这辆"汽车"是社会生产力发展的必然要求。人类社会在经历 14～15 世纪西欧由农业时代向工业时代转变、18～19 世纪英国实现机器大生产、欧美日等国家和地区相继完成工业技术革命之后，工业取代了农业居于经济社会决定性地位，成为商品经济和市场运行的载体。两次世界大战后，世界现代市场形成并引发了世界经济诸方面的系列而深刻的变化。其中，商品竞争和垄断力与质量和生产力紧密相连。在此背景下，中国作为农业大国，与世界市场接轨是谋求现代生存和发展的必由之路，需要通过农产品向农商品的转化，让市场成为农民增收的载体，让农商品成为消费者的需要，让生态农商品成为文化品牌。事实上，这也是人类社会生产力发展的必然要求。

## 一　市场之需

社会生产力发展的第一需要是市场。市场，即"一群具有相同需求的潜在顾客；他们愿意以某种有价值的东西来换取卖主所提供的商品或服务，这样的商品或服务是满足需求的方式"。[①]"交易"是目的，提供满足"潜在顾客"需求的"商品或服务"是前提。换句话说，农业只有提供出对"潜在顾客"有价值的农产品才能让农产品转化为农商品，农民才能实现增收。市场实现了个体与集体、集体与集体的对接，并建立起一个市场化服务链条，即农民增收的载体。如何巩固？农业生产专业化和农业市场化是推动传统农业迈向现代农业的关键环节。

### （一）农业生产专业化

市场与农产品连接的第一基础是农业生产专业化。高效高质利用现有的耕地已经成为关键性问题。农业生产专业化与农业生产规模化、集约化、社会化共同组成了农业产业化发展生产力的主要条件，其中，"集约化"成为商品性生产的农业经营方式，"规模化、社会化"是农业生产专业化的必要条件。

1. 农业生产规模化

实现农业生产"集约化"的载体是农业生产规模化。围绕"谁来种地"这一问题，目前面临的主要问题是土地细碎化，人多地少或人少地多，土地效益低或撂荒，征地难以善后，土地难以连片流转且流转价格基本等于农民自种收益，农业渐成兼业且后继乏人，农业规模经营过小，用现代化的信息、技术、装备来武装小农生产步履艰难。

如何解决？需要做到以下几点。

解决现代农业要求规模化生产和小农经济之间的矛盾。通过加快城市化、城镇化进程解决农民兼业化问题，引导龙头企业等新型农业经营体以租用和赎买为途径集聚农民手中分散的土地，实行农业职业资格证书制度，培育新型职业农民。

逐年同步降低粮食价格和土地租金。促使职业农民成为自主投资、

---

[①]〔美〕小威廉·D. 佩罗特、尤金尼·E. 麦卡锡：《基础营销学》，梅清豪、周安柱译，上海人民出版社，2001。

自我积累、自负盈亏的市场主体，通过集中涉农资金补贴收储和发包租金差额把对农民的土地保障变为货币保障或粮食保障。

2. 农业生产社会化

实现农业生产"集约化"的路径是农业生产社会化①。围绕"怎样种地"这一问题，目前面临的主要问题是质量经营语境下的资产质量、负债质量、管理质量、服务质量等方面存在瓶颈，集团规模经营语境下的"各行其是，各自为战"局面亟待改变，效益效率经营语境下的"高成本、低效率"状况严重，高科技经营、电子化经营语境下的"手工"向"智能化"的转变步履艰难，人才经营语境下的优胜劣汰机制效率低下。

如何解决？需要做到以下几点。

政府涉农部门、农口以外部门、村集体、农民专业合作社、龙头企业、不同民间服务主体、农村金融机构协同提供农业社会化服务。建设公益性服务主体与经营性服务主体相结合的新型农业社会化服务体系。

村集体（如水利设施和灌溉服务）、合作组织（如农产品储存、打药技术指导）、龙头企业（如收购与销售、加工、包装和运输服务）、科研单位（如购买农药、良种和化肥的服务）聚能为农业社会化服务。

## （二）农业市场化

市场与农产品连接的第二基础是农业市场化。农业市场化是市场化引领农业农村现代化发展的必然要求，包括农产品市场体系建设、市场主体培育、农业品牌创建、市场调控机制完善等多个方面，是一个系统工程。改革开放以来，市场机制被引入农村，随着农业农村市场化改革的持续推进，已经基本实现了农产品市场体系全覆盖，逐步健全了农产品市场调控机制，目前的重点是市场主体培育和农业品牌创建。

1. 市场主体培育

市场主体是就业的载体，是社会财富创造的基本力量，是区域经济

---

① 指按专业分工和协作联系起来的农产品的社会生产过程。反映不同企业之间、不同生产部门之间以及不同地区之间为进行农产品生产而发生的生产联系。是与农业生产专业化相伴而生的，是商品经济发展的产物。现代农业是高度社会化的大生产，是一个有机的整体，各个生产部门和企业只是其中的一个环节和部分，彼此之间是紧密联结着的。

实力和竞争力的关键因素，是实现乡村产业兴旺的关键。

实施乡村振兴战略以来，市场农民主体如雨后春笋呈现出良好发展势头，但距产业兴旺的要求相差甚远，突出表现为：数量不多和结构质量不佳，纵向和横向发展不均衡，一、二、三产业市场主体数量失衡且高成本、低效益、产品附加值较低，规模和影响力不大，品牌数量甚少，集聚力不强，活力未得到充分释放，自身实力不强，资信度不够，合力互补机制尚未建立。

解决的路径是加大培育力度。

在范围上，需要以专业大户、家庭农场、农民合作社、农业龙头企业等为重点，涵盖农产品生产加工企业、经销商、经纪人和中介机构等，兼顾"订单农业""农超对接""农社对接""农户＋合作社＋龙头企业""农户＋收购商＋批发商＋零售终端"等流通模式。

在措施上，需要强化政府服务意识。建立健全市场主体服务制度，提升为市场主体政务服务的水平，为市场主体健康成长提供良好条件，大力发展与市场主体相关的信息咨询、法律事务、会计等方面的服务业，为市场主体进入提供自主选择机会。

需要做到以下几点。

以政策促发展。以降低融资、要素、物流、税费成本为重点，制定优惠政策、整合专项资金、实现招商引资与新兴业态、产业转移、产业链条延长、高端制造和高端服务业落户、中小企业配套有机统一。

以推动大众创业、私营主体转型升级、中型企业向大型企业迈进为重点。制定大中专毕业生、下岗失业人员、返乡农民工、城乡退役士兵等特殊小微企业主体的优惠政策，扶持个体户转型升级为私营企业，支持效益好的农业企业包装上市，为特殊群体办理小额担保贷款，给予文明诚信农业企业授信额度。

以互联、互通、互动为重点。完善和落实市场主体联动工作机制，交流和分析市场主体发展动态，激活市场主体有效联动促进机制。

以现代企业管理、成本控制、风险管控、资本经营、融资与资金链接等方面的人才需求为重点。加快技术研发人才、实际操作人才、企业管理人才的引进。

2. 农业品牌创建

品牌是一种文化符号，承载着社会对企业和产品的评价、认知和信任，品牌是商品与顾客以市场为媒介相互磨合衍生出的，是产品为市场认可并接受后产生市场价值的通行证，也是农业竞争力和市场化水平的核心标志，其创建是一个系统工程。

十八大以来，中央高度重视农业品牌建设。国务院办公厅2016年出台的《关于发挥品牌引领作用推动供需结构升级的意见》提出了农业品牌建设路径，农业农村部将2017年确定为农业品牌推进年，我国十大茶叶、十大苹果、十大大米、30种水产品、百强农产品区域公用品牌以及地方名牌产品正在引领农业市场化进程。

然而，也是在围绕农业品牌创建的调研中发现了以下问题。

竞争和品牌在多数农民的意识中还是空白，许多农民还没有透过农产品销售难意识到市场竞争的残酷和挑战。

一些地方在建立和培育农产品品牌过程中，品牌主体法人资格不明确、扶持和奖励对象不准确且措施不得当，具有明确品牌主体的品牌经营意识淡薄、增值速度缓慢、品牌站位不稳。

如何解决？需要做到以下几点。

强化品牌建设主体的培育工作。通过品牌引导品牌培育对象的成长，以品牌规模化、组织化、企业化和一体化程度为依据，加大对品牌建设的投资力度。

强化品牌内涵建设。以农产品的品质、技术、服务和营销为重点，关注加工、仓储、运输、装卸、销售等环节，建设农业标准化技术推广体系、农产品质量标准体系、农产品质量监测体系等。

重视营销在品牌建设中的关键作用。关注农产品品牌营销手段和力度环节，明确目标市场，收集市场信息，提高农产品品牌营销意识，掌握农产品品牌营销技巧，组织和控制营销活动环节变量，根据实际情况运用各种营销手段开展营销活动。

## 二　质量之需

社会生产力发展的第二需要是质量。质量包括适合和符合两个层次的要求，适合是指产品对用户较为贴切，符合是指产品与用户要求的或通常的式样、形式或标准的一致。在含义上包括"产品质量"与"市场销售质量"两部分，后者是前者的前提，前者是后者的基础，两者相辅相成，缺一不可。就农产品而言，生产适销对路的农产品需要及时获得市场的反馈信息，并依据信息调整产品结构。这便有了销售质量的重要性，以农产品质量好为前提，销售质量决定着市场及用户对农业企业产品的认可。因此，适合和符合是农产品质量关键点。

### （一）适合性

质量与农产品连接的第一基础是适合性。适合，即合适。走访中，经常有农民朋友问：种养什么能赚钱呀？这个问题看似普通，却没有人能立即回答上来。原因在于需要现代市场营销理论来支撑。这个理论有三个核心要素，即市场细分、目标市场、市场定位，也称为 STP 营销。换而言之，世界之大，人们的需要千变万化，市场就是一个商品的万花筒，没有最好，只有最适合，关键是把握市场和认识自己。

1. 把握市场

农业企业要学会把握市场。一般情况下，顾客到市场的购买意向是明确的，若干个意向趋同的顾客构成了特定指向的顾客群，市场需要因此而形成。那么，这种不稳定的群体所形成的市场需要是否有规律呢？这便是生产者和供应商必须思考的问题，其过程既是对市场的认知也是对规律的寻找。

市场以交换为基本特征，交换行为以商品为最基本客体，以市场为载体。市场建立了生产者和消费者的直接联系，为市场经济的内在机制所调节，机制为经济规律所决定。道理很简单，农业企业的命脉就在于对市场规律的把握，而这一点恰是当前许多农民难以把握的。

如何把握？一方面，需要政府来普及，即通过讲座、宣传、行业指导等形式提高市场意识、了解市场规律；另一方面，需要农业企业根据农商品营销需要，向社会相关科研机构、高等学校求教或购买。

2. 认识自己

农业企业除了要学会把握市场外，还要正确认识自己。一方面，要认识到自己的必由之路是"以市场为导向"。需要通过网络营销与搜索引擎知道顾客想买的是什么，把握具体需求信息和商品标的，把握顾客所需商品品质构成和特色，把握顾客群需要的可持续性。

另一方面，要看看自己能生产什么？是不是市场中最优的？如果在自己的能力范围内，还要充分进行同类生产商竞争能力分析，即进行商品生产中劳动消耗的比较，包括：产品价值与市场价格、商品生产与资源最佳配置、企业创新成果与竞争中所处的地位。

目前，许多农业企业难以做到这些，迫切需要各级政府给予政策、信息和技术上的引导。主要包括把脉市场、拓宽市场产销渠道、促进商贸流通，建设"市场+互联网+农户"等经营模式，建设以经济能人、"土专家"等为主的师资队伍，建设农民专业合作社、现代家庭农场、农业产业化集群，集聚多元新型农民经营体合力。更重要的是引导农民充分认识到集体抵御市场风险的能力，参加专业合作社等组织，依靠集体经营和技术力量实现增收。

### （二）符合性

质量与农产品连接的第二基础是符合性。就市场而言，就是产品成为商品的必要条件。农民朋友常问：我的东西怎么才能进入市场？本质上就是需要回答什么是必要条件。如何回答？既涉及"顾客导向理论"[1]，又涉及"市场势力理论"[2]。在我国，农产品以商品身份进入国际市场的时间并不长，甚至有许多人还缺失对市场必要的认知。但是，市场是无情的，它不会以进入时间为准入标准，真正的标准是符合性。根据上述理论，增加顾客价值和提高市场占有率是关键环节。

1. 增加顾客价值

农业企业也是企业，需要尊重企业与顾客之间的关系，增加顾客价值。要求企业必须站在顾客的角度考虑"利得与利失"问题，即以"顾客为中心"，通过客户关系管理改善企业与顾客之间的关系，不断提高顾客对企业的忠诚度。

客户管理是关键问题。客户关系管理的方面包括：价值感受（对与

---

[1] 是指企业以满足顾客需求、增加顾客价值为经营出发点，在经营过程中，特别注意顾客的消费能力、消费偏好以及消费行为的调查分析，重视新产品开发和营销手段的创新，以动态地适应顾客需求。它强调的是要避免脱离顾客实际需求的产品生产或对市场的主观臆断。

[2] 是一种市场理论，该理论认为，并购活动的主要动因经常是由于可以借并购达到减少竞争对手来增强对经营环境的控制，提高市场占有率，使企业获得某种形式的垄断或寡占利润，并增加长期的获利机会。

错、好与坏的信念或观念）与价格、价值（对提供物的感知效用）与满足顾客需要的产品质量或特点、付出与获得的服务、代价（支付的价格或其他机会成本）与得到的利益（价值、效用）。正确处理企业与顾客的关系需要实现顾客的期望价值、顾客感知与偏好和评价、产品与使用的有机统一。

以此为依据创造企业自身价值，包括：产品价值（功能、特性、技术含量、品质、品牌与式样等）、服务价值（出售或单独地向顾客提供的各种服务）、人员价值（语言、行动、服饰、服务态度、专业知识、服务技能）、形象价值（解释、加工、整理和储存有关产品或服务的识别）。

怎样为顾客创造价值？需要强化顾客感知、提供独特服务、使顾客快乐、协助顾客成功、创新价值、管理顾客价值。

2. 提高市场占有率

通过分析当代市场占有率问题，不难发现：品牌和品牌核心优势已经成为竞争的根基，拥有了它们也就拥有了市场。

就农产品而言，"从近年国际市场占有率看，我国农产品贸易竞争力比美国、法国、巴西低，比俄罗斯、印度、澳大利亚、英国、泰国和阿根廷高，与加拿大水平相同，并列处于包括我国在内 11 国中第四位，但比加拿大发展趋势要好。我国农产品国际市场占有率与世界农产品出口的关联度排在第七位，农产品国际市场竞争力优势不太突出"。[①]

存在以下问题。

难以实现有机种植和养殖的土地面积以及普通土地达到有机生产标准的瓶颈，有机农产品产出有机肥、有机（无公害）农药和无污染的土壤、空气、水等瓶颈，有机食品生产所需要的有机农产品（原料）和合乎有机标准的土壤、肥料、环境（土地、水及空气）等技术瓶颈。

高价租地、雇工、肥料、认证、物流等成本瓶颈，不用农药控制病虫害、改良土壤的人才瓶颈等。

迫切需要政府立足新型农业经营主体培育高度，在基础设施建设、

---

[①] 《2012-2018 年中国农产品贸易及细分农产品进出口分析，"一带一路"为我国农产品贸易健康可持续发展注入活力》，https://www.chyxx.com/industry/201902/711992.html。

规模化、标准化等方面进行政策扶持；立足农产品质量保障高度，加强质量监督与管理；立足农产品出口品牌建设高度，引领农产品品牌形象体系建设。

## 三　品牌之需

社会生产力发展的第三需要是品牌。健康长寿是全人类的共同愿景，生态环境与饮食是关键环节。就前者而言，近代工业革命以来，工业文明在不断提高人们生活水平的同时引发了全球性的生态环境破坏和污染问题。就现代农业而言，在良好的生态环境中生产出让人们吃得放心的食物是一种必然要求，强化生态理念和增加农商品技术含量是品牌强农的必由之路。

### （一）生态理念

品牌与农产品连接的第一基础是生态理念。生态理念与人类可持续发展和人的健康紧密相连，其中，健康是品牌与农产品最为直接的连接点，也是农业提质增效、农民就业增收和农村一、二、三产业融合发展的质量标。因此，从农产品质量角度看，农产品成为健康食品品牌的关键条件是天然和养生。

1. 天然

近年来，健康成为人类社会共同的话题，"天然"和"天然食品"成为关键词。由于天然食品仅靠有机肥料，不含加工过程中人为添加的各种防腐剂、乳化剂、人工色素等化学添加剂，引发了消费者对农产品天然品质的追求。

笔者在辽宁省东港市草莓产业的调研中发现：因为草莓的天然属性和该地独特的土壤以及种植经验，拉动了草莓消费的升级，草莓产业逐渐成为该市六大产业中的主导产业。以绿色为形态的有机农产品已经成为消费领域的一种主要需求。

针对这种需求，需要在打造农产品品牌时采用纯天然的方式，如散养鸡、河中鸭蛋、田中蟹等；需要在品牌健康理念上下功夫，如健康生活与健康饮食、健康生活方案与产品档次等；需要在农产品产地上下功夫，如原产地特色与精耕细作的生产流程等。

满足这些需要应依据消费者深层次需求细化品牌形象，精准把握市场趋势，这是农产品品牌营销把握全新发展机遇的必由之路。

2. 养生

健康成为人类社会的话题后，养生也就成为人们的共同需要。

近年来，随着生产力水平的不断提升、生活条件的改善，越来越多的人开始关注健康，养生成为重要的话题。与此同时，"是药三分毒"的道理为越来越多的人所知晓，养生由"进补"意识升华到"通比补更重要"，食品养生逐渐流行。

以此为背景，农产品如何满足人们对食品养生的需要成为农业发展的机遇，农产品技术含量成为关键因素。

（二）生产技术含量

品牌与农产品连接的第二基础是生产技术含量。生态理念语境下农产品的天然品质和养生功能如何实现？这个问题需要从生产环节来回答。它包括农业投入品、农产品生产记录、质量安全状况检测等，技术含量越高就越有价值、越值钱，技术含量低，价值就低，就不值钱。生产技术将实现从"依赖"市场转向"寻找"市场，缩短新产品开发周期、加强新产品开发、加强市场销售力度、提高销售质量、加大市场竞争力及份额的核心环节是提高生产技术含量，农业投入品技术含量和质量检测是关键。

1. 农业投入品技术含量

农业投入品[1]与农产品质量安全紧密相关，如药物残留、重金属污染等对人、动物、植物、环境的危害和潜在危害。包括：物理性污染[2]、化学性污染[3]、生物性污染[4]和本底性污染[5]、亚硝酸盐污染[6]等。

---

[1] 在农产品生产过程中使用或添加的物质。包括种子、种苗、肥料、农药、兽药、饲料及饲料添加剂等农用生产资料产品和农膜、农机、农业工程设施设备等农用工程物资产品。

[2] 指物理性因素对农产品质量的危害。是由于在农产品收获或加工过程中，操作不规范、不慎，发生了物理和化学变化，在农产品中混入有毒物质，导致农产品受到污染，比如在油脂加工过程中因油料过度烘炒温度过高产生苯并（a）芘超标。

[3] 指生产加工过程中没有合理使用化学合成物，从而对农产品质量安全产生的危害。如使用禁用农药，过量、过频使用农药、兽药、渔药、添加剂等造成有毒物质残留污染。

[4] 指自然界中各类生物性因子对农产品质量安全产生的危害。

[5] 指农产品产地环境中的污染物对农产品质量安全产生的危害。

[6] 过量施用氮肥或未过安全间隔期（一般28天）采收作物造成农产品亚硝酸盐含量超标。

目前，我国农业投入品问题主要是农产品的农药残留超标隐患。如大米的重金属、花生的乐果、茶叶的氰戊菊酯、蔬菜的有机磷类和菊酯类、氮肥和饲料添加剂在肉食及水产品中的有害成分残留等。

主要原因包括：环境污染和缺乏生产技术以及严格的检测制度和监督机制。就技术而言，呈现为农产品生产、加工、销售各个环节技术含量不高。

需要追踪国际学术前言，引进先进技术。

在完善执法监管机制前提下，赋予农业技术推广机构和科研单位科研任务，进行技术攻关。

普及农业投入品使用知识。指导农产品生产、加工、销售各个环节的农业投入品使用。

增强法律意识，建设农产品生产台账体系，严格执行国家强制性标准。

2. 质量安全状况检测技术含量

质量检测是实现农产品质量和安全的必要条件，是从食品源头把好关的关键一步。

需要从物理性污染范畴的农产品收获、加工过程，化学性污染范畴的生产、加工过程，生物性污染范畴的生物性因子，本底性污染范畴的产地环境，亚硝酸盐污染范畴的硝态氮肥施用入手，强化农业投入品监管。

在法律建设、标准制定等各个环节各个方面下功夫。包括：建设农药登记证书、生产批准证书、产品标准号"三证审查"体系，建设市场准入、农业投入品登记制度，制定应急预案，建立快速处理机制，建立生产地与销售地、使用地间农业、畜牧、蔬菜、公安、工商、质检等部门的执法联动和协作机制，建设农药经营档案、实名制购药、高毒农药定点经营、农业投入品检测、生产环节监控、技术支持等质量安全全程监管体系。

## 第二节 满足乡村振兴质量兴农需要的关键

筑农业现代化这条"路"和制造乡村这辆"汽车"的关键是优化经

济结构。在与世界市场接轨进程中，与发达国家相比，中国农业缺失迎接现代化的能力，农村缺失与城市融合发展的产业基础，农产品缺失文化资源和技术支持，如果不从国家层面进行经济结构战略性调整，农商品就会丧失已有优势，陷入新的市场困境。它要求农业现代化这条"路"和乡村这辆"汽车"的筑和造与国家战略对接，要求在国家层面围绕农商品这一主题调整和优化农业经济结构，即调顺产业、调优品质、调精品种。

## 一 调顺产业

优化经济结构的第一关键是优化农业产业结构[①]。改革开放以来，农产品供求关系向买方市场转变与农业发展资源和需求双重约束趋势的出现，突出了农产品结构和质量问题；农业国际化趋势要求农产品的生产必须统筹国内和国际两个市场的需求；世界市场供求关系的变化要求提高农产品质量和档次；人多地少的基本国情要求有效利用与合理保护农业资源。调顺产业客观上成为新时代的必然要求，顺应自然规律和市场规律是现代农业可持续发展的关键。

### （一）顺应自然规律

农业产业结构与市场链接的第一需要是顺应自然规律。人们常说，要改变靠天吃饭的局面，其实，"靠天吃饭"的说法从另一面显现出农业产业不同于其他产业的特殊性，主要包括：作为第一产业与人们生存和健康的关系，作为产业不能缺失土地和环境资源。这两点都呈现出"天"的内涵，即自然规律。几千年来，无论科技如何发展，农业尊重自然规律才能与人民对农业的自然需要相对接，这已成为世界各国农业生产的普遍现象，是一条规律。因此，顺应自然规律是农业产业建设的根本要求，绿色和特色是基本内涵。

#### 1. 绿色农业

在发展方向上，立足生态文明建设高度，绿色农业有益于生态环境改善和人的健康，能够节约能源、资源、资金。但在具体实践中，高产、

---

[①] 农业产业结构即农村这个特定经济区域内，各个经济部门及其所属各门类、各生产项目的比例关系、结合形式、地位作用和运作规律等。

稳产、高效、高质以及农工商、产加销、贸工农、运建服等产业链建设需要资金、技术、信息、人才等方面的支撑，它们是当前乡村小农户、合作社等无法回避的问题。

当前农产品生产的现实是，不施化肥没有产量，不打农药没有质量。强调化肥、农药零使用必然导致投入、产出、效益、抗灾能力、劳动生产率低的后果出现，需要国家出台配套政策。

从以上方面看，更好地满足社会发展和农民富裕新需求的点是农产品的产量和质量，绿色的农药和化肥生产是焦点，这便有了农化制剂企业智能制造问题。

如何解决？农化企业要摆正自身在乡村振兴战略服务中的主力军位置，与国家政策、农业农村农民现代化需要进行互动，既是一次观念革命，又是一次技术革命。

2. 特色农业

特色农业①其"魂"是"特"，其"根"是特有的自然资源禀赋，其"本"是特有的传统种植、养殖或加工技术。

发展特色农业的关键在于因地制宜。农村的贫穷和落后当然存在基础设施、公共服务等共性问题，但经济发展在当前仍然是主要问题。发挥比较优势作为经济学的一般原理，是区域特色农业发展和产业布局调整的重要依据。在此语境下，不难发现各地都有自己独特的自然条件，它们是发展特色农业的优越条件，具有唯一性。这即是财富和潜力，顺应天时地利和市场规律，依据比较优势做大做强特色产业是必由之路。

在解决这个问题的思路上，要实现经济建设、人文建设和谐发展，充分挖掘各自优势，因地制宜，实现特色基地、龙头企业、品牌与产业链条延长、附加值提高、可循环利用的有机结合，确立"多赢"发展之策，以优势做优、特色做特为原则，实现单一模式向片带、低产低效向优势产能、小而弱向大园区、农耕模式向工业化农业、自产自食向出口创汇转变。做好特色产品认证，加强标准化生产。

---

① 利用区域内独特的农业资源开发区域内特有的名优产品，转化为特色商品的现代农业。

## （二）顺应市场规律

农业产业结构与市场链接的第二需要是顺应市场规律。市场规律包括价值规律、供求规律、竞争规律等，作用于市场机遇、市场信息、参与市场的能力、市场决策、市场运作等具体过程，决定着以产业为载体的商品的地位。

在当代，以农业产业为载体的农产品如何证明和体现自身的价值，市场发挥着决定性作用，特别是在以网络为基础的信息产业高速发展的今天，市场决定着农业产业发展的市场总量与结构。顺应市场规律才可能拓展出更大的产业发展空间，质量变革、效率变革和动力变革是关键。

### 1. 质量变革

质量变革，"包括通常所说的提高产品和服务质量，更重要的是全面提高国民经济各领域、各层面的素质。这是一场从理念、目标、制度到具体领域工作细节的全方位变革……把绿色发展作为质量提高的重要内容，从消费、生产、流通、投资到生活方式，加快全方位的绿色转型，使绿色低碳成为高质量产品和服务的重要特征"。[①]

就农产品而言，吃得好、吃得放心、吃得健康是消费者显而易见的质量需要，满足这些需要的前提是科学配置或创新决定农产品质量的要素体系。它是多方面的，化肥、农药等农资投入要素是关键环节，这便有了农业生产标准化问题。

解决这个问题要做到以下几点。

首先，要进行思想革命。一方面，要推动农化企业通过基础创新生产出绿色的农药和化肥，为提升农产品质量贡献力量；另一方面，要把提高供给体系质量作为主攻方向，向国际先进质量标准看齐。立足体系高度，建设土壤健康、植物营养、科学用药标准体系，实现整个产业优质、安全、高效、生态。

其次，要科学把握农业标准化体系和农业标准化监督体系两个重要环节。农业标准化体系，以种养殖规模化、生产标准化、销售品牌化、

---

[①] 刘世锦：《推动经济发展质量变革、效率变革、动力变革》，http://cpc.people.com.cn/n1/2017/1115/c415067-29648367.html。

经营产业化为目标,以减量化肥、农兽渔药使用等生产技术标准和质量管理标准为重点,以畜牧养殖生产、疫病防控、屠宰场兽医卫生检验、水产健康养殖、苗种繁育、资源养护等和产前、产中、产后各环节为内涵,健全技术标准,推进农业标准化试点示范,推动标准入户;农业标准化监督体系,以支持农产品品牌发展为目的,以完善农产品质量安全监管网格为重点,以质量认证标准为依据,以标准符合性检测、监督抽查、认证、监督和质量评价为内涵,推进监管队伍标准化建设,构建监管、执法、检测一体化体系。

2. 效率变革

效率变革,即"找出并填平在以往高速增长阶段被掩盖或忽视的各种低效率洼地,为高质量发展打下一个效率和竞争力的稳固基础。市场竞争,归根结底是投入产出比较的竞争、效率高低的竞争……提高开放型经济水平,引进来与走出去相结合,更大范围、更高水平参与国际竞争和合作,稳步提升我国产业在全球价值链中的地位"。[1]

就农产品而言,卖出去和卖出好价钱是生产者显而易见的需要,满足这些需要的关键环节是科学配置或创新决定农产品销量的市场要素体系。

需要在思维上确立市场需求导向,即站在市场角度审视投入品使用、资源利用、种养、初加工、精加工、综合利用、物流、销售、品牌推广等全过程,做到心中有数。

把握住产业支撑这一环节,即站在全产业链、一、二、三产业融合发展的高度审视资源高效利用、农产品市场风险规避和销路、农民就业增收等问题,整合产业链、提升价值链和供应链效度。要科学把握生产方式产业化这一环节,统筹协调初加工、精深加工、综合利用加工与资源高效利用和特色优势品牌及其加工产业集的关系,促进生产、加工企业或合作社与上下游各类市场主体首尾相连、前后衔接、一体化集聚发展。

3. 动力变革

动力变革,即在劳动力数量和成本优势逐步减弱后,适应高质量、

---

[1] 刘世锦:《推动经济发展质量变革、效率变革、动力变革》,http://cpc.people.com.cn/n1/2017/1115/c415067-29648367.html。

高效率现代化经济体系建设的需要,加快劳动力数量红利到质量红利的转换。

必须把发展教育事业放在优先位置。加快教育现代化,从基础教育、高等教育到职业教育,全面提高教育质量,提高经济社会发展各个层面劳动者的素质。

加强知识产权的保护和激励。培养和造就一大批具有国际水平的战略科技人才、科技领军人才、青年科技人才和高水平创新团队,促进各类人才的合理流动,更大程度地调动企业家、科学家、技术人员和其他人才的主动性、积极性和创造性。

营造劳动光荣的社会风尚和精益求精的敬业风气。尊重劳动、尊重创造,建设知识型、技能型、创新型劳动者大军,提高一线劳动者的社会地位,打破阶层固化,拓展纵向流动、奋斗成才的渠道和机会。[①]

就农业农村发展而言,现代化是显而易见的需要。满足这种需要的关键环节是科学配置或创新高素质的劳动者和科技人才要素体系。如何解决这个问题?

首先,要坚持面向世界科技前沿、面向国家农业农村发展重大需求这一原则。以突破关键核心技术为重点,以实现互联网、大数据、云计算、人工智能、制造业、高新技术产业与农业农村发展深度融合为途径,提高资源配置的效率,发挥资本市场资源配置在农业农村发展中的作用,形成更为高效便捷的农业农村发展格局。

其次,顺应市场发展规律。把发展直接融资放在更加重要的位置,补齐科技创新短板,完善市场基础制度,形成多层次融资体系,更好地发挥资本市场对农业创新型经济的支持力度。

## 二 调优品质

优化经济结构的第二关键是农产品品质。农产品品质是一个前卫又关涉农业产业发展前途和命运的问题,健康和养生是核心要求。健康要求通过完备的规范体系、安全监控、认证管束,凸显天然健康优质特征,

---

[①] 参见刘世锦《推动经济发展质量变革、效率变革、动力变革》,http://cpc.people.com.cn/n1/2017/1115/c415067-29648367.html。

加大有机农业与有机农产品的绿色名气和地方特色荣誉。如何实现？既涉及农产品生产的人员素质，企业理念和管理制度，文化与农产品设计技术，机器设备与材料，工艺方法与标准和流程以及用户体验等多个因素，还涉及向农业科技、基础建设、生态保护、规模经营要产能的思维取向，利用与保护、养生文化与品质并重是关键环节。

## （一）利用与保护并重

农产品品质与市场链接的第一需要是利用与保护并重。农业产业的特殊性之一是自然载体，农产品依托地域水、土地、环境、生物等资源在内的自然资源而产出，天然是农产品品质最重要的内涵。依据什么调优农产品品质？有效保护、利用自然资源是途径，也是农产品的特色所在。

1. 有效保护自然资源

我国绝大多数自然资源在农村。在改革开放40多年的农村经济发展进程中，一些地区经济效益优先，工业和商业垃圾以及污水严重污染环境；一些地区缺少发展规划，村庄私搭乱建现象普遍，自然空间缺失科学规划；一些村民环境意识淡薄，人畜共居，垃圾、污水对环境污染严重。随着人口的不断增多，人居面积日渐减少，环境问题愈发凸显，自然资源保护的任务变得越来越艰巨。

在谋求农业农村发展进程中，需要做好以下工作。

其一，要有效保护自然资源。树立底线意识，根据属地的自然资源阈限，确定农业生产经营活动的规模、强度和村民生活消费程度，实现保护与生活、生产生态有机统一。

其二，要牢固树立绿水青山就是金山银山的理念。摸清自然资源"家底"，加强对自然资源的动态监测，对损害自然资源的开发活动零容忍。

其三，为自然资源承载能力提质。实施"山水林田湖草"生态修复工程，促进自然资源可持续性利用，杜绝自然资源浪费破坏，健全自然资源节约保护体制机制。

2. 有效利用自然资源

自然资源大致可分为三大类，即生态资源、生物资源、矿产资源，与农业农村发展最直接的自然资源主要是不可再生的生态资源和可再生或可更新的生物资源。与解决人类经济问题同理，农村经济发展是为了解决国家粮食需要和可持续提高农民生存、生活的质量和水平。

在这一进程中，一定条件和时期内，特定资源并不是无限供给的。一方面，资源的有限性与经济增长的无限性构建了一个矛盾统一体，协调一直是基本要求；另一方面，人类是自然界的一部分，对土地等自然资源的开发利用超出生态环境承载力就会破坏生态平衡，导致自然灾害和人类生存危机。

人与自然和谐发展是有效利用自然资源的基本原则。必须正确处理环境资源保护与经济社会发展的关系，要注重解决环境资源问题与合理利用自然资源、明显改善生态环境与显著提高资源利用效率、环境资源承载能力问题与突出生态效益、注重经济效益与兼顾社会效益、环境资源生态文明与"三个文明"建设的和谐统一，科学配置和利用有限的资源因此成为人类社会永恒的问题，也成为我国农村经济发展的关键问题。

解决这个问题的基本原则是立足生态系统高度因地制宜选择自然资源节约、限用、储备、配置、替代、修复改良的路径，探索可持续的发展之路。

### （二）养生文化与品质并重

农产品品质与市场链接的第二需要是养生文化与品质并重。除了心理养生途径以外，生理养生的主要需求对象就是食物，市场对农产品品质提出了相应的要求，养生文化依据与农产品养生品质是关键。

1. 养生文化依据

养生通过调心态、调饮食等各种方法去实现人与自然、人与社会，人体阴阳、人体脏腑、气血经络的平衡。

其中，"调饮食"是人们普遍的选择。

在我国几千年的发展历程中，"五谷为养，五果为助，五畜为益，五菜为充，气味合而服之，以补精益气"[1] 始终是调整膳食结构的指导思想。

2. 农产品养生品质

如今，农业乃是国民经济的基础，但当代农业的发展已不再局限于传

---

[1] 周海平、申洪砚编著《〈黄帝内经〉考证新释》，中医古籍出版社，2016。

统的充饥饱腹,随着传统农业向智慧农业的转型,从目前的发展状态来看,为打破化肥和农药的现实瓶颈,诞生了有机农业①、生态农业②、绿色农业③,为调优品质,集"休闲""养生""健康"于一体的养生农业④正在兴起。

在这一发展历程中,养生农产品涵盖了五谷杂粮,出现了以健康为条件、以现代科技为手段,促进人体健康、调节人体机能的优质化、营养化、功能化的粗粮杂粮系列、瓜果蔬菜系列、高端补品系列、特色特产系列等。

由此不难发现:农产品要满足人们养生的需要,就要具备养生的品质,需要以走出化肥和农药的现实瓶颈为前提调优品质。提高农产品养生品质,需要科学定位、依靠科技、完善机制、创推品牌。

### 三 调精品种

优化经济结构的第三关键是农产品品种。农产品品质是通过品种来显现的,是遗传基因、地域文化底色和培育技术的有机统一体。原始品种的决定因素是遗传基因,与地域环境、气候紧密相关,生长的稳定性和对健康的元素结构是选种的重要依据,运用技术对原始品种进行改良,与市场需要相关,地域文化底色和满足市场需要的培育技术是育种的关键因素。因此,所谓调精品种,就是要以健康生态为价值指向,以延长

---

① 在生产中完全或基本不用人工合成的肥料、农药、生长调节剂和畜禽饲料添加剂,而采用有机肥满足作物营养需求的种植业,或采用有机饲料满足畜禽营养需求的养殖业。有机农业的发展可以帮助解决现代农业带来的一系列问题,如严重的土壤侵蚀和土地质量下降,农药和化肥大量使用对环境造成污染和能源的消耗,物种多样性的减少等,还有助于提高农民收入,发展农村经济,有极大的发展潜力。

② 通过提高太阳能的固定率和利用率、生物能的转化率、废弃物的再循环利用率等,促进物质在农业生态系统内部的循环利用和多次重复利用,以尽可能少的投入,求得尽可能多的产出,并获得生产发展、能源再利用、生态环境保护、经济效益等相统一的综合性效果,使农业生产处于良性循环中。

③ 广义的"大农业",包括绿色动植物农业、白色农业、蓝色农业、黑色农业、菌类农业、设施农业、园艺农业、观光农业、环保农业、信息农业等。绿色农业指以生产并加工销售绿色食品为核心的农业生产经营方式。

④ 以中国养生哲为指导,借鉴并采用相关的养生方法和技术,结合传统农业、现代农业、有机农业、生机农业、本来农业中科学合理的内容,形成的一种新型的、可持续发展的农业模式。

优质品种产业链条为路径,以增加农产品附加值为目的,调优种植结构和品质结构。

## (一) 调优种植结构

农产品品种与市场链接的第一需要是调优种植结构。在市场经济语境下,调优意即以粮食稳定发展为前提,以增加农民收入和壮大集体经济为目的,依托本地优势资源,因地制宜调整种植业结构、发展高效特色经济作物。换而言之,就是立足当地、当前资源平台,通过种植业结构调整实现产出和经济利益最大化,多元和特色是关键点。

### 1. 多元

我国土地面积大,地域特征明显,种植什么除因地制宜外,还有两个基本原则。

一是粮食生产能力最大化。由表6-1和图6-1可知,2017年进口量达到历史新高,增强粮食生产能力迫在眉睫。

表6-1 2012~2018年中国粮食进口数量及金额统计

| 时间 | 粮食进口数量(万吨) | 同比增长(%) | 粮食进口金额(千美元) | 同比增长(%) |
| --- | --- | --- | --- | --- |
| 2012年 | 8025 | 25.9 | 42141405 | 25.5 |
| 2013年 | 8645 | 7.7 | 45597946 | 8.2 |
| 2014年 | 10042 | 16.2 | 49042589 | 7.5 |
| 2015年 | 12477 | 24.2 | 46739115 | -4.7 |
| 2016年 | 11468 | -8.1 | 41507643 | -11.2 |
| 2017年 | 13062 | 13.9 | 48079741 | 15.8 |
| 2018年 | 11555 | -11.5 | 45870013 | -4.6 |

资料来源:《2012—2018年中国粮食进口数据统计》,http://www.chyxx.com/shuju/201903/719522.html。

二是农民增收能力最大化。2018年,全国居民人均可支配收入28228元,比上年名义增长8.7%,扣除价格因素,实际增长6.5%。其中,城镇居民人均可支配收入39251元,增长(以下如无特别说明,均为同比名义增长)7.8%,扣除价格因素,实际增长5.6%;农村居民人均可支配收入14617元,增长8.8%,扣除价格因素,实际增长6.6%。全年全国居民人均可支配收入中位数24336元,比上年增长8.6%,中位数是平均数的86.2%。其中,城镇居民人均可支配收入中位数36413元,

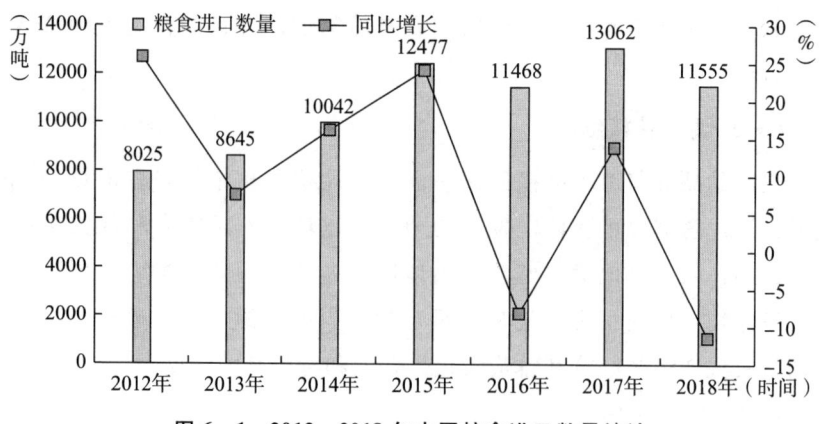

图 6-1　2012~2018 年中国粮食进口数量统计

增长 7.6%，是平均数的 92.8%；农村居民人均可支配收入中位数 13066 元，增长 9.2%，是平均数的 89.4%。[1]

2019 年一季度，全国居民人均可支配收入 8493 元，比上年同期名义增长 8.7%，扣除价格因素，实际增长 6.8%。其中，城镇居民人均可支配收入 11633 元，增长（以下如无特别说明，均为同比名义增长）7.9%，扣除价格因素，实际增长 5.9%；农村居民人均可支配收入 4600 元，增长 8.8%，扣除价格因素，实际增长 6.9%。一季度，全国居民人均可支配收入中位数 7158 元，增长 8.8%，中位数是平均数的 84.3%。其中，城镇居民人均可支配收入中位数 10038 元，增长 8.2%，是平均数的 86.3%；农村居民人均可支配收入中位数 3663 元，增长 8.9%，是平均数的 79.6%。[2]

不难发现，尽管农村居民人均可支配收入在增长，但城乡差别依然较大，农民增收能力纤弱明显。

从上述两个方面看，要实现粮食生产能力和农民增收能力最大化这两个目标，优化种植业结构势在必行。以提高粮食生产能力为本，以提高农业质量效益和竞争力为目的，发展优质、多元农产品经济是必由之路。重点是加强基础设施和技术服务体系建设，通过信息引导、政策鼓

---

[1] 《国家统计局：2018 年全国居民人均可支配收入 28228 元》，https://baijiahao.baidu.com/s?id=1623234987766856518。

[2] 《国家统计局：2019 年一季度全国居民人均可支配收入实际增长 6.8%》，https://finance.jrj.com.cn/2019/04/17101127414359.shtml。

励、资金支持、科技服务实现农业生产组织化、规模化、智能化，还权赋能于农户和新型经营主体。

2. 特色

立足能力最大化的高度，因地制宜是调优种植结构的基本依据，这便有了特色发展问题。在我国，围绕品种和品质结构、区域和要素投入结构等方面，结构调整主动性和经营主体适应性，迫切需要自上而下的科学规划和合理布局。

其难点在调研与决策的一致性上。一些地方领导不善于尊重自然、经济规律和可持续发展原则，淡化对区域自然、社会功能和市场的认知，"拍脑门"定事，不可能实现能力最大化。

要凸显特色，需要调动科研团队积极性。建设现有粮食库存、生产现状、潜力、市场需求变化认知基础，以粮食种植结构优化和生产合理布局、市场需求为指引，确立粮食种植结构调整规划。

注重价格杠杆研究。优化资源配置，实现农民自愿、耕地适度集中的规模、集约、连片经营。

重视产业化经营手段研究。建立健全社会化服务体系，整合信息引导、政策鼓励、资金支持、科技服务的引领功能，扶持龙头企业和引导特色农户，让他们根据需求在组织调整中降低市场风险和分享调整成果。

### （二）调优品质结构

农产品品种与市场链接的第二需要是调优品质结构。商品品质是决定商品市场销售价格的关键性因素。就农产品而言，包括产品的质量特性，如化学成分构成、生物特征、结构、物理性能、可靠性、精度、纯度、破碎率、农药残存率等；也包括产品的外观形态特性，如形状、色泽、味觉、气味、包装、成本、价格、交货期、污染公害等。调优意即以市场需要为前提，以经济利益最大化为目的，以满足用户需要为标准，按质确立农产品规格、等级、标准等。调优品质结构是农产品转化为农商品的关键一步，体验和服务是关键环节。

1. 体验

如今，围绕农民可持续增收和村集体经济可持续增长这两个目标，人们想到了农业现代化与市场的关系。目前，许多地方的思维取向是由农产品到市场。

为了达到这个目的。人们告别了几千年的农业生产方式，选用农药和化肥，除草剂解放了人的双手，杀虫剂"干净"了蔬菜，氮、磷、钾复合肥加大了增产幅度，"催熟剂"结出了漂亮的果子。但是，在短短的几十年中，除土地、水资源、生态链、污染等环境问题外，还出现了农民"只卖不吃，只吃不卖"的现象。

认真审视其中的问题将发现"己所不欲，勿施于人"的文化准则与市场占位的关系，站在消费者角度审视农产品生产无疑是正确的选择。需要运用法律、制度和道德引导农民改变急功近利的生产意识。学习专业知识，掌握科学技能，依托科学严密的种植体系规程，关注品种、肥料、生物防治、土壤、环境等诸环节，实施规范生产。

把握特色和健康这两个重要环节。以营养健康为前提，以特色为品质，把精力投放到发展有机无公害循环农业上。

抓住品牌化营销这一龙头，将自己吃得好的体验转化为广告词，实现产加销一体，突出特色，打造品牌。

2. 服务

人们到饭店就餐时，往往并不是先评价菜品，而是环境，如古色古香、清静幽雅、宽敞明亮、一尘不染、华而不俗、宾至如归等。与此同理，农产品的品质与产地的自然和人文环境是紧密相连的，消费者往往有因环境而选择的心理趋向，这便有了以农产品品质为主题的服务问题。

需要坚持以消费者为中心。以"爱心、真心、精心、耐心"为服务理念，树立品牌意识。准确把握全心全意为消费者服务的文化意义，努力打造以乡风为特征的服务型"爱心"窗口；加强乡风文明建设，凸显乡风淳朴、特色之品质，明确服务标准，捋顺服务流程，用"真心"打动消费者。

站在消费者需要的角度，加强各个生产环节管理。为消费者降低成本支出，用"精心"的服务让消费者觉得每一分钱都花得值得。

建设消费者群。通过网络调查、研讨座谈、参观学习等方式广泛了解消费者需要，超前生产和管理，用"耐心"服务精准把握农产品品质问题的实质和症结。

高度重视智能化、标准化、高端化农产品产业体系建设。以供给侧结构性改革为主线，落实技术政策、强化督查奖惩，统筹调结构、重质量、育品牌、做特色、提品质等各项工作。

## 第三节 满足乡村振兴质量兴农需要的技术路径

筑农业现代化这条"路"和制造乡村这辆"汽车"的驱动按钮是优化产业结构。在中国农业与世界市场接轨进程中，农业科技创新是筑农业现代化这条"路"和制造乡村这辆"汽车"的关键点。全球性科技革命和产业变革持续深化，新兴产业正在颠覆传统农业产业，农业科学技术与农商品市场的关系日渐紧密。我们面临的现实是，"消费结构升级和农产品供应结构性失衡、资源环境约束趋紧与发展方式粗放、国内外农产品市场深度融合与农业竞争力不强、经济增速放缓与农民增收渠道变窄、发展动力转换与科技创新成果供给不足"。[①] 如何解决？应把握农业科技创新这一关键驱动按钮，激发提质增效、资源环境、国际市场的有机统一动能。

### 一 提升农产品质量

优化产业结构的第一目的是实现提质与增效。以实现农业高质量发展为目的，在实现农产品转化为农商品的过程中必须充分激发提质与增效的关系动能。提质与增效之间是相向的措施与目的的关系，其间存在提质工具和增效内涵的一致程度与动能的正相关关系。众所周知，农业要提高发展质量就必须与现代科技融合。就"提质工具"而言，在什么高度和什么载体上实现是非常重要的两个问题；就"增效内涵"而言，在什么方面和用什么标准衡量也是两个非常重要的问题。两者共同呈现出了由高度、载体、方面和标准组成的动能生产的四根支柱体系。在具体实践中，高度与国家经济发展战略，载体与国家一、二、三产业融合的程度，方面与乡村一、二、三产业，标准与国际市场要求相对应，其动能产生于农业科技创新与上述四个体系的对接过程中，供给侧和需求侧结构性改革是关键环节。

---

① 《以科技创新引领现代农业发展》，http://www.xinhuanet.com/politics/2017-03/20/c_1120657770.htm。

## （一）供给侧结构性改革

实现提质与增效链接的第一需要是供给侧结构性改革。实现农业高质、高效发展在宏观上是提高生产和竞争能力最大化，本质上是实现农业现代化，需要通过国家与农业的互动来完成。在互动过程中，国家是供给侧。需要围绕产业、区域、投入、动力、分配结构，回答在什么格局下和用什么样的政策、资金提高生产和竞争能力最大化问题。

在格局上，注重发展空间思维。视角主要包括：优化投资结构与产业结构开源疏流、优化产权结构与民间活力激发、优化投融资结构与资源优化配置以及再生、优化产业结构和提高产业质量与优化产品结构以及提升产品质量、优化分配结构与消费提升生产力、优化流通结构与提高有效经济总量、优化消费结构与人民生活品质提高等方面。在供给方式上，依据市场要求规范政府的权力。

在供给结构上，以市场化为导向，依据市场所需实施政府改革。在改革角度上，要求政府在公共政策的制定和执行上让产业、企业的活力摆脱政府约束。重点是制度创新和财税体制改革，需要通过完善人口政策、推进土地制度改革、加快金融体制改革、实施创新驱动、深化简政放权改革、构建社会服务体系等路径来完成。最终要挖掘和激发农业新动能新活力，不断提高农业全要素生产率。

## （二）需求侧结构性改革

实现提质与增效链接的第二需要是需求侧结构性改革。需求侧改革，是与供给侧的劳动力、土地、资本、制度创造、创新等要素相对应的投资、消费、出口格局的改革。就农业提高生产和竞争能力最大化而言，以国家推进农业供给侧结构性改革为前提。

农村要提高一、二、三产业融合程度。以发展特色种养业、农产品加工业、旅游、电子商务等为方向，培育新型农业经营主体，通过股份制或股份合作制连接农民利益与新型农业经营主体利益。

农业要从农产品加工的产业链、价值链、创新链建设入手，以农产品营养丰富为内涵，以农产品经济附加值提升为目的，做好初加工和精深加工，建设生产、储运、营销合作化组织，打造风险共担、利益共享产业共同体。

在农产品附加值提升环节，需要因地制宜建设植根于独特生态、山水、生物和文化资源的农产品体系，为特色农业开发提供巨大的空间。建设现代生态农业体系，实现农产品品质上乘、特色独有。

打造区域化、规模化、系列化特色产业发展格局，建设农产品加工示范园区，夯实产业基础。

高度重视生态特色产业开发。围绕土地使用、税费减免、金融扶持、产业服务等方面建设良好政策环境，探索特色、新型的工业化和现代农业发展之路；围绕农业产业化开发，建设细化到产业、乡镇、企业的特色产业规划。

## 二 优化资源环境

优化产业结构的第二目的是实现农产品质量与资源环境的融合。以质量兴农为目的，农产品转化为农商品必须充分激发农产品质量与资源环境的关系动能。很长一个时期，乡村由于缺少科技支持，化肥和农药成为农产品质量提升的支柱。

"过去30年来，中国农业掀起一场革命，粮食生产增加近一倍。中国依赖高产作物。为更多收获，农田使用过量化肥，且高达65%的化肥使用不当，河流和农田因此受污染，有毒物质留在土里……农村粮田被污染将对食品安全带来不可逆转的危害。从三聚氰胺到地沟油……一直到毒大米，滥用农药的蔬菜，还有苏丹红鸭蛋和带增白剂的面粉等等不胜枚举，一方面暴露出不法分子利欲熏心，道德缺失，伤天害理，另一方面也显示源头污染、农村面源污染是食品安全的大敌。"[①]

如何兼顾资源节约、环境保护和提高农产品质量三要素？农业科技创新是必由之路，加大现代科技供给和规范农产品生产行为是关键环节。

### （一）加大现代科技供给

实现农产品质量与资源环境融合的第一前提是加大现代科技供给。

钱学森曾指出："在中国小农经济基础之上，不可能自发地走向农业产业化；中国农业现代化的根本动力在于科技创新、产业化进程和整个

---

① 《粮食等农产品质量安全应从土地水资源抓起》，http://www.sohu.com/a/195445417_499144。

中国的现代化进程。为此,必须在坚持科技创新主驱动条件下的'五结合'(工业与农业、城市与农村、政府与农户、现代科技与农业技术、工商企业与个体农民相结合)的基础上实施现代农业系统工程。"[①]

在农业现代化进程中,产量和质量与农民的利益紧密相关,资源环境与农用品和生活品使用息息相关,如何解决化肥农药使用与环境、农民利益之间的关系问题,这并不是农民有能力回答的。

近年来,国家通过总量控制与强度控制相结合的方式全面实施化肥农药减量,收到一定成效,但解决这个问题的唯一出路是实现农业科技创新。需要支持新型肥料、农药和农业废弃物回收等的研发和应用,强化政策扶持、技术推广和科技支撑,实施"农用微生物制剂与酶产品创制",推广有机肥替代化肥的生产技术模式,如"有机肥+配方肥""果—沼—畜""有机肥+水肥一体化"等,实施秸秆还田和畜禽粪污资源化利用工程。

## (二) 规范农产品生产行为

实现农产品质量与资源环境融合的第二前提是规范农产品生产行为。解决化肥农药使用与环境、农民利益之间的关系问题,农业科技创新是一个方面且需要一个过程,另一个方面是实现农业标准化。它包括农业生产质量标准体系、农业标准化生产体系和农产品质量认证和检测体系,约束农业产前、产中、产后全过程。

需要加强农产品质量标准管理,即依据农产品质量标准检验农产品。

加强产地质量管理,即依据法律、法规禁止废水、废气、固体废物或者其他有毒有害物质进入农业生产区域,监督化肥、农药、兽药、农用薄膜等化工产品使用。

加强生产质量管理,即实行农业投入品生产许可与监督抽查、农产品生产档案记录、建设农产品质量安全控制体系。

加强质量监督检查管理,即不符合农产品质量安全标准的不能进入市场和建设农产品质量安全监测制度。

除上述内容外,值得特别强调的是,规范农产品生产行为的指导思想是绿色,需要以加快农业绿色防控技术研究、推广和财政支持为基础,

---

[①] 转引自王海元、单元庄、白云帆《科技创新:中国农业现代化的新机遇》,http://theory.people.com.cn/n1/2016/0425/c207270-28302716.html。

开展技术培训，以绿色防控为指标，让绿色防控成为常态。

## 三　培育国际市场

优化产业结构的第三目的是实现品牌与国际市场的融合。以满足市场需要为目的，在实现农产品转化为农商品过程中必须充分激发品牌与国际市场质量要求的关系动能。以调顺产业、调优品质、调精品种为原则，其标准要站位高，即以国际市场质量要求为依据。布局农业结构，运用农业科技创新成果，实现品种与地域、品质与品牌、产业与标准化生产的有效对接；运用农业科技创新成果构建优质优价机制，抓特色、抓重点、塑品牌，运用大数据分析畅通市场信息，推动农产品向生态品牌农商品转化。如何实践？质量基础上的品牌和国际市场质量要求占位是关键环节。

### （一）品牌占位

实现品牌与国际市场融合的第一前提是品牌占位。品牌有一个成长过程，包括成为品牌、定位品牌和品牌占位，成为品牌是高质量产品为消费者所认同，定位品牌就是让品牌成为同类别中的代表（包括产品定位、市场定位、价格定位、品类定位、属性定位、形象定位、地理定位、人群定位、渠道定位、文化定位、营销定位等），品牌占位是指占据消费者认知位置并成为首选（包括名字占位、资源占位、概念占位、渠道占位、标准占位、网页占位、新闻占位、视频占位、图片占位、微博占位、微信占位等）。

在这一成长过程中，品牌定位确立的是发展方向。此时的品牌定位只有自己或少数人知道；品牌占位确立的是行业领导地位，即抢先占位、抢占市场先机。[①] 关于农产品，品质优良和特色是成为品牌的前提，而要真正成为品牌，必须重视品牌成长的三个环节，特别是品牌占位，因为它是登上同类品牌之首的阶梯。

这是一个系统工程。包括占领好名（市场痛点分析、市场机会选择、细分市场定位、快速取个好名、媒体传播布局）、占领搜索（占领网页搜索、占领视频搜索、占领图片搜索、占领微博搜索、占领微信搜索）、

---

[①]　参见《什么是品牌定位和品牌占位？两者有什么区别？》，https://www.admin5.com/article/20180519/855601.shtml。

占领人心（找准产品爆点、策划宣传文案、选择精准媒体、引爆推广传播、形成行业话题）、占领大势（分析时机热点、寻找时代大势、快速借势传播、整合资源运营、形成市场势能）、占领市场（疯狂吸纳粉丝、系统化的养熟、渠道规则设计、快速成交客户、裂变营销扩张、占领行业市场）①等，需要系统策划。

## （二）国际市场质量要求占位

实现品牌与国际市场融合的第二前提是国际市场质量要求占位。以高质量、特色品质为前提，以品牌占位为目的，需要改变目前低端农产品供大于求、优质农产品需要进口的现状，为此解决农产品国际市场质量要求占位至关重要。

解决这个问题需要建设品牌农业②。内涵包括农业标准化、农业产业化组织、农产品品牌建设、促进农民增收；特征包括生态化、价值化、标准化、产业化、资本化；途径包括抢占公共资源、以快制胜做老大、用文化塑造提升品牌、内在品质差异化和外在化、外在形象品质化和差异化、引领行业、杂交创新、通过深加工让产品彻底与众不同。③ 发展好品牌农业必须立足国际市场审视自身品牌占位问题。

目前，参加国际市场经济活动的130多个国家和地区，各有特色。

国际市场竞争的重点聚焦于农产品质量态、价格态、销售态、服务态、文化态等方面，速度和同质化竞争是决胜的制高点。

需要建设主体化工程（明确一个政府+协会+企业的建设主体）、价值化工程（以全球视野夯实一个定位系统）、视觉化工程（强化一组中国风格形象）、营销化工程（打造一个"头部"渠道传播矩阵）、融合化工程（实现一个三产联动价值综合体）④，更需要科学把握国际市场瞬息万变的需求态势，确立快速、高效的营销策略。

---

① 参见《品牌占位模型，一个让你快速成为行业第一的秘诀！》，https://www.177p8.com/article-111-1.html。
② 经营者通过取得相关质量认证，取得相应的商标权，提高市场认知度，农业类产品在社会上获得了良好口碑，从而获取了较高经济效益的农业。
③ 参见《农产品进入品牌时代，品牌农业的五个特征和八大法则》，http://blog.sina.com.cn/s/blog_a40aebc10102y3qd.html。
④ 参见《五常大米等顶级区域品牌下一步该怎么走？》，http://www.sohu.com/a/305118158_469008。

# 第七章　乡村振兴战略实践的绿色发展路径

　　人与人合作或协作是人类社会得以发展的前提，也是人类驾驭自然和自身能力不断增长的必要条件。在这一历程中，以蒸汽机、电力、能源（石油）、信息革命等为代表的生产力的不断发展，强化了人类社会独有的人与人之间的关系，让地球成为所有人的命运共同体。与此相对应的另一个事实是，人类在谋求"驾驭自然和自身"的进程中发现自己就是自然生态中的一部分，需要遵循自然规律生存、生活，自身行为带来的环境危机正在威胁自己的生存，人类与自然和谐共存才是正确的道路。于是，人类当代的觉醒孕育了生态文化。它的内涵不仅包括生活与生态环境，而且还包括人的健康与绿色饮食。作为一种理念，就乡村绿色发展而言，筑农业现代化这条"路"和制造乡村这辆"汽车"，必须坚守生态法则，绿色是一种表征。在新时代，乡村作为社会文化体，满足人类与自然和谐共存需要的前提是创造自己的绿色生活环境，生产出以绿色为标志的有利于人体健康的农商品。如何实践？生态文化建设是必然，技术支撑和创新驱动是关键，共治、共享之驱动是关键环节。

## 第一节　乡村振兴的绿色发展需要

　　绿色发展是人类与自然和谐共存的必然趋势。为了生存和发展，人类的单体或群体在谋求满足需要的历史进程中，基于社会对自身满足需要力量外化的需要，思维自身与社会的关系，有了农耕文明和工业文明的诞生，世界各国逐步走上了以工业化、城市化为特征的国家现代化道路。在经历几百年的工业文明之后，一系列全球性问题让人类认识到，生态环境问题已经成为自身生存和发展的瓶颈，甚至正在危及自身的健康和生命，人类也只是自然的一部分，人自身的自然属性依据自然规律而存在。作为社会中的人要遵循社会发展规律，而社会作为自然物的一种形态必须遵守自然规律，生态文明因此成为人类的科学和自觉的文明形态。以此为背景，就乡村文化体生存和发展而言，以绿色为主张的生态文化建设将必然是筑农业现代化这条"路"和制造乡村这辆"汽车"的方向。

## 一　人类价值取向之需

人类与自然和谐共存是人类趋同的价值取向。在业已建立的文化世界里，为了最大限度满足自身需要，人类在经历了很长时期的文化自然进程中，逐渐发现人与社会的关系仅是影响社会文化自然力的重要环节，人类与自然的关系才是生存和发展的决定因素。随着人类"征服"自然进程的不断加快，资源、环境、生态等问题不断加剧，人类的文明日渐衰落，人类对自身与自然关系的反思，孕育了生态文明。它体现出了人们价值观的变化，推进了人们生活、生产方式的变革，成为关乎人类文化血脉传承与发展的文化需要。

### （一）价值观的变化

人类趋同的价值取向的第一基础是生态价值观。人类步入工业文明时代以来，由于缺乏对生态环境系统的科学认知，一直认为自然是人类可以无限改造和索取的，特别是生产力水平的不断提升，使人类中心主义膨胀。

然而，来自自然的一系列报复给人类社会敲响了警钟。事实上，人类仅是自然的一部分，稳定平衡的自然系统是人类存在的必要条件，和谐共处才是应有之义。

因此，人们在处理与自然界的关系时必须充分尊重自然界给人类的制约性。当代人类社会缺损最严重的部分就是生态价值，迫切需要确立以生态价值为内核的思维方式和生产生活方式，即人与自然和谐共生。这是人类对工业文明以来社会高速发展方式及其后果的深刻反思。

生态环境是所有人的公共环境。立足生态高度，人类单体或群体满足需要的任何活动都与人类社会、大自然息息相关，人类是一个命运共同体。所谓经济权利和公平是一定社会内部群体间的，但如果经济活动破坏了生态环境，也就侵害了特定经济活动之外的他人享有环境价值的权利，这就是环境权利上的不公平，而它在传统社会中并没有为多数人所认知，当然也没有上升到社会制度层面。

随着生态文明时代的到来，坚持补偿与惩罚统一原则逐渐成为世界各国生态文明制度建设的重点。

就我国当代社会发展而言，生态价值观是基本依据，需要在立法层面贯穿生态治理的理念，选择以"绿色"为导向的现代化治理模式，在全民层面开展自然教育。

（二）生活、生产方式的变革

人类趋同的价值取向的第二基础是"三生共赢"和"三效并重"准则。"三生"即生活、生产与生态，"三效"即高效、实效、长效。

所谓"三生共赢"准则，就是将生活水平提高、生产力发展与生态环境改善作为生活、生产、生态活动的目标，处理好生活、生产、生态共赢的关系。

所谓"三效并重"准则，就是将高效、实效、长效作为生活水平提高、生产力发展、生态环境改善的评价标准。两个原则的依据是人与自然和谐共生以及环境公平理论，"三效并重"准则实际上是对"三生共赢"理想状态的表述。

依据这两个原则，人类的生活、生产方式具有空间维度要求，即与自然生态与社会生态和谐共生；具有时间维度要求，即承接前人创造的物质和精神财富、当下生活的统筹与协调、"代际"公平统筹兼顾。换而言之，人类单体或群体满足需要的任何生活、生产活动都不是自己的事，必须承担发展责任。需要以"三生共赢"和"三效并重"为准则，因地制宜设计生态环境、绿色经济、优质宜居三大类指标体系，重点从优化空间开发格局、构建产业绿色发展体系、改善城乡居民生活环境、提升生态系统功能、健全治理体制机制等方面提出可行的理论支撑、技术体系，最终制定科学的发展规划。

## 二 生态文化建设之需

人类与自然和谐共存需要进行生态文化建设。进入工业文明以来，中国以小农经济生产为主要方式的扎根于民族灵魂深处的传统农业文明遭到了前所未有的冲击。传统农业文明的坍塌，致使农业过度向大自然攫取生产资料，河塘污水为害，垃圾堆着、埋着、挂着，农产品为农药包着,土地为化肥"养着",生态已成为农业发展的瓶颈性问题。党的十八大把生态文明建设放在突出地位,十八届五中全会提出创新、协调、绿色、开放、共享的新发展理念,绿色发展理念贯穿经济社会发展各领域各环节,也正在孕育新农业文化态,人类命运共同体责任与生态文明建设任务是关键环节。

### (一) 人类命运共同体责任

生态文化建设的第一基础是人类命运共同体责任。

今天,抛除战争因素,全球生态环境治理是必由之路,每一个国家,每一个人,都肩负着各自的责任。当然,这是一场深刻的人类文化革命,需要时间,需要推动,更需要治理。

### (二) 生态文明建设任务

生态文化建设的第二基础是生态文明建设任务。

目前,人类的家园正在遭受污染,资源正在枯竭,生态系统正在退化。只有每一个社会成员都坚持走绿色发展道路,都承担生态责任,人类命运共同体的可持续发展才能成为可能。

十九大报告提出"必须尊重自然、顺应自然、保护自然","推进绿色发展","形成绿色发展方式和生活方式","加快建立绿色生产和消费的法律制度和政策导向,建立健全绿色低碳循环发展的经济体系。构建市场导向的绿色技术创新体系,发展绿色金融,壮大节能环保产业、清洁生产产业、清洁能源产业",为民众创造良好生产生活环境。

## 第二节 满足乡村振兴绿色发展需要的关键

人类与自然和谐共存需要进行生态文化建设,绿色发展是人类生态文明建设的需要。在筑农业现代化这条"路"和制造乡村这辆"汽车"的过程中,生态文明建设是国家现代化的基本要求。中国有九大农业区域,即黄淮海区、长江中下游区、内蒙古及长城沿线区、黄土高原区、华南区、甘新区、东北区、西南区、青藏区,农业用地约占全国土地总面积的59%,可见农业、乡村生态环境建设的实际地位。然而,遵循这一要求还有很长且艰难的路要走。原因在于,村民对生态文明建设的认识尚需与科技知识储量相对接，如何以天蓝、地绿、土地肥沃引领乐业和增收？如何以安居、水净、空气清新、环境优美引领生活方式？尚需技术支撑和创新驱动。

## 一 技术支撑

生态文化建设的第一需要是技术支撑。村民健康与生态文明的关系一直存在，只是乡村地域广阔和村民因缺失技术支撑而不能辨知而已。目前，一些村庄垃圾乱倒、杂物乱扔、棚舍乱搭，排水、排污管道破损，旧式干厕、灰厕、水厕亟待改建，防鼠、防蟑、防蚊、防臭设施落后或空白，自来水普及率低、水质不符合《生活饮用水卫生标准》要求，垃圾袋、垃圾池、垃圾中转站、垃圾无害化处理发展水平不一或空白。增强村民健康意识和自我保健能力技术支撑必不可少，健康知识知晓率与健康行为形成率是关键环节。

### （一）健康知识知晓率

技术支撑的第一基础是健康知识知晓率。

目前，现代健康这个概念对当前多数农民而言依然相当陌生。客观原因是一些不发达地区的农民为生存而奔波，无心关注这个问题，主观上认为那是一个奢侈的概念，与自己无关。事实上，自然灾害和突发事件时有发生。没有全民健康，就没有全面小康，提高农民健康知识知晓率和保卫健康的任务重大且紧迫。

除此之外，关于环境与健康，许多农民知之甚少。

现代环境污染危害包括急性、慢性、远期三个方面，来源包括化肥、药品物（含浮游物、化合物）、重金属物（如锰、铜、锌、汞、铅）、富营养化物（如工业废水、生活污水、农田排水）等，应该说，这些是由现代工业垃圾、农业生产化学投入物、农村生活污水及垃圾所造成的，具有一定的科技含量。

从农民健康权利来看，增加农民健康以及影响健康的知识知晓率，是各级政府应有的职责。

### （二）健康行为形成率

技术支撑的第二基础是健康行为形成率。以提高农民健康以及影响健康的知识知晓率为前提，提高农民健康行为形成率势在必行，而其瓶颈是环境建设。

调查发现一些农村道路薄、窄、保养不到位，秸秆因禁烧和没有去处而弃在地里、大草垛堆在院里，人畜杂居使得生态环境持续恶化，生活垃圾、畜禽养殖垃圾成山，这是农民无力解决的难题。

此外，就许多农民的行为习惯而言，污水随处倒、生活垃圾和畜禽养殖垃圾离家就行，致使生活环境旧伤添新病、恶性循环。

需要立足生态环境与健康关系的高度，通过环境建设引导农民的行为，即加大基础设施及其配套工程设施建设投资力度，加快供给侧结构性改革，加强农民环境意识教育，层层明确责任，人人承担责任，奖惩结合，努力提高农民健康行为形成率。

## 二 创新驱动

生态文化建设的第二需要是创新驱动。生态建设与乡村经济有什么关系？这是村民主动参加生态建设的关键问题。当前，许多地方面临的问题是，如何处理好生态红线与经济发展的关系。这里涉及的最重要的关系是生态环境与经济高质量发展，生态经济是核心，包括生产、生态、文化要素和一、二、三产业的价值要素融合以及市场激励和驱动等内涵，也包括生态补偿机制、产权制度、治理体系等支持体系建立，转换思维方式与创新是关键环节。

### （一）转换思维方式

创新驱动的第一需要是转换思维方式。

人类已经进入生态文明时代，这是全人类对自身生存生活的条件和方式的觉醒。人类是大自然的一部分，绿色是大自然健康态的本色，自然也是人类存在的条件和发展的基础。绿色发展作为实现可持续发展重要支柱的一种新型发展模式，是一种现代思维。

调查发现：许多农民和一些干部依然秉承着传统思维，甚至有一些人认为，绿色就是形式主义。事实上，传统观念是将人置于自然界之上，绿色发展理念强调人与自然共生，从传统到现代，从无视自然规律到尊重自然规律，需要每一个人转换思维，更是一场深刻的思想革命。

十九大报告指出:"发展是解决我国一切问题的基础和关键,发展必须是科学发展,必须坚定不移贯彻创新、协调、绿色、开放、共享的发展理念。""必须树立和践行绿水青山就是金山银山的理念,坚持节约资源和保护环境的基本国策,像对待生命一样对待生态环境,统筹山水林田湖草系统治理,实行最严格的生态环境保护制度,形成绿色发展方式和生活方式,坚定走生产发展、生活富裕、生态良好的文明发展道路,建设美丽中国,为人民创造良好生产生活环境,为全球生态安全作出贡献。"[1]

**(二) 创新**

创新驱动的第二需要是创新。进入新时代,实现高质量发展成为主题。如何正确处理绿水青山与金山银山的关系?践行绿色发展理念、发展"绿色经济"日渐成为发展新兴产业、优化产业结构以及探索资源节约、环境友好的生产方式和消费模式的依据和途径,也成为农产品质量、标准、品牌建设的魂。在贯彻和践行绿色发展理念实践中要做到以下两点。

一方面,要杜绝以牺牲生态环境换取生活自由和经济增长的做法。迫切需要技术创新。如垃圾集中处理、污水治理、秸秆和稻草综合利用、厕所集中连片、化肥和农药增绿、工业污水处理、经济发展方式转变、生态保护修复等,需要依靠创新引领发展、加大环境污染综合治理、加快推进生态保护修复、全面促进资源节约集约利用、倡导推广绿色消费、完善生态文明制度体系。

另一方面,要大力发展绿色经济。即以"效率、和谐、持续"三位一体为目标体系,以"生态农业、循环工业、持续服务产业"三位一体为结构体系,以"绿色经济、绿色新政、绿色社会"三位一体为发展体系,内容包括绿色技术、政策和商业模式。需要循环技术、低碳技术和生态技术来支撑,需要创新生态补偿机制,需要发挥体制机制的引领和保障作用。由此不难发现体制机制和技术创新是必由之路。

---

[1] 习近平:《决胜全面建成小康社会 夺取新时代中国特色社会主义伟大胜利——在中国共产党第十九次全国代表大会上的报告》,人民出版社,2017,第21、23页。

## 第三节 满足乡村振兴绿色发展需要的技术路径

绿色发展的驱动按钮是人类命运共同体需要。生态文明建设程度是国家现代化程度的标志，是国民共享国家现代化成果的需要。就国家内部体制机制而言，标示着国家治理水平和满足国民需要的能力。在推进生态文明建设技术支撑和创新驱动进程中，存在国家、农业、城市、乡村、村民等多个建设方面。以此为背景，在乡村发展进程中，生态文明建设程度是国家语境中农业现代化这条"路"和乡村这辆"汽车"的品质，同样是乡村提高生活质量与水平的根本需要。如何才能协同各方解决好乡村生产和生活领域的相关问题呢？关键点在于把握各主体的需要，换而言之，生态文明建设对各主体的意义是什么，需要以提升命运共同体意识为前提，共治、共享。

### 一 共治

人类命运共同体的第一需要是共治。在生态文明建设进程中，命运共同体的前景是一张美丽的图画，更是一份通过明晰当前利益与长远利益的关系，引导各主体规避或规范各种行为的规划。目前，一些村民存在认识和道德素养上的不足，加上对眼前利益的追求，存在明显的驱动问题。如何解决？一方面，各地要高度重视规划建设；另一方面，要实现规划与村规的有机结合。

#### （一）重视规划建设

共治的第一需要是重视规划建设。

就绿色发展而言，它是一个系统工程，联动着社会各行各业，也联动着每一个社会成员，需要举全社会之力来完成，需要统筹规划，有了规划才有遵从。

然而，在实施乡村振兴战略的进程中，规划为"长官"意志和政绩评价体系所屏蔽。一些地方并没有规划，特别是乡（镇）、村；一些基层干部不遵从规划，"长官"意志至上，想干什么就干什么；一些地方，上面要求什么就干什么，事事推着干。

重视规划建设，要求近期建设与长远发展目标相一致，有统领性、有方向、有特色、有步骤、有时间表,明确环境保护、土地利用上的红线,避免土地利用效益低下、建设用地盲目扩张以及浪费土地,突出绿色经济地位,明确发展思路。

**(二) 规划与村规民约有机结合**

共治的第二需要是规划与村规民约有机结合。在推进绿色发展进程中,乡村规划是要乡村生态化和现代化,而不是要乡村城市化。

村规民约是村民意志的共同体现。因此,规划要以此为依据,从发展定位、空间布局、产业体系等方面出发,突出文化特色和村民生存、生活需要,结合国家、地域绿色发展需要进行详细编制。

规划编制是专业与地域有机结合的统筹谋求发展思路的事。尊重村规民约才能调动村民积极性,遵守国家制度才能实现村庄生态化、绿色化。

因此,在规划编制时,一方面,需要邀请专家指导、审核。审视现状和问题,明确村民愿望,尊重乡村风格。另一方面,加大绿色项目整合力度。着力塑造乡村风貌,在保持村庄建筑风貌古朴特征基础上,围绕经济、简约、美观、宜居等要求规划村庄。

## 二 共享

人类命运共同体的第二需要是共享。生态文明建设,既是一个文化工程,又是一个牵动各方利益主体的经济工程。在文化视角下,它的价值在于建造各主体现实人与自然和谐一致的物质和精神家园;在经济视角下,它的价值在于建造各主体最大限度满足自身需要的经济基础。从这两个方面看,成效共享是目的也是手段。在当前,就乡村主体而言,文化上的驱动是一个漫长的过程,解决当前问题最直接的驱动方式就是让村民和村共享建设成效。

**(一) 建设成效与村民共享机制**

共享的第一需要是建设成效与村民共享机制。

一些长期在农村工作的朋友说,当今,最贫困、最落后的地方是农村,最难取得成绩的工作在农村,最难的工作对象是农民。

毛泽东1936年在延安会见美国作家斯诺时说:"谁赢得了农民,谁就会赢得了中国,谁解决土地问题,谁就会赢得农民。"① 关于如何赢得农民,他指出:"跑到你那熟悉的或不熟悉的乡村中间去,夏天晒着酷热的太阳,冬天冒着严寒的风雪,挽着农民的手,问他们痛苦些什么,问他们要些什么。"②

尽管形势发生了很多变化,但是把握和满足农民需要的工作原则依然是金律。农村的贫困和落后并不意味着农民不向往美好生活,美好生活来自自力更生的共创,关键是农民在共创后能得到什么?这便有了建设成效与村民共享机制的意义。在推进绿色发展进程中,成效与村民共享机制的核心是奖励机制,通过利益驱动村民参与生活空间、生产过程、商业模式增绿,达到提升绿色品质的目的。与此同时,还要通过文化建设,唤醒村民的绿色自觉,潜移默化改变村民生存、生活思维,强化每一位村民增绿的责任感和家园意识。

### (二) 建设成效与村共享机制

共享的第二需要是建设成效与村共享机制。马克思指出:"只有在共同体中,个人才能获得全面发展其才能的手段,也就是说,只有在共同体中才可能有个人自由。"③

农村实行家庭联产承包责任制以来,村的概念在农民思维中日渐模糊不清。原因在于村级组织的功能与村民满足需要的关系日渐模糊,核心问题是农村集体经济组织因为收益微薄或根本没有收益而日渐失去集体经营按劳分配的可能,形成了一批"空壳村",解决问题的出路在于增强村集体经营的能力。

因此,在推进绿色发展进程中,建设成效与村共享机制意义尤为重大,核心依然是奖励机制。一方面,奖励增绿效果好的村可以驱动其他村的比学赶帮。另一方面,政策资金的奖励将可持续增强村级组织的行政能力。基于以上两个方面,成效与村共享机制在内涵上应该包括政府、村集体、村民等各方的共谋、共建、共管、共评、共享五个体系,调动村集体和村民的自觉性、积极性、主动性是根本途径,推动绿色经济发

---

① 〔美〕洛易斯·惠勒·斯诺:《斯诺眼中的中国》,王恩光等合译,中国学术出版社,1982,第47页。
② 《毛泽东文集》第1卷,人民出版社,1993,第39页。
③ 《马克思恩格斯文集》第1卷,人民出版社,2009,第571页。

展是根本目的。

引导各村"立足自身特点优势,把绿水青山当作'第四产业'来经营,探索生态产品'保护—提质—增值—转化'的价值实现途径,实现'绿起来''富起来''强起来'的有机统一"。①

---

① 《创建长江经济带绿色发展示范区,岳阳积极探索绿色经济发展新路径》,https://www.360kuai.com/pc/99fbf00491888fb11? cota = 4&kuai_ so = 1&tj_ url = so_ rec&sign = 360_ 7bc3b157&refer_ scene = so_ 3&sign = 360_ e39369d1。

# 第八章　乡村振兴战略实践的文化兴盛路径

集聚和激活农业现代化这条"路"和乡村这辆"汽车"的动能，必须铸造乡村生活的魂魄和活力。人因为活着且为了活着和活得更好而追求，为什么追求和追求什么，始终存在于村民对理想与现实距离的自觉之中，为心灵家园所积蓄，为生活意志和与人合作或协作的约定规则、道德、制度和法律所呈现，构建着一定乡村所有生活要素的体系，这便有了特定主体的文化，即乡村文化。在一定乡村社会中，它不仅规范着人与人合作或协作的行为和自觉的方向，而且还以心灵家园为载体形成村民奋斗的合力和凝聚力，用于面对各种风险和挑战。因此，乡村社会问题的本质是文化问题，文化兴则乡村社会兴。

## 第一节　乡村振兴的文化兴盛需要

文化兴盛是社会文化本质提升的方向。人类及其社会的昨天、今天有什么不同？答案可能众说纷纭，但有一个结论是基本相同的，即思维的规定性和行为的内在要求，以文化为载体彰显文化体自身的活力和创造力。为此，在对人类文化现象的认知历程中，许多学者称其为文化的本质或文化的魂，文明所呈现的正是特定历史阶段为文化本质所支撑的文化物态。由此可以得出结论：人类社会的发展即是文化的发展，本质是人的文化递进。就乡村社会而言，昨天、今天、明天有什么不同？答案和问题都是文化本质。在新时代，什么是乡村振兴？固然要有它的物态和精神态标准，但最终需要通过乡村文化建设呈现出的文明态来呈现，固村民民族文化之灵魂与解村民精神家园之困惑是关键环节。

### 一　固村魂之需

提升乡村社会文化本质的第一需要是固村魂。单体的人及其群体是民族文化的文明形态,"观乎天文以察时变,观乎人文以化成天下"①,意即人文与天文相对,天文是指天道自然,人文是指社会人伦。治国家者必须观察天道自然的运行规律,以明耕作渔猎之时序,又必须把握现实社会中的人伦秩序,以明君臣、父子、夫妇、兄弟、朋友等等级关系,使人们的行为合乎文明礼仪,并由此而推及天下,以成"大化"。规律和人伦是民族文化之根,先人对此的认知被称为传统文化。人是天地的产物和民族的"文化产品","根"和"魂"来源于文化并为文化所表现。就乡村而言,文化是乡村的"根"也是"形",是乡村的"魂"也是"式",没有了文化,乡村啥都不是。在当代,中国乡村的文化现实是"形"对"根"和"式"对"魂"的屏蔽,原因在于:多元文化相互激荡让"宗教热"升温;新生代为己意识强烈、追求时尚而短视、事不关己高高挂起,凸显物欲特征。如何解决?巩固村民民族文化之魂是基础,挖掘传统和自我革新是关键环节。

### (一) 挖掘传统

固村魂的第一任务是挖掘传统。"乡村文化是中国传统文化的重要组成部分,乡村是传统文化的根基所在,是中华民族的灵魂和血脉所在,必须敬畏!"② 每一个村落都有自己的历史,它们集聚了丰富的民族智慧,蕴藏着中华民族的历史、地理和人文信息,构筑了现代人的文化之根。

十九大报告指出,要"深入挖掘中华优秀传统文化蕴含的思想观念、人文精神、道德规范,结合时代要求继承创新"。

但我们不得不面对的现实是古村落的消失和现代村落的去传统化。

原因是多方面的,其中,现代商品经济瓦解了乡村由亲缘、地缘、宗族、民间信仰、乡规民约组成的社会连接纽带,受教育水平低下和信息闭塞模糊了乡村传统文化中的优秀文化元素,农村文化传承断层导致很多本地非物质文化遗产逐渐消亡,农村文化建设资金投入不足导致村落传统文化得不到有效保护,农村传统文化形态产权不明晰导致责任不

---

① 傅佩荣:《〈易经〉的智慧》,北京理工大学出版社,2011。
② 朱启臻:《乡村是传统文化的根基所在,是民族的灵魂和血脉所在,必须敬畏!》,http://www.sohu.com/a/260471385_660005。

明等是主要问题。

挖掘传统是解决这些问题的基本路径。基层政府要担起责任，摸清家底、拿出保护措施、规划投入计划、责任落实到人；各级文物部门要担起专业鉴定和登记的职责，实现点、线、面有机结合；"村两委"要善于发现本村传统文化态，加大对传统历史文化的挖掘、整理，用其精华部分滋润现代乡村文化建设，有重点、有步骤、多渠道、全方位地谋划文化产业发展思路，运用乡土文化的感召力和凝聚力推动村庄发展。

### （二）自我革新

固村魂的第二任务是自我革新。2019年中央一号文件指出：以实施乡村振兴战略为总抓手，全面推进乡村振兴，并提出农村人居环境整治工作要同农村经济发展水平相适应、同当地文化和风土人情相协调。

实施乡村振兴战略推动的首先是乡村深刻的思想革命，振兴农村文化是关键一步。目前，乡村党建、乡村治理、乡风文明等领域的工作瓶颈都与农村文化直接相连。习近平总书记指出："中华优秀传统文化是中华民族的突出优势，是我们最深厚的文化软实力。"[①] 如何破除瓶颈？答案应该是让村民成为生存、生活的主角，夯实传统文化底气和融入时代文化新气是自我革新的两个重要方面。

#### 1. 夯实传统文化底气

在我国，乡村传统文化是民族传统文化与地域的人和环境的结合物，表达着村民对自身、自然、社会的关系的认知，也是对美好生活愿望的呈现形式，规定着行为和思维的方式，本质上是一种图式。

当这种"图式"为一代又一代人所传承时，就成为新一代人的文化之根。斗转星移，代代人生活的底气来自哪里？答案自然是那个"图式"，因为它给予的是行为和思维的依据。

夯实传统文化底气，指的就是维护好"图式"这个文化之根，即深度挖掘和整理民俗文化，挖掘其包含的精神养分，通过多媒体包装等现代化手段明确文化根脉传承的责任。

#### 2. 融入时代文化新气

中华人民共和国成立后，人民当家作主和为人民谋幸福成为文化价

---

[①] 《习近平谈治国理政》，外文出版社，2014，第155页。

值取向，诞生了社会主义核心价值观，需要村民重新审视与自身、自然、社会的关系。

村民与自身的关系演变为做自己的主人，途径是加强个人修养和实现身心合一。

村民与自然的关系转化为与自然和谐共生，途径是遵守"道法自然"和"天人合一"原则。

村民与社会的关系转化为做国家的主人，途径是"修身齐家治国平天下"。

由此不难发现，在传统与现代之间，除方向和目的不同外，途径上的"图式"是相通的。

强调融入时代文化新气，焦点在于"图式"要服务于中国特色社会主义的发展。

因此，扬弃和运用传统文化，要以唯物史观和科学思想为指导，以社会主义核心价值观为准则，充分尊重村民对本土文化的感情，涵养开放的胸怀。实现传承与发展的有机统一，推动传统文化与现代生活的深度融合，持续提升村民的获得感、幸福感、安全感。

要制定发展规划。立足提升村民的文化素质，引导村民养成正确的生活方式、价值观念等；立足乡村文化人才培养，充分发挥文化能人的引带、辐射作用，丰富村民精神文化生活，引导年轻一代传承农村文化，让传统文化源远流长；以乡村文化基础设施建设为重点，拓展社会资金投入渠道，夯实农村文化全面发展的基石。

## 二 解村惑之需

提升乡村社会文化本质的第二需要是解村惑。多元文化相互激荡直接冲淡或去除了新生代村民本已基础不牢的传统文化观念，城乡二元治理和市场经济体制渐增了城乡贫富差距和弱化了乡村的社会地位。为了生活，村民不得不背井离乡，年逾六旬的老者不得不承担起种地、培育下一代的任务，一些无钱治病的村民不得不"寻仙求道"……这些都是当下无法忽视的现实问题。穷则思变是一种必然，关键是变的方向是什么，由什么来支撑？解村民精神家园之困惑因此成为必然，排忧解难和做回自己是关键环节。

## (一) 排忧解难之国家关怀

解村惑的第一任务是排忧解难之国家关怀。乡村的问题是什么？我们一般表达为"三农"问题，即农业、农村、农民问题。综合起来实际上就是村民的生存和生活问题。

从生存的角度看，依靠什么增收与基础设施、农业现代化程度、农业投入品和产出品价格等紧密相连，依靠什么获得公民的尊严与公共服务、社会保障、教育紧密相连。

从生活的角度看，以什么身份分享发展成果与社会分配制度、村集体经济发展、土地确权、城乡融合紧密相连，依靠什么维护自身共享社会发展成果与社会供给侧结构性改革、村民自治制度、乡风文明、社会治理紧密相连。

因此，村是"三农"问题的缩影，解村惑就是为村民排忧解难。《中国共产党农村工作条例》指出：以实施乡村振兴战略为总抓手，健全党领导农村工作的组织体系、制度体系和工作机制，加快推进乡村治理体系和治理能力现代化，加快推进农业农村现代化，让广大农民过上更加美好的生活。

## (二) 做回自己之主人翁

解村惑的第二任务是做回自己之主人翁。中国历史上，人民长期处在被剥削被压迫的地位，当家作主一直是人民美好的愿望。

"人民怎样实现当家作主，治理国家？这是一个关系国家前途、人民命运的根本性问题。早在1940年，毛泽东就指出：'没有适当形式的政权机关，就不能代表国家。中国现在可以采取全国人民代表大会、省人民代表大会、县人民代表大会、区人民代表大会直到乡人民代表大会的系统，并由各级代表大会选举政府。'新中国的成立，为把这一构想付诸实践创造了条件，在中国历史上开辟了人民当家作主的新纪元，中华民族的发展走上了康庄大道。"[①]

新中国成立之后，农民拥有了国家主人翁的政治地位。《中华人民共和国村民委员会组织法》用"自我管理、自我教育、自我服务"表达了

---

[①] 水石：《开辟人民当家作主的历史新纪元——庆祝中华人民共和国成立70周年》，http://www.wyzxwk.com/Article/lishi/2019/09/407973.html。

农民群众实现主人翁政治地位的政治途径。

那么，接下来的问题就是如何做自己的主人，包括三个部分。

一是社会公共服务均等化。目前，这个任务很艰巨，需要通过供给侧结构性改革来完成，目的是实现国家发展成果平等惠及城乡。

二是可持续增收。解决这个问题的关键是产业，国务院办公厅《关于推进农村一二三产业融合发展的指导意见》给出了农村一、二、三产业融合的发展思路，它需要农民依托政府成为产业融合的"主人翁"，培育新型职业农民和经济体，加大财税、土地、金融等政策支持力度。

三是文化自觉与自信。这是两个最为关键的问题，原因在于农民需要自己的精神家园，只有在这里才能拥有收获感、幸福感，需要有一个关于真、善、美的文化价值标准，这是在文化熏陶和实践中养成的，需要在党和政府的引导下共建共享，如何引导因此成为农村工作的重中之重。

## 第二节　满足乡村振兴文化兴盛需要的关键

文化兴盛是乡村社会发展的标志。乡村之所以被称为社会，很大程度是因为乡村文化有着自己的特征，村民更有自己的精神家园，那种古朴的"乡愁"就是它的表征。乡村的凋敝和农业产业的衰弱，除外在的经济环境变迁和内在的物质、财力、人力等资源枯竭外，从文化发展角度看村民基于生存困境而丢失自己的精神家园是根本原因。事实上，在新时代，村民的精神家园是农业现代化这条"路"和乡村这辆"汽车"的魂魄，"路"和"汽车"是乡村文化的外显载体，即乡村文明。为了实现这个目的，我们"要推动乡村文化振兴，加强农村思想道德建设和公共文化建设，以社会主义核心价值观为引领，深入挖掘优秀传统农耕文化蕴含的思想观念、人文精神、道德规范，培育挖掘乡土文化人才，弘扬主旋律和社会正气，培育文明乡风、良好家风、淳朴民风，改善农民精神风貌，提高乡村社会文明程度，焕发乡村文明新气象"。[①] "乡愁"

---

[①] 《习近平要求乡村实现"五个振兴"》，http://politics.people.com.cn/n1/2018/0716/c1001-30149097.html。

"乡风"是重要关注点。

## 一 孕"乡愁"

文化兴盛成为乡村社会发展标志的第一需要是孕"乡愁"。中国有句俗语："一方山水养一方人，一方山水有一方风情。"① 这里的"山水"指的就是"乡土"，"风情"指的就是"乡愁"。对于"一方人"而言，他们只有为"乡土"与"乡愁"之间的因果关系所标识才能称得上"一方"。中国是人类农耕文明的先国之一，因此，没有哪一个人的祖先不来自乡村，也没有哪一个人没有自己的"乡土"和"乡愁"，当前的村民更是如此。"乡愁"是村民精神家园的一种表现形式，离开了"乡土"，精神家园建设只能是空谈。事实上，"乡愁"是"乡土"的孕育物，以"乡土"孕"乡愁"是村民精神家园的必由之路，人文"乡土"和人化"乡愁"是两个关键环节。

### （一）人文"乡土"

孕"乡愁"的第一任务是人文"乡土"。乡土的真正意义在于文化，即乡土文化，它是一方水土上的先人的文化思维和文化行为的"化石"，也是后人生存所居的文化环境。每一个人都是在与其互动的过程中成长起来的，也在成长进程中留下自己的文化思维和文化行为痕迹。其实，一个人或一群人的成长过程本质上就是人文"乡土"，传承和创新是两个重要方面。

对一些乡村的调查表明在几十年的中国乡村变革中，继承不足和创新不实是比较普遍的问题，主要原因是生存、生活的经济问题对文化需要的屏蔽和地方政府对文化乡村意义的淡化，在一些地方，许多农二、三代就连自己四代以内的族谱都没有记忆。经济发展的真正目的是支持生存，生存的指向是生活，生活的指向是精神家园。因此，要统筹规划、科学引导、扎实推进。

### （二）人化"乡愁"

孕"乡愁"的第二任务是人化"乡愁"。一方水土有了乡土文化，

---

① 梁斌:《播火记》，北岳文艺出版社，2001。

其中的人才会有"乡愁"。传统村民之所以会有这种感觉，是因为自己的精神家园在那块土地上。

由于土地的产出不能满足生存的需要或是土地被纳入城市建设轨道而失去生存根基，越来越多的村民背井离乡，打工或做点小买卖。然而，一番闯荡后，发现自己并不是城中"人"，"家"还在那块土地上。

如今，一些发达地区的乡村自叹"空心化"和种地无人，那么，如何才能让乡村既有人种地又是农民的精神家园呢？

解决种地问题的途径是进行土地流转，而解决精神家园问题的途径有两个。

一是夯实产业基础上的乡镇从业载体。通过合作社等新型经营体建设，吸引外出村民回乡从业，让他们以土地流转为契机拥有"身价"，在建设家乡过程中，有尊严地生活在自己的天地中。

二是建设乡土人文环境。每一块乡土上的村落都有自己的历史渊源和独特的文化特色，通过文化环境作用于每一个村民，如何深化这种作用是当前乡村建设的重中之重，深挖独特人文内涵和打造时代主题的文化生态体系至关重要。

## 二 育"乡风"

文化兴盛成为乡村社会发展标志的第二需要是育"乡风"。"乡愁"是村民精神家园的表现形式，在中国，每逢春节无论贫富几乎没有什么人不想回家，"家"除了父母、亲戚外，更庞大的概念就是"乡土"，找到了它也就找到了灵魂的家园。其实，每一个"家"都有对规律的认知和对行为的规范，若干个"家"的共识和规范铸就了"乡风"。因此，"乡风"是"一方人"的"乡愁"的集聚体，规定或规范着"乡愁"的思维方向和存在程度。所以，"乡风"是村民精神家园的建设目的，以"乡愁"育"乡风"是必由之路，培育乡贤和淳化民俗是关键环节。

### （一）培育乡贤

育"乡风"的第一任务是培育乡贤。文化"乡土"是建设乡村文化生态体系的基本理念，如何实践？

乡贤的作用必须得到重视。世界上每一种文化都是特定历史环境的产物，都有着极其深刻的时代背景和哲学背景，为世人践行、传承和弘扬。在中国文化发展历程中，阴阳五行、天人合一、中和、修身克己等传统文化核心价值观念，为孔子、老子、孟子、墨子、荀子等先贤所创，整体观是其深层内涵。在阴阳五行思想中，阴阳揭示出对立统一规律，五行揭示五种物质运动之间生与克的联系；在天人合一思想中，揭示人类社会是大自然的一部分，人与自然是统一体，"顺应天时"是人与自然和谐相处的原则；在中和思想中，揭示社会和自然界事物矛盾交织与统一或平衡的关系，强调各种事物共生的原则；在修身克己思想中，揭示修身与齐家治国平天下的关系，强调"修身为本"。乡贤为人所敬仰的原因在于，他们是这些文化思想的践行者、传承者和弘扬者。

乡村的魂以文化为载体。改革开放以来，乡村人的温饱问题基本解决，但文化生活贫乏，一家一户除了田间劳作，几乎没有休闲娱乐活动，不甘寂寞的村民互相串门、打牌、聚餐，也由于经济发展需要对文化需要的屏蔽和现代文化、外来文化对传统文化的冲击，一些地方出现了"文化市场"，封建迷信盛行、非法宗教思想繁乱。在这样一个环境中，村民需要文化上的"主心骨"。然而，在当代乡村发展与变革中，许多可以称得上"主心骨"的乡贤为生存而纷纷走出农村，乡村文化断档脱节，乡贤后继无人。

事实上，今天的乡村依然离不开乡贤。作为一种文化，"最早见诸我国唐朝《史通杂述》记载：'郡书赤矜其乡贤，美其邦族。'明朝朱元璋第16子朱梅撰的《宁夏志》列举'乡贤'人物，则开启了建立《乡贤祠》之先河。时年的乡贤文化是连接故土、维系乡情的精神纽带，是探寻文化血脉、弘扬固有文化传统的精神原动力。古代传统社会皇权不下县的制度框架下，乡贤是体制在乡村缺位时的一种有效填补，它是农村基层维系运行秩序的中轴，起到乡村秩序维系、乡村资源整合、乡村关系协调、乡村矛盾调整、乡村公益事业兴办、乡村礼制执行等不可或缺的作用"。①

今天，许许多多的乡村问题的解决也证明乡贤的作用是无法替代的，

---

① 《朱荣林——迎来时代定位的乡贤制度》，https://zj.zjol.com.cn/red_boat.html?id=100173671。

要加大对乡贤文化的挖掘与保护以及培养力度，以规划为先导，以政策为措施，以资金投入和人才支持为保障，推进培育乡贤进程。

### （二）淳化民俗

育"乡风"的第二任务是淳化民俗。中国传统文化在乡村的传承载体主要是民俗，民俗具有传承性、广泛性、稳定性以及变异性等特征，各民族都有自己的民俗。如白族、哈尼族、傣族、傈僳族、佤族、拉祜族、纳西族、景颇族、布朗族、普米族、阿昌族、基诺族、怒族、德昂族、独龙族、满族、回族等的民俗特征十分明显。尽管它们有着千变万化的形式，但基本内涵没有偏离中国文化的精髓。

然而，民俗因为创建主体的不同而不可避免地掺杂着特殊主体因时代局限而生成的非科学观念，存在与新时代社会主义核心价值观相偏离的内容，需要淳化。

如何实践？需要通过移风易俗实现传递正能量、引领先进思想和文化的目的。

移风易俗的前提是"入乡随俗"，即实现尊重前提下的风俗引领和保护。如加强对村民的人文教育及乡土教育，与专家学者合作梳理文化习俗精华，引导村民从当代价值观的深层次去理解传统与乡土知识，通过建设新的乡土文化环境中的亮点增强时代文化感等。

这项工作要有耐心，不可强来，要从"细""实""新"上下功夫。"细"就是要找到非科学观念成为村民需要的真实原因，把握要害；"实"就是要与村民的心理需要、社会发展需要相结合，挖掘文化源泉，创新工作方法；"新"就是要以乡土文化根源为基石，以社会主义核心价值观为依据，融入新时代文化思想。

## 第三节 满足乡村振兴文化兴盛需要的技术路径

文化兴盛的驱动要素是铸魂。在中华文化中，早有"富贵不能淫""不为五斗米折腰"之说，这固然是一种民族的文化境界和傲骨，不能要求所有人做到，但会由此引发我们去认知乡村凋敝的原因。在前期调研中发现假贫困户、假低保户、找关系争当贫困户、当上贫困户不思上进、以贫为荣现象在一些地方比较普遍，"个别贫困户掉进了'靠着墙根晒太阳,等着别人送小康'的福利陷阱"。① 相对于发达国家,相对于城市,乡村落后是新时代不争的事实,国家为此正在持续努力。但是,这只是外在的,解决乡村问题关键还在于村民自身,它的基本途径是文化建设,即通过文化铸魂和激发时代活力,为村民"搭台"和为乡土守"魂"是关键环节。

## 一 为村民"搭台"

铸魂的第一需要是为村民搭建文化"舞台"。人是社会文化的"产品",也是文化的主体。文化是人的生存、生活形式,也是人的精神归宿,人只有成为文化的主体才能因为再现自我而具有激情,社会只有激发人的这种激情才能具有活力。在当代乡村,固然存在老龄化、贫困、社会保障等问题,但村民的文化激情始终是根本问题,解决它的前提是村民成为文化的主体。如今,我国乡村的文化结构比较复杂,许多地区处在传统、地域、宗教、网络文化等多种文化的相互激荡中,村民是不是文化的主体?答案是多维的。与之相对应的另一个事实是,家庭联产承包责任制实施以来,经济社会发展在文化供给上日渐偏重形式,致使村民事实上缺失自己的文化舞台。如何解决?政府搭台和村民"唱戏"是关键环节。

### (一) 搭台

为村民搭建文化"舞台"的第一个问题是谁搭台。社会的核心是人与人的关系,存在于这种关系中的人才有意义,表现这种关系的方式除民俗、道德、制度和法律外,文化表达是主要方式,"舞台"是重要载体。

通过"舞台",人们对未来生活的憧憬、对解决现实问题的期盼和生活观念的诉说,以艺术的方式连接了文化环境中的诸多文化元素,人们也正是在这种氛围中找到了可以说话的人和以"乡愁"为内涵的生活意义,找到了可以寄存灵魂的"精神家园"。

实施家庭联产承包责任制以来,农村基本经营制度、农业的基础地位得到进一步完善和巩固,农业农村得到优先发展,村民生活水平和质量得到空前提高。但是,村民的文化生活较贫乏,有的地方村民除了看

---

① 《个别贫困户"靠着墙根晒太阳,等着别人送小康"怎么解?》,http://news.sina.com.cn/o/2018-05-20/doc-ihaturft0430877.shtml。

电视、上网外，基本没有文化生活。党的十八大以来，许多地方为村民建设了文化广场、书屋等设施，但使用率不高。

物质贫穷只是存在意义上的，精神贫穷是生活意义上的，村民没了文化生活，也就没了生活的魂魄。

如何解决？文化供给侧结构性改革是关键点。迫切需要政府为村民提供更多更好的文化产品和文化服务。

就文化产品而言，必须坚持以村民为中心的创造导向，正确处理好乡土文化继承与现代文化创新之间的关系，以社会主义先进文化为指引，送节目或作品下乡，扶持和培育乡土人才，可持续地满足村民的精神文化生活期待；坚持以村民为本的导向，聚焦村民生活，积淀村民生活积累和生活感悟，充分尊重和发挥村民在文化创作中的主体作用和创造精神，建立文艺精品与村民之间的紧密联系，使之成为反映村民现实生活和时代需求的文化精品，让村民成为文化精品的主角和表达者；坚持不断创新的导向，各地政府可以采取招募志愿者或购买服务的方式，聘请专业文化工作者调优文艺精品结构，以社会主义核心价值观为引领，创作有内涵、凝聚人心的弘扬主旋律的文艺精品。

就文化服务而言，除公共文化服务设施、资源和服务内容以及人才、资金、技术和政策保障机制等方面外，搭台的重点是引导和组织。引导意在以规划为基础，把握宏观规模，把握主线，落实项目和内涵。要正确处理好三大关系：一是农村公共文化与贯彻落实习近平新时代中国特色社会主义思想的关系；二是农村公共文化与推动优秀传统文化创造性转化、创新性发展的关系；三是农村公共文化与乡村振兴的关系。同时，在工作方式方面要处理好两大问题：一是要注重资源整合；二是要加强农村公共文化服务的社会化。应当反思对乡村文化的认知：一是既不能以建构城市文化的模式来建构乡村文化，也不能以西方的文化理念来解读中国乡村文化；二是应当关注乡村的公共信仰文化、乡土民俗文化、乡村建筑文化、乡村教育文化；三是应当修复乡土文化，政府对乡村的关怀应该重在创造环境。[①] 组织意在以计划为指导，以营造健康文化环

---

① 张译心：《完善农村公共文化服务体系》，http://www.cssn.cn/sf/201903/t20190306_4843400_1.shtml? COLLCC =1527311217&。

境和丰富村民文化生活为目的，系统开展系列文化活动，为村民成为"演员"和"作家"创造机遇和必要条件。

可以从需求者的视角创新农村公共文化服务。一是注重理念创新，回归文化治理功能，实现经济资源价值，从而发挥公共文化服务的职能。二是注重新参与主体的引入，以产品供给主体的多元化、不同业态融合发展为切入点引入新参与主体。三是注重新文化空间的营造，如乡村博物馆、农业遗产带等。①

### （二）"唱戏"

为村民搭建文化"舞台"的第二个问题是谁"唱戏"。

"党的十八大以来，广大文艺工作者坚持以人民为中心的工作导向，深入生活、扎根人民，不断增强脚力、眼力、脑力、笔力，推动我国文艺事业呈现出良好发展态势，文学、戏剧、电影、电视、音乐、舞蹈、美术、摄影、书法、曲艺、杂技、民间文艺、文艺评论等都取得了丰硕成果，弘扬了民族精神和时代精神，为实现国家富强、社会进步、人民幸福作出了十分重要的贡献。"② 那么，这些成果如何才能惠及村民呢？一方面，需要各级政府加强基础设施建设。一些乡村地处偏远，广播、电视、网络设施建设必须纳入规划并尽快落实，让村民足不出户就能欣赏到名家的作品。另一方面，需要各级政府单列文化服务专项。定期邀请艺术专家来村表演，各级文化部门要制定对应政策让入村表演与艺术专家定级和艺术团体评级挂钩，上下联动，推动先进文化艺术作品进入农家。

此外，各级政府要立志高远，规划先行。加快农民艺术人才和领头人的培养进程，以增强中华民族伟大复兴和中国特色社会主义文化信念和增加生活文化定力为目标，吸引、引导、启迪农民艺术人才和领头人，坚持文化自信，让作品成为激励村民不断前行的精神力量；志存高远，心有国家和村民；依据社会主义核心价值观，明确肩上的责任；以爱国主义为主旋律，激发村民的民族自豪感和国家荣誉感。为村民抒写、抒

---

① 张译心：《完善农村公共文化服务体系》，http://www.cssn.cn/sf/201903/t20190306_4843400_1.shtml? COLLCC=1527311217&。

② 《习近平致中国文联中国作协成立70周年的贺信》，http://www.qstheory.cn/yaowen/2019-07/16/c_1124759520.htm。

情、抒怀,让村民在浓郁的乡愁情怀中认知自身的生存意义和责任,体验获得感和幸福感。

从供给侧的角度看,保证村民"唱戏"的必要条件除政策支持外,建立村民"唱戏"效果与干部政绩和政府业绩考核挂钩机制也必不可少。

## 二 为乡土守"魂"

铸魂的第二需要是守护乡村之"魂"。村民是乡村文化最活跃的载体,他们分布在中国辽阔的地域中,分散于众多民族之中,承载着鲜明的地域特点和地方文化色彩。因此,就其集聚的乡村而言,地域和地方文化与村民需要和满足需要的有机结合,形成了乡村文化的"魂",在"形"上呈现出鲜明的"人格特征"。所谓"百里而异习,千里而殊俗"[①],映现的就是这一文化现象。"魂"的形成是一个漫长的过程,传承、借鉴是发展的基本特点。在当代,迅猛的经济浪潮正在冲淡乡村文化的本色,而乡村终究要以自己的方式存在于当代,守"魂"是关键。如何解决?传承和注入时代先进文化是关键环节。

### (一) 传承

守护乡村之"魂"的第一需要是传承。个人与民族的关系是由两种基因连接的,即生理 DNA 和文化"DNA"。其中,文化"DNA"也是乡愁的内核。因为它的存在,特定的人才有了不同于其他地域人的鲜明特征,乡风就是很好的例证。由此推理,乡村有"魂",根在文化"DNA"上。传承则是寻根和固根,当然也是固"魂"。

改革开放以来,经济全球化对市场经济体制和机制的深化,让经济价值屏蔽了文化价值,"弃文从经"成为许多地方政府的首选。一些地方即使重视文化传承也是以旅游产业发展为目的。世界范围内的多元文化相互激荡以及现实生活中的许多问题,引发了农村居民思想观念上的深刻变化,传统宗族式文化被颠覆,道德自觉需要为拜物、为己自觉需要所替代,传统文化价值被淡化,乡村文化传承成为空谈。

事实上,乡村的特色在文化"DNA"上,这是经济发展无法替代

---

① (汉) 班固:《汉书·王吉传》,中华书局,2016。

的，传承才能知道自己是谁，才能以"我"的身份谋求发展，这是一个系统工程。

其一，要注重顶层设计。应该立足地域特色挖掘的高度，通过规划引导和推动乡（镇）、村的文化传承工作，建立健全科学的评价机制。

其二，要以增强乡村文化传承内生动力为重点提升村民文化自觉程度。乡村文化传承要成为"村两委"，特别是村党组织工作的重中之重，使之与乡村文明建设、乡村治理、农民增收、村集体经济增长有机统一起来，引导村民树立文化寻根意识，汲取传统优秀农耕文化精华，增强归属感和认同感。

其三，建立乡村文化保护机制。从推进乡贤文化入手，培育文化传承人；加强传统文化教育，让优秀传统文化进入村规民约，运用现代传播媒介使之内化于心、外化于行；编撰和整理传统文化故事，口口相传，从孩子抓起。

### （二）注入时代先进文化

守护乡村之"魂"的第二需要是注入先进文化。先进文化以先进的生产力发展为条件，基于传统文化，具有科学的精神、内涵、方法，具有鲜明的时代性和前瞻性，与当代人的利益紧密联系，是博采古今中外之长的文化。其主线有两条。

一是中国特色社会主义文化，以马克思主义为指导，以培育"四有"公民为目标，发展面向现代化、面向世界、面向未来的，民族的科学的大众的文化。

二是科技文化，包括：理念、规律、原则和方法。注入时代先进文化，原因在于中国特色社会主义语境下的国家发展道路在目的、原则、方法等方面与其他社会制度完全不同，当代人需要的内涵和满足需要的途径和方法与先人不完全相同。

因此，就乡村文化发展而言，以传承传统文化为基础，注入时代先进文化是一项系统工程，特色发展是核心环节。

其一，筑特色。任何村庄都有历史，任何时代的村庄都有不同于以往的发展理念，运用现代技术，依托传统文化、人文地理特点深挖村史和依托特色节庆活动彰显文化特色，是必有的工作内容。目的在于实现古树、古建筑、传奇故事等与爱国、孝道等精神实质相融合，实现现代发展理念、传统特色文化与地域农民增收和经济发展的结合。

其二，重创新。发展是乡村永恒的主题，乡村应该注重文化发展与经济发展的有机融合，基于文化特色，推进一、三产业融合，围绕生态文化、特色农业等利用闲置农宅、融合地理特点等打造特色产业，围绕现代农业整合地域景观、塑造新型景观农业、创造新型文化特色。

其三，重提升。一方面，要弘扬传统美德。以传统为"骨架"，因地制宜，彰显风土人情和质朴特色。另一方面，要注重培养现代文明乡风。积极拓展文化载体和形式，注重文化传承、创新与乡村治理和乡风文明建设的有机结合，创新群众广泛参与形式，让村民在文化活动中切身感受传统与现代先进文化结合后的成效。

# 第九章　乡村振兴战略实践的乡村善治路径

　　社会是一个整体，也是每一个群体和个人满足需要的载体，它的基本价值在于集聚合力，最大限度满足社会群体和个人的需要，实现的路径是治理。乡村是社会的"类别文明体"，具有内外两个文化环境，即由国家治理和民族文化体系构建的外环境和由乡村治理和区域文化体系构建的内环境，它们的有效互动是乡村获得发展的前提条件。目前，世界经济结构深刻变革、利益格局深刻调整和社会结构深刻变动，中国乡村正在经历由传统到现代的发展历程，村民思想观念的深刻变化和乡村社会矛盾的急剧增加是一种必然，如何最大限度满足村民的需要？乡村社会治理是一个关键问题。从这个意义上说，乡村振兴的过程也是治理过程，集聚和激活农业现代化这条"路"和乡村这辆"汽车"的动能，根本目的是激发乡村内在奋斗合力、凝聚力和为村民心灵家园塑魂魄。在此过程中，善治是一个焦点话题，它区别于传统乡村社会治理的安民目的，将塑魂魄作为终极目的，以"五位一体"总体布局和"四个全面"战略布局为体制依据，存在必然性，自治、法治、德治"三治合一"是关键，治理体系和治理能力现代化是主要驱动机制。

## 第一节　乡村振兴的乡村善治需要

　　善治是人类社会治理的趋势。社会存在的价值首先源于实现个体或群体自身满足需要力量最大化。所谓社会治理的终极目的就是以公共利益最大化为目标，通过一定手段调节人与人之间合作或协作关系，体现自身的存在价值。善治相对于恶治而提出，体现在目的正确与手段以人为本且科学的有机结合上。作为一种愿望，在人类社会发展历程中，社会治理经历了由以王为本、以物为本到以人为本的不同发展阶段。其中，以王、以物为本阶段突出的是国王和资本家利益最大化，手段残酷；以人为本虽然处在初级阶段，但目的日渐趋同于公共利益、手段日渐人道且科学，最鲜明的特征为社会主义社会治理的目的（人民利益最大化）所呈现。由此不难推出就中国特色社会主义新时代乡村治理而言，善治的终极目的是满足公共利益最大化需要，乡村善治的表征是安定与兴旺。

## 一 公益最大化之需

乡村社会治理的第一目的是村民公共利益最大化。人们选择并依存社会的重要原因之一就是，期望通过社会最大限度满足自己的需要，个体或群体与社会的关系是关键环节，公共利益属于谁和怎样属于谁，是焦点问题。它的解决途径是社会治理，目的和结果都为私或目的为公和结果为私则为恶，目的和结果都为公则为善。"上善若水。水善利万物而不争，处众人之所恶，故几于道。居善地，心善渊，与善信，政善治，事善能，动善时。夫唯不争，故无尤。"[1] 不难发现：中华人民共和国成立之后，社会主义制度的本质决定了社会治理目的为公的属性，但是手段或方法尚待完善和科学化；十八届四中全会明确提出"良法善治"，指出"良法是善治之前提"，开启了新时代公共利益最大化的社会治理新路。以此为背景，乡村的善治在目的上满足村民公共利益最大化需要成为必然。如何实现？法治思维和管理科学化是关键环节。

### （一）法治思维

村民公共利益最大化的第一基础是法治思维[2]。人与人的公共利益关系是长期的客观存在，政治上的屏蔽和情感或语言文化上的替代都只能是暂时或一个时期的，公共利益最大化始终是每一个社会成员的需要，乡村社会也同样如此。

在自给自足的乡村社会时代，乡村是人类族群聚居的地理和文化单元，多是以血缘关系为基础的若干个宗族的聚合体。作为一种社会形态，存在特有的社会秩序，维护秩序的工具主要是道德、乡土礼俗、故风旧

---

[1] 刘笑敢：《老子古今》，中国社会科学出版社，2006。
[2] 将法律作为判断是非和处理事务的准绳，要求崇尚法治、尊重法律，善于运用法律手段解决问题和推进工作。

习等，其形态以田园乡愁为特征。

在"一大二公"①的人民公社时期，公有制前提下的工分制或人人均摊的义务工的"特殊"工分替代了村民的个人利益，集中动员体制替代了传统的村规，社会主义教育运动的开展维护了乡村社会的运行机制，公共利益即人民公社利益，集体分配成为公共利益的唯一体现方式，但乡村"熟人社会"的特征依然存在，道德、乡土礼俗、故风旧习仍然居于乡村社会秩序维护的基础地位。

在市场经济的乡村社会时代，伴随市场经济的发展，乡村被卷裹到了经济全球化的现代浪潮中，传统乡村社会秩序受到冲击，特别是实施家庭联产承包责任制以来，国家政治、经济、文化发展中的基层组织同村民个体之间的传统关系逐渐分离，乡村"熟人社会"逐渐被商业化，传统的宗法制文化、熟人文化的功能日渐失去，公共利益价值日渐凸显，乡村公共利益分配引发的冲突加剧。依据什么维系乡村共同体的纽带，用什么创设乡村集体身份认同，客观上已经成为乡村振兴的重要课题。

事实上，当代工商业文明对农耕文明的入侵是生产力发展的必然，某种意义上可以理解为乡村人口、生产力以及欲望的释放，但引发了乡村习俗与现代文明间的冲突，消解了村民的"乡愁"式集体意识。然而，乡村社会公共利益的增加与削减依然需要秩序来维护，如何重建与维持因此成为关键问题，法治的调整或统筹作用因此日渐鲜明，法治思维因此成为最基础的环节。

在对部分乡村的调查中发现：一些乡村存在以习惯替代法治思维的现象。如法治概念模糊、法律信仰淡化、言权代法等；法律知识供给不足，如普法教育活动少且死角多，信权、钱、访不信法；法治基础不扎实，如村务公开形式化、规章不规范且滞后、制度知晓率不高且落实不到位、村干部宗法和特权行为缺少监督等。

需要让村民成为依法维权的主体、村干部成为尊法学法守法的带头人、村党组织成为依法治国的战斗堡垒。

---

① 毛主席总结了"人民公社"的特点，"一曰大，二曰公"。一大——规模大，二公——公有化程度高。实际上是一平——平均主义，二调——无偿调拨。

## （二）管理科学化

村民公共利益最大化的第二基础是管理科学化[①]。管理的目的是效益最大化，管理的途径是整合各种要素，科学性在于认识高度和整合能力。

在乡村社会中，村民与村在公共利益最大化上是一致的，关键环节是管理的科学性。调查中发现的问题主要有以下几个。

一是管理人才奇缺。本土的村干部很少接受过高等教育，村民选干部多数原则是经济实力，有志于乡村的人才在村里没有获得户口的资格，村民的后代不选择回村。

二是管理目的不清。十八大以来，需要完成的任务很多，培育和发展产业语境下的农民可持续增收以及农产品向农商品转化等，保护生态环境语境下的人居环境整治以及污水处理、垃圾清运和处理、厕所革命、生态保护等，治理语境下的村民代表议事制度、村庄建设工程、党务村务公开等，很少有村领导能立足管理和公共利益最大化高度将这些工作连在一起，造成干部不理解，村民有意见。

三是管理方法单一。"三议一行两公开一监督"工作机制难以落到实处，村民代表议事制度形式化，村民代表大会过程化，日常村务"一言堂"。需要通过政策或法律供给侧结构性改革集聚管理人才扎根乡村工作，加强乡村干部队伍建设；需要通过教育和监督手段落实村民代表议事制度，助推"村两委"的科学管理工作。

## 二 乡村兴旺之需

乡村社会治理的第二目的是乡村兴旺。"满足村民公共利益最大化需要"作为一种目的，其实现程度与社会生产力发展水平紧密相连，是一个动态的实践过程，乡村安定与兴旺是基本需要。在此过程中，乡村作为一种"类文明态"，具有自己的特殊性，如存在社会发展信息认知能力和渠道、自身认知发展和发展能力、土地及其环境资源储备量、农产

---

[①] 将管理职能具体化为计划、布置、落实三个方面，并按程序化（流程化、制度化）、标准化（规范化）、数量化要求三职能。实践中，不仅要清楚何为管理，还要清楚何为科学管理。

品向农商品以及生态品牌转化程度、村集体经济能力等问题。一方面，需要提高村民对社会发展信息的认知能力，清楚国力与自己需要以及满足的关系，立足现实，展望未来；另一方面，需要运用法治手段和现代化方法，解决当前村民公共利益最大化需要的公平公正问题。如何实现？互联网+社会发展信息和互联网+村务是关键环节。

### （一）互联网+社会发展信息

乡村安定与兴旺的第一基础是互联网+社会发展信息。安定是乡村社会内外结构和谐存在的标识，兴旺是乡村社会内在活力和生活指标达到一定程度的状态，两者的集合体是发展。发展方向是前提，理念是先导，思路是纽带，着力点是关键，创新是重点。

如何才能做到？答案是审时度势。简单地说，考虑到天会下雨，才会建设相关设施和准备雨具；知道何时下雨，才能携带雨具。由此不难发现审时是考虑的依据，度势是知道的依据，如何才能审时度势？信息是最重要的条件。

就乡村社会发展而言，安定与兴旺是村民共同的愿望，但不是一件容易的事情。原因在于，人类已经进入智能化时代。互联网与社会发展信息的高度融合已经打破了村民封闭的生活空间，基于当前的现实，可欲望的对象实际上已经是人类当前认识的制高点，如何认识理想与现实的距离实际上已经在思维上确立了国家、地域、所在村的发展状态这一对象，科学性是标准。

这种评价深藏于内心，直接作用于村民对国家的信仰和对党委政府的信任。如何增强？要求既不能坐井观天，也不能做一天和尚撞一天钟，要把握好"互联网+社会发展信息"这一重要环节，站在人类发展的信息制高点，以新发展理念为指挥棒，以创新引领发展，以经济建设为中心，以高质量发展为目标，科学认知市场在资源配置中的决定性作用，推进供给侧结构性改革，建设乡村现代化经济体系，夯实村民实现美好生活坚实而强大的物质基础。

### （二）互联网+村务

乡村安定与兴旺的第二基础是互联网+村务。乡村的发展是全方位的，现代化是乡村社会发展的基本趋势。

农业农村部、中央网信办印发的《数字农业农村发展规划（2019—2025年）》指出：农业农村数字化是生物体及环境等农业要素、生产经营管理等农业过程及乡村治理的数字化，是一场深刻革命。展望今后一段时期，数字农业农村发展将迎来难得机遇。从国际看，全球新一轮科技革命、产业变革方兴未艾，物联网、智联网、大数据、云计算等新一代信息技术加快应用，深刻改变了生产生活方式，引发经济格局和产业形态深度变革，形成发展数字经济的普遍共识。大数据成为基础性战略资源，新一代人工智能成为创新引擎。世界主要发达国家都将数字农业作为战略重点和优先发展方向。相继出台了"大数据研究和发展计划""农业技术战略""农业发展4.0框架"等战略，构筑新一轮产业革命新优势。

传统村务的内涵将进一步拓宽。如构建基础数据资源体系，包括农业自然资源、重要农业种质资源、农村集体资产、宅基地、农户和新型农业经营主体大数据；加快生产经营数字化改造，如种植业信息化、畜牧业智能化、渔业智慧化、种业数字化、新业态多元化、质量安全管控全程化；推进管理服务数字化转型，如农业农村管理决策支持技术、重要农产品全产业链监测预警、数字农业农村服务、农村人居环境智能监测、乡村数字治理体系等。

在此形势下，必须在互联网意识和互联网能力上下功夫，加快弥合传统和现代村务的鸿沟，培养和引进互联网能力强的干部从事村务管理，加强村务互联网化的考评和监督，绝不能用平庸的干部损失村民的互联网红利。

## 第二节　满足乡村振兴乡村善治需要的关键

**善治是文化社会的需要。** 中国特色社会主义是人民自己选择的文化道路，人民共同利益是最高利益，当然也是社会治理维护和实现的根本目标指向，以人为本且科学的善治手段一直是十分重要的课题。目前，不可忽视的现实是，改革开放40年中国社会发展滞后于经济发展，乡村社会问题不断叠加，根源在于乡村社会德治、自治和法治尚处在完善进程中，通过制度和法律堵"枪眼"和"修"成为常态。如何改变这一局面?乡村这辆"汽车"是以修为主,还是以养代修,是关键所在。所谓养是指在法治语境中运用道德在自治进程中滋养乡村社会,需要建设自治、法治、德治统摄机制,需要杜绝形式主义和官僚主义。

## 一 "三治"合一

文化乡村社会的第一需要是建设"三治"合一机制。乡村社会如何治理,自古以来就是一个常新的话题,也是一道难题。原因主要在于治理涉及国家法律、政策、制度、发展规划等社会共性文化原则与民俗、乡风的契合,涉及公权、私权、自治权等多个方面,涉及政府治理和社会调节、居民自治多个领域,"谁来治理""依何治理""如何治理"因此成为关键问题。为此,党的十九大报告指出:"加强农村基层基础工作,健全自治、法治、德治相结合的乡村治理体系。"如何建设"三治"统摄机制?价值引领规则和知行合一是关键环节。

### (一)价值引领规则

"三治"合一的第一需要是价值引领规则。需要和满足需要是社会治理的基本动因,因此,自治、法治、德治的价值在于最大限度满足绝大多数人的需要。

习近平总书记指出,"我们必须始终把人民对美好生活的向往作为我们的奋斗目标"[①],"把解决思想问题同解决实际问题结合起来,既讲道理,又办实事,多做得人心、暖人心、稳人心的工作"[②]。三治之间因此需要一个共同价值引领。

在改革开放40多年中,人类多元文化相互激荡,价值意识参差不齐,社会信仰危机频现,用什么样的价值体系引领社会发展成为焦点问题。

党的十八大提出社会主义核心价值观,作为国家意识和伦理精神的体现,它以道路自信、理论自信、制度自信、文化自信为前提,以最大限度满足人民对美好生活的需要为目标。围绕这个目标,需要自治、法治、德治依据社会主义核心价值观,凝结各利益相关方的价值诉求,选

---

[①] 习近平:《在庆祝改革开放40周年大会上的讲话》,人民出版社,2018,第24页。
[②] 《习近平谈治国理政》第2卷,外文出版社,2017,第178页。

取最大公约数，增强"强信心、聚民心"功能，发挥"暖人心、筑同心"作用。

就乡村社会而言，在国家谋求实现中国特色社会主义现代化的语境下，社会治理固然要依法协调各利益主体的利益，依自治实现各利益主体的利益，依德治提升各利益主体的需求境界，但根本目的是满足村民对美好生活的需要。

当前，"三治"合一机制建设任务重且日渐紧迫。例如"从2019年1月1日至2019年9月24日，威海全市法院审理涉及土地纠纷一审案件156件，平均审理用时121天。其中，农村土地承包合同纠纷76件，占49%；承包地征收补偿费用分配纠纷21件，占13%；土地承包经营权出租合同纠纷17件，占11%；土地承包经营权纠纷10件，占6%；其他土地纠纷（包括土地承包经营权确认纠纷、土地承包经营权转包合同纠纷、土地承包经营权转让合同纠纷、建设用地使用权出让合同纠纷、建设用地使用权合同纠纷、建设用地使用权转让合同纠纷、宅基地使用权纠纷、临时用地合同纠纷）32件，占21%"。①

其实，这还仅是冰山一角。在类别上还包括干群关系问题，婚姻家庭关系中的离婚、解除同居或赡养、继承、财产分割问题，因鸡毛蒜皮之事而引发的邻里人身损害赔偿纠纷问题等。有些问题处理稍有不慎极易引发群体性事件，许多问题不一定要上升到法的层面，可以通过"村两委"或家庭调解，需要从民风上下功夫。

因此，必须从不同阶层利益、纷繁复杂的社会思潮的微观现实中走出来。站位社会主义核心价值观，宏观把握自治、法治、德治规则体系的传承和创新趋势，逐步引领村民将社会主义核心价值观作为更高、更具远见的社会价值共识，引发"美好生活"的价值共鸣，成为村民自发自觉的自治、法治、德治规则的向往和价值认同。

用社会主义核心价值观引领"三治"合一是一项系统的社会工程，如煎中药一样，需要慢火。

---

① 《威海全市法院涉及土地纠纷案件统计》，http://whzy.sdcourt.gov.cn/whzy/377324/377328/5688615/index.html。

## （二）知行合一

"三治"合一的第二需要是知行合一。知行合一基本内涵包括"知中有行，行中有知"和"以知为行，知决定行"。虽然，这种思想以道德修养为主题，但对我们正确认知和实践"三治"合一具有重要指导意义。

就"知中有行，行中有知"而言，"三治"合一，与当前乡村治理现状（"三农"问题）和振兴乡村时代要求（村民对美好生活的向往）相对应，回答了为什么治理，治理什么和怎样治理的问题，目的是建设现代化乡村治理体系。能否立足这个高度来推进"三治"合一是一个亟待解决的问题，关键点是知不知和如何实践，实践路径关注点包括村民素质养成和"三治"合一主体的协同以及机制的融合，"知而不行"等于不知。目前的普遍问题是不知也不行或不知而乱行。

就"以知为行，知决定行"而言，在"三治"结构中，社会主义核心价值观是准绳，公平正义是基本要求，"不断增强人民获得感、幸福感、安全感"是"合一"全过程的实效要求，呈现的是乡村社会的文化形态。以此为背景，德治处在基础和前提地位，法治处在条件保障地位，自治处在目的地位，"三治"合一因此成为乡村的治理机制和评价体系，村民在"三治"合一中的参与性、主动性和创造性是关键环节，"不知而行"等于不行。目前的普遍问题是只知其一不知其二、只知有用而不知怎样才能有用。

由以上两个角度的分析不难发现在由农业、农村、农民构建的命运共同体中，"三治"合一所构建的现代化乡村治理体系，服务于乡村现代化的目的是明确的，知行合一给我们的启示是实现规则治理与价值引领的融合，即以社会主义核心价值观为引领，建设自治、法治、德治有序的规则（正式规则和非正式规则）体系，引导和规范行为。

## 二 排忧解难

文化乡村社会的第二需要是排忧解难。人是社会文化的"产品"，原因在于自然人只有成为社会所定义的人，才能以人的资格与具体的他人或群体互动，才能通过有效互动最大限度增强满足自己需要的能力。社会依据什么定义人的资格，答案是文化逻辑或言规则。它是一个体系，依据约束力强度分三个层面，即约定俗成的道德、体现共同意志的制度和体现国家意志的法律；依据文化成分分两种，即传统文化和现代文化，并以一定社会为"态"。因此，立足当代中国特色社会主义社会高度，"三治"合一是一个系统的文化工程，目的是通过文化规则治理实现社会主义核心价值观引领，文化自觉是关键。所以，在建设和运行"三治"合一进程中，任何形式主义和官僚主义都不可能切近文化自觉，合规律与合目的是工作重点。

### （一）合规律

排忧解难的第一要求是合规律。作为社会治理的一种方式，"三治"合一的价值是为社会成员排忧和解难，"忧"和"难"是特定社会发展背景下的问题，起因于社会发展与基于自然和社会规律而生成的社会发展总趋势的冲突。

"三治"合一作为一个系统的文化工程，必须符合自然变化和社会发展规律。

在乡村社会空间中，村民的"忧"和"难"存在于生存和生活领域。在生存领域，能不能按照自然生命规律健康地存在是"忧"和"难"的核心内涵，自然环境和社会公共服务供给是核心问题。

调查发现：一些地区村民因为工业化污染而患上奇怪的难治愈的病，一些地区村民至今仍然直接饮用河水或地下水，许多地区因为公共设施不健全而使产业发展举步维艰。

在生活领域，能不能按照社会规律精神健康地生活是"忧"和"难"的核心内涵，社会文化供给是核心问题。

调查发现：许多乡村没有文化活动，许多村民精神世界空寂，许多乡村的教育功能几近空白，许多乡村学校以高考为"指挥棒"而放弃地域文化传承。那么，村民的精神文化需要从哪里满足呢？于是，一些村庄增加了教堂和庙堂。事实上，社会发展的本质是人的文化本质的提升，如此现状又如何实现村民文化本质的提升呢？

从上述两个方面看，"三治"合一所要排的"忧"和解的"难"是一个复杂的体系。需要依据规律，建立与问题体系对应的自治、法治、德治规则体系，推进其见成效。

## （二）合目的

排忧解难的第二要求是合目的。新中国是人民自己的国家，新时代的总任务是实现社会主义现代化和中华民族伟大复兴。

十八大报告再次强调"两个一百年"奋斗目标。即第一个一百年，到 2020 年全面建成小康社会；第二个一百年，到 2049 年建成富强民主文明和谐的社会主义现代化国家。十九大报告提出：从 2020 年到 2035 年，在全面建成小康社会的基础上，再奋斗 15 年，基本实现社会主义现代化。从 2035 年到本世纪中叶，在基本实现现代化的基础上，再奋斗 15 年，把我国建成富强民主文明和谐美丽的社会主义现代化强国。[①]

"三治"合一为乡村社会成员排的"忧"和解的"难"在内涵上不仅包括过去社会发展遗留的问题，还包括与国家发展战略目标相比照地域存在的差距。就后者而言，"三治"合一进程需要围绕"两步走"的战略安排加快步伐，在社会主义核心价值观引领下，以推进国家治理体系和治理能力现代化为目标，实现功能体系与全面建成小康社会、基本实现社会主义现代化和建成富强民主文明和谐美丽的社会主义现代化强国的任务体系相对应。以实现乡村振兴为目的的"三治"合一功能体系建设箭在弦上，等不得。

在科学性上，要坚持因地制宜、高质量、高效能原则，统筹建设与地域有机结合的自治、法治、德治规则体系。

在路径上，要立足长远为村民排近"忧"和解近"难"，引导村民信任中国特色社会主义制度，依靠中国特色社会主义制度解决自己的"忧"和"难"，走好共同富裕和发展之路，共享发展成果。

## 第三节　满足乡村振兴乡村善治需要的技术路径

善治的驱动机制是"以养代修"。在国家语境下，"国家治理体系是在党领导下管理国家的制度体系，包括经济、政治、文化、社会、生态文明和党的建设等各领域体制机制、法律法规安排，也就是一整套紧密

---

[①] 习近平：《决胜全面建成小康社会　夺取新时代中国特色社会主义伟大胜利——在中国共产党第十九次全国代表大会上的报告》，人民出版社，2017。

相连、相互协调的国家制度；国家治理能力则是运用国家制度管理社会各方面事务的能力，包括改革发展稳定、内政外交国防、治党治国治军等各个方面"。① 与此格局相对应，乡村这辆"汽车"要以养代修，尚存治理体系建设和治理能力培育问题，现代化是关键的驱动环节，行政思维和行为科学化是关键，效率是标识。如何实现？运用现代化思维，实现农村基层党组织建设与乡贤培育、"三治"统摄机制的有机结合是关键环节。

## 一 重视乡贤

乡村社会"以养代修"的第一基础是重视乡贤。乡村社会，尽管进入现代社会以来出现了前后代文化传承或贯穿的断层，出现了依附性与独立性、集体性与个性、稳定性与变异性的文化冲突，但依附性、集体性、稳定性特征依然鲜明，见贤思齐、崇德向善等乡贤文化基因依然发挥着不可替代的作用。当前，围绕乡村振兴这一主题，面对乡村业已存在的独立性、个性、变异性形成的党和乡村的文化隔离层，将党为人民的意志和引领村民走向幸福生活的目的贯穿到乡村社会，把握乡村社会的文化特征是基层党建工作的关键，塑乡贤和用乡贤是重要环节。

### （一）塑乡贤

重视乡贤的第一任务是塑乡贤。

纵观古今，乡村治理一直是国家治理体系的关键环节，乡贤的作用曾为诸多朝代所重视。"地方史表彰乡贤之风，从明中期一直持续到明末。其中天、崇间，有福州侯官诸生陈鸣鹤撰《东越文苑》，'纪闽中文人行实，起唐神龙，迄明万历，为四百十一篇。唐、五代五十人，宋、元三百八十五人，明百有六人'。"②

在中华人民共和国成立后的 70 年中，城乡二元结构由行政到经济再到价值观的实质性递进，直接导致了乡村人才离乡、留守群体老龄化、乡愁和文脉断层、乡村日渐凋敝的现实，形成了现代乡村治理绕不开的

---

① 《推进国家治理体系和治理能力现代化》，http://theory.people.com.cn/n1/2017/0512/c40531-29270218.html。

② 向燕南：《从表彰乡贤到汉宋门户：明清学术思潮与郑樵接受史之分析》，http://www.cssn.cn/zx/201912/t20191222_5063150.shtml? COLLCC=2218137920&。

难题。如今，乡村治理是乡村振兴战略的重要内容，更是国家现代化的关键环节，权力主导下的行政化对农民群众意愿的挤压和利益主导下的非理性化倾向对农民共同利益的消解，直接导致乡村权威被分化、基层民主被阉割，出现了村民对基层政府和社会的信任危机和良性推进基层民主自治的瓶颈，乡贤在缓解村治问题上的作用自不必说，我们要说的是如何塑乡贤。

这是一个社会问题，需要建立健全乡贤供给侧机制。

其一，要制定乡贤供给长远规划，包括财政资金、政策支持体系以及乡贤任务体系。

其二，属地培养与柔性引进相结合，因地制宜，分类供给，实现乡贤作用与治理功能的深度融合，以涵养农村文明新风尚为目的属地挖掘慈孝乡贤，以富村、强农为目标吸引企业家、新型职业农民、退伍军人类乡贤返乡，以突破乡村农业技术瓶颈为目的引进技术乡贤。

在"塑"的方式上，主要应在工资待遇、职称评审、评价机制和营造扎根基层良好环境上下功夫，让乡贤既有政治地位又有经济地位，通过政策最大限度释放他们的活力。

### （二）用乡贤

重视乡贤的第二任务是用乡贤。乡村振兴是新时代中国的大事，需要举全国之力来完成。"乡贤文化是乡村文化的核心内容，是扎根于中国家乡的母土文化，它具有中国优秀传统文化的特征，又呈现出自己相对独立的个性特点，具有明显的地域性、人本性、亲善性和现实性，是教化乡里、涵育乡风文明的重要精神力量。尤其是在社会主义现代化建设的新时期，乡村治理面临人才流失、主体弱化、对象多元等很多难题，乡贤文化的'安全阀'和'助推器'作用就显得越来越重要，缺少乡贤文化的支撑乡村振兴也将困难重重。"[①]

从这个需要来看，用乡贤就是一个系统的文化工程。

目前，一些地方根据乡村发展需要，在乡贤开发与使用上普遍存在视野和功能上的局限。从乡村治理是国家治理体系关键环节的角度看，

---

① 《用乡贤文化引领乡村振兴》，https://www.360kuai.com/pc/2s1biietu1l?cota=4&kuai_so=1&tj_url=so_rec&sign=360_57c3bbd1&refer_scene=so_1。

"田秀才""土专家"等非系统、非规范的乡贤供给已远远不能满足农村现代化的需要。

在新时代,应以规划为前提,系统开发各类资源。如与人事、组织、教育、科研、科技、医疗等部门合作。优选熟悉农业农村工作的人才,聘任柔性乡贤,出台相关政策,激发他们服务乡村的工作热情,赋予职责和相应待遇,人事和组织体系应建立单位晋级与乡贤实绩的有效连接,为具体的村提供文化、教育、科技等方面的支持和帮助。

如与离退管理系统合作,优选熟悉并愿意从事农业农村工作的离职人才,聘任为乡贤,出台相关政策,引导他们发挥自己的才华,面向具体村开展有效工作。

还要建立从成绩突出的乡贤中选拔村干部机制,使他们能够通过法律程序进入村自治组织,或通过组织任命让他们担任村党组织负责人,逐步让乡贤成为地域文化品牌。

## 二 "三治"统摄

乡村社会"以养代修"的第二基础是"三治"统摄。乡村要振兴,党建是关键。原因在于乡村党组织是乡村振兴的领航人,必须卓有成效地成为村民的主心骨。其应有的功能包括牵引、组织和整合、塑造和激发村民的文化活力,需要建设破难题、补短板、全覆盖、高质量的工作体系来支撑。目前,一些地方村基层党建工作存在碎片化、形式化、低效化的困境,难以发挥出引领基层治理的功效。原因在于治理理念与乡村社会文化脱节,治理方式游离于文化规则和价值观体系之外,致使基层党建与乡村发展轨道分离,村民价值取向与党建目的割裂。如何解决?基层党建与"三治"统摄机制有机结合是重点,凝聚力与导向是关键环节。

### (一) 凝聚力

"三治"统摄的第一功能是凝聚力,简单地说,就是一个整体实现合力最大化的能力。

调查发现:实行家庭联产承包责任制以来,家庭成为基本经济单位,村、组集体经济组织与村民的关系,由人民公社时期的全面融合,转化为以承包土地等生产资料和生产任务为纽带的农业生产责任制形式。在改革开放 40 年的历程中，也是由于乡村文化发展滞后，乡村治理手段大多局限于法律范畴，凝聚力纤弱客观上成为一个基本事实。

然而，乡村治理的基点是村，乡村振兴的关键是村，村是联系国家与村民的纽带和桥梁，增强村的凝聚力刻不容缓。

十九大报告指出，"党的基层组织是确保党的路线方针政策和决策部署贯彻落实的基础"，乡村基层党组织是党在农村的执政基础，代表党的形象，负责贯彻落实党的路线方针政策和决策部署，应该在农村各类组织和村民中居于领导核心地位，如何增强自身凝聚力是一个最为关键的问题。

目前，一些地方乡村基层党组织普遍存在两大工作瓶颈。

一是整体素质低下。主要特征是文化基础差、年龄大、视野窄，有些地方虽然派驻了第一书记，但因乡村圈子文化的屏蔽而难以融入村的核心领导层。

二是职能定位模糊。过分介入经济事务，用事务屏蔽农民群众的声音、困难和期待，逃避保障农民群众切身利益和满足农民群众文化需要的职责，与村民自治组织关系或紧张或替代。

破除这两个瓶颈意义重大。一方面，乡村是我国现代化的主战场之一。"据国家统计局报告显示，2017 年，我国农村常住人口数量仍然高达 5.7661 亿人。因此，农村仍是我国社会主义和谐社会构建的主战场之一。农村基层党组织的凝聚力具有较强的社会性，影响着农村社会的各个领域，在促进农村社会和谐发展方面具有重要意义。"[1]

另一方面，实施乡村振兴战略主要依靠农村基层党组织的引领。"推动农村经济的健康快速发展，持续促进农民群众脱贫致富，是农村基层党组织的一项光荣使命，同时也能够夯实加强农村基层党组织凝聚力所需的物质基础。农村基层党组织凝聚力的强弱，在较大程度上取决于其满足农民群众物质需求的程度。而农民群众物质需求满足程度的提升需要依托乡村振兴战略的有效贯彻落实。因而，农村基层党组织凝聚力的提升过程与乡村振兴战略的贯彻落实过程始终保持着同频共振。同时，

---

[1] 禹辉映：《农村基层党组织怎样增强凝聚力》，http://www.rmlt.com.cn/2019/0129/538525.shtml?from=singlemessage。

农村基层党组织还是贯彻落实乡村振兴战略的中坚力量。因此,加强农村基层党组织凝聚力,对于推动农村经济社会的健康发展,贯彻落实乡村振兴战略具有重要作用。"①

如何提高农村基层党组织凝聚力?其切入点就是增强农村基层党组织对"三治"的统摄。

其一,引领文化传承和创新,夯实德治基础。村的魂魄是文化,村集体的规则和力量来自文化,它是传统的,也是现代的,引领文化传承就实现了村民的文化之根与农村基层党组织治理原则的结合,引领文化创新就实现了村民的文化需要与党的国家现代化战略的有机结合,以此为基,德治成为实施自治和法治的坚实基础。

其二,夯实自治政治基础。农村基层党组织要加强党员宗旨意识教育和政治理论知识的储备,把农民群众利益摆在第一位,弘扬正气,以村集体利益不旁落少数人或唯利是图者为原则,广大党员引导农民群众正确认识自治与切身利益、民主意识、民主监督、建言献策的关系,成为农民群众心往一处想、劲往一处使的主心骨。

其三,营造法治环境。自治和德治体系的建立健全不是短期行为,从自治的角度看,它需要有一个长治久安的法治环境,需要用法律规范自治的明确性和可预期性。只有这样,村干部才能安心带领村民锐意创新、精耕细作,为村民可持续增收和村集体经济增长作出应有的贡献。农村基层党组织为自治发展营造更好法治环境,关键之一要聚焦自治中的难题,帮助村委会解决这些现实难题,把主要精力放在制度建设和行为监督上。

**(二)导向**

"三治"统摄的第二功能是导向。

农村基层党组织对"三治"的统摄宏观上必须把握好方向问题。乡村振兴战略实践是一个系统工程,总要求是"产业兴旺、生态宜居、乡风文明、治理有效、生活富裕",总方针是坚持农业农村优先发展,总目标是农业农村现代化,制度保障是建立健全城乡融合发展体制机制和政

---

① 禹辉映:《农村基层党组织怎样增强凝聚力》,http://www.rmlt.com.cn/2019/0129/538525.shtml?from=singlemessage。

策体系。因此,"三治"统摄必须服务于这个战略架构,以不断满足广大农民群众日益增长的美好生活需要为目的,围绕乡村活力、乡村治理、现代化水平、乡村社会文明程度,加强公共文化建设、保护和传承农村优秀传统文化、弘扬社会主义核心价值观,推进农村生态文明建设,促进产业融合、加快结构优化升级、推动农业农村经济适应市场需求变化。

处理好关系问题。"习近平总书记强调,在实施乡村振兴战略中要注意处理好一些关系。一是长期目标和短期目标的关系,要防止翻烧饼、走弯路,切忌刮风搞运动、贪大求快,要一年接着一年干,一件事情接着一件事情办,坚持从容建设、注重质量、科学规划,遵循乡村建设规律。二是顶层设计和基层探索的关系,各地要善于总结基层的实践创造,发挥亿万农民的主体作用和首创精神,因村制宜,科学把握乡村的差异性,制定符合自身实际的实施方案。三是充分发挥市场决定性作用和更好发挥政府作用的关系,要发挥政府在法治保障、市场监管、政策支持、规划引导等方面的积极作用,推进新一轮农村改革,进一步解放思想。四是增强群众获得感和适应发展阶段的关系,不能搞形式主义和'形象工程',也不能提脱离实际的目标,要量力而行、尽力而为,要形成可持续发展的长效机制,同时要让亿万农民有更多实实在在的获得感、幸福感、安全感。"[①]

在微观层面必须解决好村民可持续增收和村集体经济增长保障问题。解决好村民可持续增收问题,就要可持续思考如何改变农民生存环境落后、农产品价格低迷、农业综合生产能力低、农业产业化经营低等问题,因地制宜,认真研究国家政策、争取政策支持,为农民成为乡村振兴的受益者和参与者作出有效贡献;解决好村集体经济增长问题,就要可持续思考村集体经济来源的渠道、村干部开拓创新能力、发展集体经济的氛围、村集体资产管理等问题,不断增强农民群众对发展集体经济的关心和信心。

增强农村基层党组织对"三治"的统摄。

其一,突出德治内涵中的家国一体引领功能。家国一体思想是中华

---

① 王进:《实施乡村振兴战略要始终坚持问题导向》,http://www.qstheory.cn/wp/2018-10/09/c_1123532081.htm。

文明"大一统"理念的文化源泉,是乡村文化深厚的家国情怀部分,农村基层党组织只有重视运用它的求同存异的智慧,才能在新时代乡村实施民主协商,从理念到机制,发展壮大村集体经济,让农民在共享中增强自身发展能力。

其二,压实自治职责、发挥自治优势。加强农村基层党组织对自治的领导力度,把党的决策部署转化成为各经济组织和村民的思想政治共识和自觉行动。优化自治组织的履职效能,重视村策协商、思想沟通、各方利益协调在最大公约数上的一致性,发挥好自身的桥梁纽带作用,创设观点交流与利益协调的新平台,释疑解惑党政决策,反映社情民意,增进共识。

其三,通过营造法治环境,强化村民法律信仰。推动农村基层党组织与村民的良性互动,引导村民养成"办事依法、遇事找法、解难用法、化纷靠法的法治思维……定分止争、分辨是非、维护公正"[①],依法加强集体资产管理、村级债权债务清理和坚持"两公开、一监督"原则,营造法治的良性发展环境。让尊法学法守法用法成为村民的行为规范,锻造法纪严、风气正的过硬的"村两委",让村民安心、放心。

---

[①] 马国伟:《充分发挥审判职能服务乡村振兴战略》,http://guancha.gmw.cn/2019-09/09/content_33145681.htm。

# 第十章　乡村振兴战略实践的特色减贫路径

贫与富是一定时期一定社会发展的结果，差距是全部社会问题的诱因，贫富悬殊是人类社会稳定和发展的共性威胁，解决这个问题的根本途径是改良或颠覆已有的不健全或不合理的社会制度，解决的程度取决于社会发展为了谁的发展观。今天，如何认识贫困问题？立足贫富差距的社会视角，它将是一个长期的存在，需要以破除城乡二元结构为前提建立健全科学的社会制度；立足世界贫困线标准，它是进入新时代为人民而发展必须马上解决的问题，需要立足国情，正视贫困人口规模大且主要集中在乡村的现实，精准扶贫。如何兼顾上述两个角度解决贫困问题是实施乡村振兴战略的基础和基本问题，需要认识必然、把握关键、实施制度驱动。

## 第一节　乡村振兴的特色减贫需要

贫困是世界的共同难题，人类文明的递进和社会稳定发展要求世界各国量力而行承担减贫责任，中国是人口大国，责任自然重大。更重要的是，解决贫困问题是当代中国为人民而发展的发展观的根本要求和中国特色社会主义现代化的基础任务。"目前，全球仍有 7 亿人生活在极端贫困中。中国改革开放 30 多年来，已有 7 亿多人脱离贫困，成为世界上减贫人口最多的国家，对全球减贫贡献率超过 70%。近五年来，'中国式扶贫'取得前所未有的新成绩……十八大以来，党中央作出到 2020 年现行标准下农村贫困人口实现脱贫的庄严承诺。"[①] 中国贫困人口大多集中在中、西部地区的乡村，2018 年末，农村贫困人口为 1660 万人，依然

---

① 《全球减贫中国贡献率超七成 "中国式扶贫"哪不一样》，http://www.chinanews.com/gn/2017/10 - 17/8354622.shtml。

是中国走向现代化的瓶颈，扶贫和减贫是必由之路，这是由社会主义社会制度和共同富裕原则所决定的。

## 一 社会制度之需

承担扶贫责任是中国特色社会主义的本质要求。当代中国人的贫困有着深刻的历史背景，清朝中后期，西方工业文明获得了快速发展，而中国仍然处在农耕文明的闭关锁国时代，西方列强凭借坚船利炮打开了中国的大门，开始了疯狂的掠夺。特别是鸦片战争以来，西方列强发动了一次又一次的侵华战争，中国的每一次失败都要支付巨额战争赔款，如《南京条约》赔款2100万两、《马关条约》赔款2.315亿两、《辛丑条约》本息合计近10亿两①，几近抽空了中国的"血液"。中华人民共和国成立之后，"一穷二白"是十分妥帖的表达，谋求国家富强首先要强工业，为人民而发展就要谋求人民富裕，这是两个体现社会主义本质和优越性的关键原则，改良、改革已有的不健全或不合理的社会制度是关键环节。在共和国70年的奋斗历程中，国家富强与人民富裕的秩序和制度安排一直与减贫联系在一起。

### （一）国家富强

中国特色社会主义本质要求的第一目的是国家富强。"一个国家、一个民族要想在历史长河中永葆生机、勇立潮头，一定要大踏步跟上时代的步伐。落后于时代，与时代隔绝，不仅不可能'站起来''富起来'，就算曾经站起来、曾经富裕过、甚至强大过，依然会被他者欺侮，会被历史淘汰。近代以来这种屈辱、惨痛的教训，中国永远不会忘记、也永远不能忘记。所以，中国在政治上'站起来'之后迅速进行社会主义改造，集全社会之力建设独立完整的社会主义工业体系，建设'四个现代化'，就是旨在通过现代化让中国在经济社会各个方面也真正'站起来'；进入改革开放新时期后，中国又致力于建设小康社会，同样是希望通过实现富裕走向现代化。"②

为了这个目的，中国首先选择了社会主义工业化道路。原因在于国

---

① 《西方列强勒索的巨额赔款有哪些》，https://zhidao.baidu.com/question/434759271.html。
② 辛鸣：《国家富强的中国逻辑》，http://politics.rmlt.com.cn/2017/1025/500221.shtml。

家工业化是国家现代化和国家竞争力的核心和基础,是国家经济增长和提高人民物质生活水平的前提。

新中国成立 70 年后的今天,依托中国经济社会发展的巨大成就,提出实现国家现代化是符合世界发展逻辑的。

但是,如果近半数的农民和占全国土地总面积 94% 以上的农村地区不现代化,中国何以谈得上现代化,"三农"问题就是最大的瓶颈。因此,在谋求国家富强的实践道路上,以解决"三农"问题为前提的乡村振兴是中国特色社会主义的本质要求,减贫是显著标志。

## (二) 人民富裕

中国特色社会主义本质要求的第二目的是人民富裕。习近平在宁夏考察时强调:"到 2020 年全面建成小康社会,任何一个地区、任何一个民族都不能落下。要认真落实党中央决策部署,贯彻新发展理念,主动融入国家发展战略,进一步解放思想、真抓实干、奋力前进,努力实现经济繁荣、民族团结、环境优美、人民富裕,确保与全国同步建成全面小康社会。"① 其主张的正是我党为人民服务的宗旨,彰显的正是党为人民谋幸福、摆脱贫穷的决心。

党的宗旨是为人民服务。"1944 年 9 月 8 日下午,在延安枣园村西山脚下一个小操场上,毛泽东参加了普通战士张思德的追悼会。追悼会上,毛泽东即兴发表了'为人民服务'的著名演讲,明确指出:'我们这个队伍完全是为着解放人民的,是彻底地为人民的利益工作的。'……次年,毛泽东在中共七大所致的开幕词中明确告诫全党:'我们应该谦虚,谨慎,戒骄,戒躁,全心全意地为中国人民服务。'"②

为人民谋幸福是核心内容。1927 年 8 月 7 日的八七会议后,"打土豪、分田地"被确立为土地革命的核心内容;1928 年 3 月,毛泽东在鄙县的中村开展了"打土豪、分田地"的革命斗争。1953 年底,毛泽东详细表述了党在过渡时期的总路线:"党在这个过渡时期的总路线和总任务,是要在一个相当长的时期内,逐步实现国家的社会主义工业化,并

---

① 《习近平宁夏考察:全面建成小康社会任何一个地区任何一个民族都不能落下》, http://www.mzb.com.cn/html/report/190735820-1.htm。

② 贺斌:《"为人民服务"的由来》, http://news.cyol.com/co/2018-07/27/content_17423441.htm。

逐步实现国家对农业、对手工业和对资本主义工商业的社会主义改造。"即"一化三改"①。

摆脱贫穷是党的重点工作。邓小平指出："我们的四个现代化的概念……是'小康之家'。"②"社会主义要消灭贫穷。贫穷不是社会主义，更不是共产主义。"③"翻两番，国民生产总值人均达到八百美元，就是到本世纪末在中国建立一个小康社会。这个小康社会，叫做中国式的现代化。翻两番、小康社会、中国式的现代化，这些都是我们的新概念。"④"搞社会主义，一定要使生产力发达，贫穷不是社会主义。我们坚持社会主义，要建设对资本主义具有优越性的社会主义，首先必须摆脱贫穷。"⑤"社会主义的特点不是穷，而是富，但这种富是人民共同富裕。"⑥"社会主义的本质，是解放生产力，发展生产力，消灭剥削，消除两极分化，最终达到共同富裕。"⑦围绕目标建设，党的十六大提出全面建设小康社会，党的十七大提出为夺取全面建设小康社会新胜利而奋斗，党的十八大提出全面建成小康社会，党的十九大提出决胜全面建成小康社会。

纵观这个历程不难发现，70年来为人民谋富裕的实践，尽管有挫折和艰辛，却始终走在路上，并为不断丰富的中国特色社会主义思想所滋养，以共同富裕为实践主旨的社会制度建设正在逐步获得完善。党的十九大以来，实施乡村振兴战略的提出，更是将共同富裕理念纳入了解决"三农"问题的社会实践中。

## 二 共同富裕之需

承担扶贫责任是社会发展成果惠及农民的基本要求。在70年的奋斗

---

① 主要任务是把资本主义私人所有制改造成为全民所有制，把以农民和手工业者个体劳动为基础的私人所有制改造成为劳动群众集体所有制。其中，农业的社会主义改造实际上就是农业的合作化，中国农村因此实现了几千年的分散个体劳动向集体所有、集体经营的历史性转变。
② 《邓小平文选》第2卷，人民出版社，1994，第237页。
③ 《邓小平文选》第3卷，人民出版社，1993，第63~64页。
④ 《邓小平文选》第3卷，人民出版社，1993，第54页。
⑤ 《邓小平文选》第3卷，人民出版社，1993，第225页。
⑥ 《邓小平文选》第3卷，人民出版社，1993，第265页。
⑦ 《邓小平文选》第3卷，人民出版社，1993，第373页。

历程中,在谋求国家富强的道路上,中国实现了从站起来、富起来到强起来的跨越,"成为全球经济增长的主要贡献者,年均贡献率达到30%以上,超过美国、日本以及欧元区国家的总和;中国成为全球减贫事业的主要贡献者,贡献率超过70%,创造了人类历史上的奇迹。"[①] 但是,在谋求人民富裕的道路上,由于社会分配制度的建立健全滞后于经济社会发展,社会内部贫富差距日渐增大,社会矛盾日渐复杂。为此,党的十八大报告指出:"共同富裕是中国特色社会主义的根本原则。"其含义包括道路和目标两个主要方面。从道路角度看,就是以做大"蛋糕"为前提分好"蛋糕",即将发展成果惠及人民;从目标角度看,它是一个基于生产力发展水平的逐步实现的过程,求的是人民得到的"蛋糕"质量的均衡。从这个角度看,道路和目标是扶贫的主要原则。

**(一)扶贫道路**

共同富裕的第一要求是明确扶贫道路。从历史的角度看,除底子薄、人口众多因素以外,中国贫困问题产生的原因非常复杂。有长期存在的城乡二元结构之因,有长期存在的观念、现代化素质和技能之因,有自然环境之因,有洪涝、地震、台风、病虫害等天灾之因,有家庭与个人能力之因,有失业之因,有收入分配之因。

为此,党的十九大立足当前社会主要矛盾,即"人民日益增长的美好生活需要和不平衡不充分的发展之间的矛盾",来审视社会贫困问题,总结经验,确立了新时代扶贫道路,即坚持党对脱贫攻坚的领导,实施精准扶贫精准脱贫,构建大扶贫格局,激发内生动力,实行最严格的考核制度。

**(二)扶贫目标**

共同富裕的第二要求是明确扶贫目标。改革开放以来,我国的扶贫事业取得了巨大成就。农村贫困人口大幅减少,收入水平稳步提高,贫困地区基础设施明显改善,社会事业不断进步,最低生活保障制度全面建立,农村居民生存和温饱问题基本解决,探索出了一条中国特色扶贫开发道路,为推动全球减贫事业发展作出了重大贡献。

---

① 《习近平引领中国走向强盛》,http://www.qstheory.cn/zhuanqu/2018-03/19/c_1122558259.htm。

但是，我国仍处于并将长期处于社会主义初级阶段，经济社会发展总体水平不高，区域发展不平衡问题突出，制约贫困地区发展的深层次矛盾依然存在。扶贫对象规模大，相对贫困问题凸显，返贫现象时有发生，贫困地区特别是集中连片特殊困难地区发展相对滞后，扶贫开发任务仍十分艰巨。[①]

十八大以来，我国将贫困问题置于社会结构中来认知，特别是十九大对社会主要矛盾关键点的定位，为立足解决贫富差距规划减贫工作提供了系统而广阔的视野，将"不平衡不充分"作为关键点。

"不平衡"的结论将贫困定义为经济社会体系结构问题。在宏观经济结构中，挖掘实体经济和虚拟经济、区域发展、城乡发展、收入分配、经济与生态发展之间的不平衡诱因。

"不充分"的结论将贫困定义为总量和水平问题。围绕经济能力与市场的关系，挖掘市场竞争、效率发挥、潜力释放、有效供给、动力转换、制度创新的不充分的不平衡诱因。[②]

立足这两个视野，确立了近期和长远扶贫目标。

就近期而言，"到 2020 年，稳定实现扶贫对象不愁吃、不愁穿，保障其义务教育、基本医疗和住房。贫困地区农民人均纯收入增长幅度高于全国平均水平，基本公共服务主要领域指标接近全国平均水平，扭转发展差距扩大趋势"。[③] 党的十八大以来"贫困地区农村居民收入年均实际增长 10.0%。2013—2018 年，贫困地区农村居民人均可支配收入年均名义增长 12.1%，扣除价格因素，年均实际增长 10.0%，实际增速比全国农村平均水平高 2.3 个百分点。2018 年贫困地区农村居民人均可支配收入相当于全国农村平均水平的 71.0%，比 2012 年提高 8.9 个百分点，与全国农村平均水平的差距进一步缩小"。[④]

---

① 中共中央、国务院：《中国农村扶贫开发纲要（2011—2020 年）》，http://www.gov.cn/gongbao/content/2011/content_2020905.htm。
② 李伟：《不平衡不充分的发展主要表现在六个方面》，http://mini.eastday.com/mobile/180114014433417.html。
③ 中共中央、国务院：《中国农村扶贫开发纲要（2011—2020 年）》，http://www.gov.cn/gongbao/content/2011/content_2020905.htm。
④ 《国家统计局：2018 年贫困地区农村居民人均可支配收入 10371 元 实际增长 8.3%》，http://field.10jqka.com.cn/20190215/c609723424.shtml。

就长远而言，扶贫是一项系统而长期的工程，深化改革将是扶贫的重要方式。

目前，中国的贫困线还只是与世界银行 2015 年 10 月初宣布的每人每天生活支出 1.9 美元接近，立足于共同富裕的高度，以国力增强为前提，与经济发达国家相比，超越国际贫困线标准、扩大扶贫覆盖范围还有很长一段路要走。

## 第二节 满足乡村振兴特色减贫需要的关键

减贫的关键是扶志。消除贫困，是一个内外发力的过程，内生活力是关键。在理念上，"消除贫困、改善民生、实现共同富裕，是社会主义的本质要求，是我们党的重要使命。没有贫困地区的小康，没有贫困人口的脱贫，全面建成小康社会就会成为一句空话"。[1] 在技术上，习近平指出："脱贫攻坚已经到了啃硬骨头、攻坚拔寨的冲刺阶段，所面对的都是贫中之贫、困中之困……唯改革者进，唯创新者强，唯改革创新者胜。脱贫攻坚必须坚持问题导向，以改革为动力，以构建科学的体制机制为突破口，充分调动各方面积极因素，用心、用情、用力开展工作……扶贫不是慈善救济，而是要引导和支持所有有劳动能力的人，依靠自己的双手开创美好明天。"[2] 由以上两个方面看，激发内生活力既需要关注思想领域的问题，还需要关注方法问题，思想上拔"穷根"和建立健全全方位的扶持体系是关键环节。

### 一 拔思想"穷根"

扶志的第一需要是拔"穷根"。在共同富裕的道路上，必须正确理解社会主义初级阶段这一基本国情和按劳分配这一分配原则，劳动和贡献仍然是获得收入的主要依据。以此为前提，国家以实现国民充分享受经济社会发展成果为原则，保障和改善低收入和困难群体的民生问题，

---

[1] 《以"看齐"诠释"忠诚"》，http://cpc.people.com.cn/pinglun/n1/2016/1221/c241220-28966854.html.

[2] 《切实把精准扶贫精准脱贫落到实处——学习贯彻习近平总书记扶贫开发战略思想研讨会发言摘编》，http://politics.people.com.cn/n1/2016/1020/c1001-28792272.html.

扶贫是其中的一项重要措施，包括"输血"和"造血"两个主要过程。"输血"是脱贫的外部条件，"造血"是脱贫的内部条件，两者有机统一的前提是"思想"。因此，就扶贫对象而言，拔思想"穷根"是主观上能够"造血"的关键，强化社会信仰和提高发展能力是重要环节。

**（一）强化社会信仰**

拔"穷根"的第一目标是强化社会信仰。生活的载体是社会，信仰社会是社会成员获得幸福体验的关键。

就农民而言，如何才能引导他们信仰社会？

"毛泽东在《经济问题与财政问题》报告中强调：'一切空话都是无用的，必须给人民以看得见的物质福利。''看得见的物质福利'，随即成为党的群众工作的一项根本任务。毛泽东说：'我们的第一个方面的工作并不是向人民要东西，而是给人民以东西。我们有什么东西可以给予人民呢？就目前陕甘宁边区的条件来说，就是组织人民、领导人民、帮助人民发展生产，增加他们的物质福利，并在这个基础上一步一步地提高他们的政治觉悟与文化程度。'"[1]

这种思维对今天实施乡村振兴战略语境下的减贫具有深远的启发意义，讲清了信仰与解决问题的关系。人基于社会存在而成其为人，人通过社会体制机制满足或相对满足的生存和生活需要是具体的，其满足程度事实上决定着具体的人的社会尊严和社会信仰。从这个意义上说，社会尊严来自社会制度对个体的尊重，社会信仰将引导社会个体理解或体谅当前的社会困境。

调查发现诱发贫困的诸多因素都不是农民本身能够解决的，如基础设施建设、公共服务供给、自然环境改造、自然灾害预测预防、产业体系与市场接轨等，而他们的当前问题主要是衣食住行以及社会保障。

所以，只有正视和解决这些问题，农民群体才能信任社会，官僚主义和形式主义只能导致农民群体失去对党和政府的信任，社会信仰的根基在付出。

---

[1] 安振华：《一切以人民为中心——延安时期的群众工作》，http://dangshi.people.com.cn/n1/2018/0918/c85037-30299313.html。

## （二）提高发展能力

拔"穷根"的第二目标是提高发展能力。在社会学领域，"互动"是一个关键词，前提是存在需要，目的是实现自身满足需要能力的最大化，即实现自身能力外化，途径是协作和合作。

在这一过程中，想和不想以及为谁和为什么想是行动意识的核心问题。1958年3月20日，中共河南省封丘县委在给毛泽东的报告中介绍了河南省封丘县应举农业社依靠合作社集体的力量，战胜自然灾害，改变落后面貌的事迹。同年4月15日，毛泽东在批示中指出："中国六亿人口的显著特点是一穷二白。这些看起来是坏事，其实是好事。穷则思变，要干，要革命。一张白纸，没有负担，好写最新最美的文字，好画最新最美的画图。"①

人类社会事实上是一个普遍联系的整体，任何自然规律的发现和任何驾驭自然的经验都可以或可能通过把握联系来获得，人类每一次文明的递进都将引领新境。就农业现代化而言，农业机械化、生产技术科学化、农业产业化、农业信息化、劳动者职业化、农业发展可持续化已经成为显著特征和发展趋势。

以此为背景，国家实施乡村振兴战略，我国的农业农村因此已经处在史上最好的发展期。然而，调查发现一些地方，特别是偏远地区，许多农民没有看到这一点，靠着墙根晒太阳，等着政府送小康，贫困是一种必然。当然，农民群体的发展机遇离不开条件的营造，但最终的发展主体是自己。

因此，工作重点首先是激发农民群体的奋斗意识，即通过科学普及扩大视野，通过党的方针、政策宣传发现可能，通过培育新型经营体看到成效，通过扶持小农户和村集体经济发现集体的力量，通过培育新型职业农民发现自身价值，通过建设科学的地域产业格局提供可欲望的现实载体。

## 二 建科学减贫体系

扶志的第二需要是建体系。消除贫困是中国特色社会主义制度的本

---

① 《介绍一个合作社》，http://www.china.com.cn/guoqing/2012-09/10/content_26746879.htm。

质要求，也是实现国家现代化的必由之路，其实现过程由国家层面的社会改革和贫困者的自我革命共同组成，是一个系统工程。社会改革主要是依据共同富裕原则，改革传统社会治理结构，加大民生基础保障力度，建立健全供给侧"内生活力"和可持续机制；自我革命主要是依据社会主义按劳分配原则，在国家政策扶持下，以拔思想"穷根"为前提，通过创新、创业摆脱生存和发展困境。实现这两者的有机统一，需要立足国家高度建立全方位的扶持体系，民生基础保障和产业载体是核心内涵。

### （一）民生基础保障

建体系的第一目的是健全民生基础保障。民生问题，即与百姓生活密切相关的问题，最主要表现在吃穿住行、养老就医子女教育等方面。教育为基，就业为本，收入分配为源，社会保障为安全网，由低到高包含三个层面。

其一，基本生计，即社会要保证每一个社会成员"能够像人那样有尊严地生存下去"，内容包括：最低生活保障，义务教育，基础性的公共卫生，基础性的住房保障，等等。

其二，基本的发展机会和能力，即社会要保证每一个社会成员"有能力和机会活下去"，内容包括：促进充分就业，进行基本的职业培训，消除歧视问题，提供公平合理的社会流动渠道，以及与之相关的基本权益保护问题（如劳动权、财产权、社会事务参与权），等等。

其三，社会福利，即社会保证全体成员生活质量得以全面提升的福利，内容包括：免费的教育、住房公积金应当普及、社会成员的权利全面保护，等等。因此，民生基础保障是与问题相对应的体系，实效性、完整性、前瞻性和可持续性是基本特征。

目前，我国虽然取得了经济社会发展的突出成就，但国家积蓄尚不足以支撑更高层次的民生保障需要，重点是基础保障。

调查发现从一些地方的民生基础保障状态看，地区经济实力薄弱而无力投入和认为成效缓慢或不显著而不投入或少量投入现象比较普遍，而立足"实效性、完整性、前瞻性和可持续性"高度的规划更是少见，"不平衡不充分"作为当前社会主要矛盾的关键点，在我国当前乡村民生基础保障上体现得十分显著，扶贫更是关键环节。

在扶贫过程中，许多农民群众能够理解国家和地方的困难所在，却不能理解显失公平的城乡、地域差别和无视存在的不作为,更不能理解"施舍"语境下的作为。

事实上,扶贫是一种用社会发展成果补齐少数贫困者应有生存条件的过程。从这个意义上说,民生基础保障必然是一个长期而系统的工作,实效性、完整性、前瞻性和可持续性的规划和扶贫实践,更显社会优越性及其发展的意义所在。

## (二) 产业载体

建体系的第二目的是建设产业载体。贫困的直接原因是缺少可以依赖的经济方式,具体指产业。就如跑接力赛一样,根据对方可能发挥的实力,实施本组队员能力的有效组合,实现竞争能力最大化。

建设产业载体就是根据市场需要,通过各种价值要素有效组合,最大限度彰显自身满足市场需要的价值。

核心是价值要素、组合和有效。其中,价值要素依序包括功能属性(对顾客有什么用)、情感属性(令人感到满足)、改变生活属性(给人带来了自我实现感、归属感或者激励作用)以及社会影响属性(传递为他人做善事的感觉),组合包括国家战略、地方政策、经济组织发展理念及其实践,有效包括满足市场需要程度和经济组织当前或长远效益最大化。

在市场经济语境下,现存的经济组织主要以产业为载体。以农业产业为例,如何实现农产品向农商品的有效转化?把握价值要素的重点在于了解市场和挖掘,了解市场就是要避免闭门造车,挖掘就是要充分利用地域自然和人文资源形成价值特色;组合的重点在于依据国家战略、用好地方政策,确立发展理念和方式,这是最重要的一步,每一个经济组织都载于国家这条大船上,从这个意义上说,如农村新型经营体,产品组合思维不能离开国家的经济方向指引和政策的扶持,是以此为基础的创新思维实践;有效的重点在于运用产品组合思维把握价值要素,实施产品生产、营销与国际市场对接。

由以上分析不难发现,建设产业载体要有系统思维意识。

其一,要研究国际经济环境。把握经济全球化是国际经济发展的重要推手、当代世界经济的重要特征之一、国际经济形势的重要趋势和超越国界通过对外贸易、资本流动、技术转移、提供服务、相互依存、相互联系而形成的全球范围的有机经济整体,把握世界各国经济联系的加强和相互依赖程度日益提高、各国国内经济规则不断趋于一致、国际经济协调机制强化的发展趋势，认知国家战略，寻找发展空间。

其二，要研究产业环境。要围绕产业中竞争的性质和该产业中所具有的潜在利润、该产业内部企业之间在经营上的差异以及这些差异与它们的战略地位的关系，重点考察所处行业或想进入的行业的生产经营规模、产业状况、竞争状况、生产状况、产业布局、市场供求情况、产业政策、行业壁垒和进入障碍、行业发展前景等。

其三，研究产业结构。围绕国家经济发展重点或产业结构重心，认知收入弹性原则[①]，生产上升率原则[②]，技术、安全、群体原则[③]。

其四，建设产业载体。以资金、技术、信息、人才组合等为重点，以增强引领性、整合创新、外延性为目标指向，结合当地区位优势与产业优势，构建对应产业。由此得出结论，可持续缩小贫富差距的扶贫是一个长期而系统的工程，产业是连接贫困群体与社会发展成效的桥梁和纽带，更是以小农户为特征的农村贫困群体摆脱贫困的重要载体，应成为工作重点。

## 第三节 满足乡村振兴特色减贫需要的技术路径

减贫的驱动机制是精准。世界上每一个国家的贫困群体以及消除贫困的方法都与国情相连接。中国是一个人口大国，处在发展中，绝大多数贫困人口集中在乡村。中华人民共和国成立以后，国力极弱，农村的贫困问题为国家贫困所屏蔽。为了摆脱国家的贫困，中国实施改革开放。也是在这40年中，社会生产力不断增强和经济社会的不断发展增强了国力，农村的贫困问题为社会日渐拉大的贫富差距背景所呈现，1994年以来，国家陆续推出了《国家八七扶贫攻坚计划（1994—2000年）》、《中国农村扶贫开发纲要（2001—2010年）》和《中国农村扶贫开发纲要

---

① 每增加一个单位收入与增加对某商品需求量之比。如果由于收入扩大而增加的需求能转化为收入弹性高的商品，出口增长率则可随之提高，对整体经济增长则较为理想。
② 把生产上升率高的产业或技术发展可能性大的产业作为重点。
③ 从长远看，经济发展的动力是技术革新，从而对于能成为将来技术革新核心部门的产业，目前虽然处于比较劣势地位，也不轻易放弃。

（2011—2020年）》，扶贫因此成为国家的重点工作。如何基于当前国力解决当前农村的贫困问题？特色和重点在精准，目标和监管是两个重要方面，即用可花的钱解决可办的事，以此引导农民群众实现从"输血"到"造血"的思想和实践的飞跃。

## 一　减贫目标精准

精准的第一方面是目标。贫困包括两个层面，即生存和发展，前者被称为绝对贫困，后者被称为发展贫困，国际上一般用贫困线①来界定。依据取样范围，贫困线有世界和国家两种，在世界层面，"世界银行2015年10月初宣布，按照购买力平价计算，将国际贫困线标准从此前的每人每天生活支出1.25美元上调至1.9美元"。② 在国家层面，阿马蒂亚·森提出了贫困指数，将贫困人口的数量、收入及收入分布结合在一起，全面反映一国的贫困程度。用公式表示为：$P = H \cdot [I + (1 - I) \cdot G]$③。中国依据国情，将农民人均年纯收入3000元（2016年）作为新的国家扶贫标准④，折合为美元约为每人每天1.19美元。不难发现：贫困线是依据世界和国情通过科学测算定位的，精准是基本要求。按照这个标准，"据国家统计局全国农村贫困监测调查，按现行国家农村贫困标准测算，2019年末，全国农村贫困人口551万人，比上年末减少1109万人，下降66.8%；贫困发生率0.6%，比上年下降1.1个百分点"。⑤ 面对这一群体，目标精准的关键环节是保证质量和不养懒汉。

### （一）保证质量

目标精准的第一要求是保证质量。目标精准是一种社会质量要求，

---

① 在一定时间、空间和社会发展阶段的条件下，维持人们的基本生存所必需消费的物品和服务的最低费用。
② 《贫困线》，https://baike.so.com/doc/5408158-5646126.html。
③ $P$ 是贫困指数，$H$ 表示贫困人口的百分比，$G$ 是贫困人口的基尼系数，$I$ 是贫困人口收入差距的总和（即贫困人口的收入距贫困线的差距的总和）除以贫困线，即贫困距，$0 < I < 1$，贫困距仅适用于贫困线以下的个体。
④ 《2018年中国还有多少贫困人口？国家精准扶贫对象条件》，http://www.lux88.com/gold/201808/521608.html。
⑤ 《国家统计局：2019年末全国农村贫困人口降至551万》，http://www.ce.cn/xwzx/gnsz/gdxw/202001/23/t20200123_34182662.shtml。

根据欧洲学者的界定，社会质量是指民众在提升他们的福祉和个人潜能的条件下，能够参与社会、经济与文化生活的程度，与传统依赖经济标准测量生活质量的理论与方法不同，以社会为导向，是社会关系的产物、反映了社会的特征，强调人们在社会中的相互依存关系，强调社会关系的质量提升与个人发展的关系，强调人的尊严、公民权、民主、社会公平和社会团结。具体包含社会经济保障、社会凝聚、社会融入、社会赋权四个方面，共同决定着社会关系朝社会质量方向发展的机会。

如何提高扶贫的社会质量？目标精准绝不是简单的数值达标，而是满足贫困农民社会需要的质量精准。

调查发现在这个问题上，许多基层领导干部缺少高度和视野，求数字业绩，不求社会质量；谋个人升迁，不从全面建成小康社会、实现"两个一百年"奋斗目标角度审视扶贫的时代价值。2018年《中共中央 国务院关于打赢脱贫攻坚战三年行动的指导意见》指出："从脱贫攻坚工作看，形式主义、官僚主义、弄虚作假、急躁和厌战情绪以及消极腐败现象仍然存在，有的还很严重，影响脱贫攻坚有效推进。"[①]

保证质量所依据的标准是社会质量范畴的。要立足国家现代化要求和共同富裕原则，审视国家需要和贫困农民社会需要，以缩小社会贫富差距为目标指向，建设公共服务、社会保障基础上的地域扶贫工作标准。领域包括地区发展条件、群众特殊困难、政策倾斜力度，体系包括产业、就业、搬迁、生态、教育、健康、危房改造、综合保障、残疾人、扶志，内容包括交通、水利、电力和网络、人居环境，工具包括财政、金融、土地政策、人才和科技。

据此，必须确立扶贫标准体系，把解决贫困农民群体公共服务、社会保障问题作为前提，以提高社会质量为视野，实现缩小贫富差距视角下的现在与将来扶贫工作的有效连接，以规划为引领，精准建立长效机制和具体标准体系，依据标准，谁贫困就扶持谁。

实施过程包括：精确识别，即通过有效、合规的程序识别谁贫困；精确帮扶，即针对扶贫对象定责任人、定帮扶措施、落实到户和人；精

---

① 《中共中央 国务院关于打赢脱贫攻坚战三年行动的指导意见》，http://www.gov.cn/zhengce/2018-08/19/content_5314959.htm。

确管理，即扶贫信息真实、可靠、管用，确保扶贫资金用准、用足、解决突出问题。

## （二）不养懒汉

目标精准的第二要求是不养懒汉。韩俊指出："由于现阶段脱贫攻坚工作非常重要，重视程度非常高，一些地方自觉不自觉地把扶贫标准拔高了，甚至不同地区之间互相攀比看谁的标准高，对贫困户做了一些不切实际的承诺，设置的地方性考核指标明显超过了'两不愁、三保障'的标准，这样一来，就使得贫困户和非贫困户待遇差距太大，出现'悬崖效应'。另外，如果中国制定的'两不愁、三保障'标准被突破了，造成社会新的不公，有很多贫困户不愿意脱贫、不愿意摘帽，容易陷入'福利陷阱'。"[①]

应该特别强调的是，农村贫困具有范围大、数量多、程度高等显著特点，由生存条件、社会保障条件、发展条件、公共服务水平、生活要求等问题构成。需要划清问题类别，把解决生存条件问题放在第一位。

兼顾国情、困情和社情。现有的贫困线是经过专家测算的，兼顾国情就是要避免高贫困线拖垮国家财政，导致国家扶贫失去可能；兼顾困情就是要避免低贫困线让贫困农民无法摆脱生存困境，看不到国家发展的希望甚至绝望；兼顾社情就是要避免扶贫偏离缩小贫富差距目的和共同富裕原则，令贫困农民群体丧失对中国特色社会主义优越性的信仰和对国家的信任。

初衷包括"扶志"和"扶智"两个重要方面。"扶志"就是通过外部资金、思想"输血"式扶贫，帮助贫困农民摆脱生存困境，增强对国家现代化的信心和通过参加到这个进程谋求个人生活需要的信念，确信社会发展方向，相信自己的发展能力，有勇气投入为谋美好生活的奋斗进程中；"扶智"就是通过外部资金、信息、技术、政策"输血"式扶贫，为贫困农民群体"造车"，将贫困农民培养成"司机"，引导他们自己驾车行驶在农业现代化的"高速公路"上。

调查发现，当前扶贫工作普遍存在以下问题。

---

① 《脱贫攻坚防止出现"悬崖效应"和"福利陷阱"》，https://www.yicai.com/news/100013239.html。

其一，掏空财政。目前，贫困县普遍存在经济底子薄、扶贫任务重的困境，国家扶贫专项资金和银行扶贫基金与地域实际需要的资金存在很大距离，盲目选择"社会扶贫"筹集资金的方式，引导企业垫资发展扶贫产业和实施基础设施建设，承诺政府给予项目补偿，其结局必然掏空贫困县财政，失去可持续扶贫的根基。

其二，掏空扶贫资金。俗话说，"好钢用在刀刃上"，一些地方漠视"扶志"和"扶智"的扶贫初衷，搞平均主义、泛福利化，不研究贫困农民的贫困原因，不注重脱贫典型的带动作用，滋生了一些贫困农民"等靠要"甚至依赖政府送福利的心态。

其三，忽略思想扶贫。拔穷根的关键是思想扶贫，面对一些贫困农民"认命"、懒惰、依赖、功利思想的现状，一些地方只注重技术层面的扶贫，忽视思想扶贫，忽略全面提升贫困群众素养途径，淡化思想扶贫机制建设。

此三者的共性是滋生"懒汉"，即"懒汉"县、"懒汉"干部、"懒汉"农民。

为此，必须客观评估扶贫政策的科学性，注重最低生活保障"扶志"与社会政策"扶智"的高效衔接，避免资源浪费和形式主义，围绕"两不愁、三保障"定位，围绕农业现代化需要，建立健全社会政策"扶智"体系。

## 二　减贫监管精准

精准的第二方面是监管。扶贫是国家立足共享发展成果、共同富裕原则和国家现代化目的，依律、依法、依规面向贫困群体的行为。要求正确认识社会发展与贫困的关系，在发展中认知贫困问题占位；要求正确认识国家意志与个人或群体行政行为的关系，在国家治理视野中量化解决贫困问题任务、规范扶贫行政行为；要求立足乡村振兴战略，科学设计扶贫程序和使用扶贫资金，最大程度凸显扶贫效果对乡村振兴的引领和支撑作用；要求站位最大限度缩小社会贫富差距的高度，通过国家"输血"提升贫困农民的"造血"能力。在这一社会实践历程中，基于当前社会现代化状态，监管是关键环节，精准度体现在依律、依法、依规状态与国家行政行为、扶贫效果的一致性上。如何实现？行为监督和效果评估是关键环节。

## （一）行为监督

监管精准的第一要求是行为监督。扶贫是一种社会工作，主旨是消除贫困。"中国扶贫工作原则是中央统筹、省负总责、市县抓落实"①，因而又是一种行政行为。概念包括三个方面，即行政主体所为、行使行政职权和进行行政管理、产生行政法律效果。

行为特征包括执行法律、具有一定的裁量性、具有单方意志性、以国家强制力保障实施、以无偿为原则。

行为含义包括行政主体所作出的、行政主体行使行政职权和履行行政职责、具有法律意义。

生效的要件包括主体合法、内容合法、程序合法、职权合法、形式合法。

因此，扶贫行为就需要依据行政法的基本原则，合法行政、合理行政、程序正当、高效便民、诚实守信、权责统一。

扶贫是党的组织行为。扶贫是中国特色社会主义优越性的体现，是党为人民和服务人民、维护人民根本利益的战略，党组织和党员干部是实施主体，需要接受党的纪律监督。权力为民所赋，确保不落一人是职责，为民、务实、高效、透明、廉洁是基本要求。

依据以上定位，调查发现一些地区基层组织对扶贫与行政之间的关系认识不清，法治和党纪监督不到位，个别贫困地区扶贫资金款落实和运用不准确，甚至有挪用或中饱私囊的现象；部分干部对扶贫与行政行为之间的关系认识不清，接受法治和党纪监督意识模糊，工作态度不积极，工作缺乏法治思维、行为缺少法律遵从，将扶贫工作简单理解为指令和目标；一些地区普遍缺乏贫困农民群体民意上达和法规、党纪下达机制，少数农民遇到生活中的困难和不合理、不合法的现象不知道如何维护自身的权益。

因此，扶贫行为监督精准要抓住以下环节。

其一，建设法治扶贫环境。实现培养扶贫干部的法治意识和培育法

---

① 《中国扶贫模式，任何一个西方发达国家都做不到》，https://china.huanqiu.com/article/9CaKrnKeSWc。

治思维与提高扶贫工作效率的有机统一，实现对贫困地区相关法律、法规意识的宣传与安抚贫困群众的生活情绪的有机统一。

其二，把握扶贫行为"随意性"重点。明确法律和党纪红线，开启社会监督"天窗"，重点关注扶贫项目的公平性与合法性及其衍生项目的合法性、合理性。

其三，建设民意上达和法规、党纪下达机制。加强普法教育，建设贫困农民监督员体系，经常性召开贫困农民座谈会，提高信访问题办结效率，加大扶贫干部为民办事业绩的表彰力度和不作为的法纪惩治力度。

**（二）效果评估**

监管精准的第二要求是效果评估。扶贫作为社会工作，是一个整体，由政治、经济、文化三个部分构成。

就政治部分而言，内容包括：以人民为中心的政治站位、脱贫攻坚的政治责任、各级党组织和领导干部的政治责任担当、如期实现脱贫攻坚目标的政治保障等。

就经济部分而言，内容包括：基础设施建设，公共服务供给，社会保障系统建设，人均可支配收入提升和贫困线下贫困农民减少，产业体系建设及其发展空间拓广，村集体经济增长，小农户与产业衔接，区域贫富差距缩小等。

就文化部分而言，法律、科技知识普及，贫困群众对镇、县政府的信任度提升，乡风文明建设，社会信仰度提升等。

这个范围是立足农村现代化高度的思考，因此，扶贫效果的评估应立足这个高度和范围建设对应体系，可划分为宏观和微观两个层面。

宏观层面包括以下几方面。

其一，以贫困群体为中心，评估政治站位。内容包括：扶贫攻坚规划，组织人事部门对扶贫工作者业绩考核和使用制度，各级领导干部深入贫困群体方式和频度，贫困群体民意上达和法规、党纪下达机制建设状态及其效果。

其二，立足贫困群体生存问题，评估经济站位。内容包括：基础设施、公共服务、社会保障系统运行状态，人均可支配收入提升和贫困线下贫困农民减少百分比，产业体系建设状态，村集体经济增长速度，小农户与产业衔接、区域贫富差距缩小百分比等。

其三，立足贫困群体发展问题，评估文化站位。内容包括：贫困群体法律、科技知识普及率（问卷方式考察），贫困群众对镇、县政府的信任提升度（抽样调查），乡风文明建设状态和社会信仰提升度（田野调查）。

微观层面包括以下几方面。

其一，职能作用发挥。内容包括：落实责任方式及其程度，形式主义、官僚主义等问题的解决情况，信访问题办结率，出好主意、当好助手的情况。

其二，分类指导效果。内容包括：对贫困程度深、脱贫难度大的深度贫困地区的认知程度，决策和政策实施依据和流程，特殊案例分析与解决效果。

其三，精准扶贫精准脱贫规划推动落实。内容包括：规划制定，建档立卡基本信息准确性，推动扶贫项目统筹协调，资金落实精准度，考核评估机制完善度。

其四，社会各方面力量参与脱贫攻坚动员。内容包括：社会扶贫组织动员力度，平台建设完善度。

其五，担当作为。内容包括：问题整改及其成果运用和转化，脱贫攻坚任务完成程度，贫困群众评价。

### 三 自力更生

自力更生是可持续推进扶贫工作的金律。以自力更生为原则的扶贫，应是在党的领导下，建设科学的、切合实际的、符合人民愿望的体制机制，立足国情、困情，实事求是，实现中央和地方、政府和民众、贫困群体与社会扶贫合力最大化。要让自力更生精神不断激励广大党员干部、人民群众开拓进取，在每一个时代都发挥重要作用。

# 后 记

写一部关于乡村的书,初衷不是要成为什么专家,只是想就十几年乡村调研的认知做一个基本总结。然而,动笔之后才感觉到这是一个既近又远的话题,近在那些熟悉的村民、干部的希望令我积蓄激情,远在战略语境下多如牛毛的问题令我忐忑和焦虑。伴随着激情、痛苦与探求的日日交替,转瞬间走过了一年的写作历程。今天,带着挚爱与深情,依依不舍地为这本书画上句号。

乡村振兴战略实践是艰巨而紧迫的任务。就艰巨性而言,实施乡村振兴战略是当代中国社会在政治、经济、文化领域的一场深刻的革命,是乡村实现现代化的必由之路,结构复杂,内容丰富,问题所涉学科广泛,实效性具体;就紧迫性而言,实施乡村振兴战略的背景是中华民族复兴语境下的国家现代化,与全面建成小康社会、实现"两个一百年"奋斗目标紧密相连,是基础,也是重要环节,慢不得。

本书对"路径"的探索还只是一种体会。农业是一盘棋,有多少人能下好它;乡村是一本书,有多少人能读懂它;农民是一面镜子,有多少人能从那里找到自己。我庆幸自己因研究和工作需要结识了那么多的农村基层干部和村民。他们是我的老师,用毕生的教训、经验、才智启发和丰富了我对"路径"的探索,让我有勇气说,这些成果可能微不足道,却一定不是站在岸上看水中的人,这是我唯一感到欣慰的。

那些工作在乡村的人是新时代的战士,在以资源能源、粮食、智能为对象的世界竞争中,他们肩负使命,将自己的心灵和乡村无数的心灵沟通,我所从事的也许并不是我完全能胜任的研究工作,但现在我已经有了"最后一公里"的感觉,总算能将自己的收获献给我的读者朋友。

尼采有句名言:感恩即是灵魂上的健康。本书撷取了部分文件内容和一些经典成果的精粹理念,在此表示诚挚谢意!还要感谢所有热情贡献自己智慧的学者和支持或给予建议的干部和村民们，是大家引领我战胜了自己、走出了"洼地"，跟着研究进入了实践的境界。

2020 年春节于丹东

## 图书在版编目（CIP）数据

乡村振兴战略实践路径/孙鹤著.－－北京：社会科学文献出版社，2020.12
 ISBN 978－7－5201－7296－7

Ⅰ.①乡… Ⅱ.①孙… Ⅲ.①农村－社会主义建设－研究－中国　Ⅳ.①F320.3

中国版本图书馆 CIP 数据核字（2020）第 175048 号

## 乡村振兴战略实践路径

著　　者 / 孙　鹤

出 版 人 / 王利民
组稿编辑 / 陈凤玲
责任编辑 / 宋淑洁
文稿编辑 / 刘　翠

出　　版 / 社会科学文献出版社·经济与管理分社 （010）59367226
　　　　　　地址：北京市北三环中路甲 29 号院华龙大厦　邮编：100029
　　　　　　网址：www.ssap.com.cn

发　　行 / 市场营销中心 （010）59367081　59367083
印　　装 / 三河市尚艺印装有限公司

规　　格 / 开本：787mm × 1092mm　1/16
　　　　　　印张：18　字数：284 千字

版　　次 / 2020 年 12 月第 1 版　2020 年 12 月第 1 次印刷
书　　号 / ISBN 978－7－5201－7296－7
定　　价 / 128.00 元

本书如有印装质量问题，请与读者服务中心（010－59367028）联系

版权所有 翻印必究